三聯學術

著作财产权人：© 东大图书股份有限公司
本书中文简体字版由东大图书股份有限公司授权生活·读书·新知三联书店在中国境内（台湾、香港、澳门地区除外）独家出版。
本书中文简体字版禁止以商业用途于台湾、香港、澳门地区散布、销售。
版权所有，未经著作权所有人书面授权，禁止对本书之任何部分以电子、机械、影印、录音或其他方式复制或转载。

钱穆作品系列

◎ 钱穆 著

庄老通辨

生活·讀書·新知 三联书店

Simplified Chinese Copyright © 2016 by SDX Joint Publishing Company.
All Rights Reserved.
本作品中文简体版权由生活·读书·新知三联书店所有。
未经许可，不得翻印。

图书在版编目（CIP）数据

庄老通辨 / 钱穆著. —3 版. —北京：生活·读书·新知三联书店，2016.8
（钱穆作品系列）
ISBN 978 – 7 – 108 – 05678 – 8

Ⅰ. ①庄… Ⅱ. ①钱… Ⅲ. ①道家 – 研究 ②《庄子》– 研究 ③《道德经》– 研究 Ⅳ. ① B223.15 ② B223.55

中国版本图书馆 CIP 数据核字（2016）第 063990 号

责任编辑	冯金红
装帧设计	蔡立国
责任印制	崔华君
出版发行	生活·讀書·新知 三联书店
	（北京市东城区美术馆东街 22 号 100010）
网　址	www.sdxjpc.com
经　销	新华书店
印　刷	河北鹏润印刷有限公司
版　次	2002 年 9 月北京第 1 版
	2005 年 2 月北京第 2 版
	2016 年 8 月北京第 3 版
	2016 年 8 月北京第 10 次印刷
开　本	880 毫米 × 1092 毫米　1/32　印张 16.125
字　数	283 千字
印　数	30,001 – 38,000 册
定　价	42.00 元

（印装查询：01064002715；邮购查询：01084010542）

目 录

题记 / 1
自序 / 3

上卷 / 1
    中国道家思想之开山大宗师——庄周 / 2
    中国古代传说中之博大真人——老聃 / 13
    关于《老子》成书年代之一种考察 / 25
    再论《老子》成书年代 / 68
    三论《老子》成书年代 / 113

中卷之上 / 123
    道家政治思想 / 124
    庄老的宇宙论 / 156
    释道家精神义 / 208
    《庄子》书言长生 / 283

中卷之下 / 289
    比论孟庄两家论人生修养 / 290
    《庄子》外杂篇言性义 / 313
    《老子》书晚出补证 / 330
    庄老太极无极义 / 361
    庄老与易庸 / 365

下卷 / 379

    记魏晋玄学三宗 / 380

    王弼郭象注易老庄用理字条录 / 404

    王弼论体用 / 447

    郭象《庄子注》中之自然义 / 454

题 记

上卷中《关于〈老子〉成书年代之一种考察》，成于1923年夏。《再论〈老子〉成书年代》，成于1932年春。此两篇，曾与拙著《先秦诸子系年》中《老子辨》一篇合刊，由上海大华书店印行，书名《老子辨》。

1945年，在成都。成《比论孟庄两家论人生修养》及《记魏晋玄学三宗》共两篇。1948年，在无锡江南大学。是年春，成《郭象〈庄子注〉中之自然义》一篇。冬，草创《庄子纂笺》，越年脱稿。

1953年在香港，成《庄》《老》两小传，及《道家政治思想》，共三篇。

1955年，成《庄老的宇宙论》，《王弼郭象注易老庄用理字条录》，又《庄老太极无极义》，共三篇。

1956年，成《释道家精神义》，及《〈庄子〉外杂篇言性义》，共两篇。

1957年，成《〈老子〉书晚出补证》，及《王弼论体用》，共两篇。上述十五篇合成今书，前后计之，已历三十五年矣。

诸文多数均曾分别于各杂志刊载，此次汇合付印，逐篇均有修订增润。然大体各仍旧贯，未能竟体改写。语或重出，亦恐有小小相抵牾处，幸读者谅之。

本书专为讨论庄、老两家之思想，而辨订其先后。其关于庄、老两家之生卒年世，及历史传说之种种考订，则均详见于拙著《先秦诸子系年》。

拙著与本书可互相发明参证者，除《先秦诸子系年》外，尚有《国学概论》，《中国思想史》，《墨子》，《惠施、公孙龙》诸书，幸读者参阅。

此书于1957年10月，由香港新亚书院研究所初版发行。1971年，又在台北再版发行。今又补入三篇，一、《三论〈老子〉成书年代》，二、《〈庄子〉书言长生》，三、《庄老与易庸》，皆早年之作，今一并收入此集，全书共十八篇。交台北三民书局出版。特识数语，以告读者。

1990年5月

自　序

近人论学，好争汉宋。谓宋儒尚义理，清儒重考据，各有所偏，可也。若立门户，树壁垒，欲尊于此而绝于彼，则未见其可也。清儒以训诂考据治古籍，厥功伟矣。其谓训诂明而后义理明，说非不是。惟求通古书训诂，其事不尽于字书小学，尔雅说文，音韵形体，转注假借之范围。此属文字通训，非关作家特诂。如孔孟言仁，岂得专据字书为说？即遵古注，亦难惬当。阮元有《论语论仁》篇，《孟子论仁》篇，遍集论孟仁字，章句缕析，加以总说，用意可谓微至。然所窥见，仍无当于孔孟论仁之精义。昔朱子告张南轩，已指陈其症结所在。此必于孔孟思想大体，求其会通，始可得当。而岂寻章摘句，专拈论孟有仁字处用心，谓能胜任愉快乎。又况抱古注旧训拘墟之见，挟汉宋门户之私，则宜其所失之益远矣。

清儒于考据，用力勤，涉猎广，而创获多。然其大体，乃颇似于校勘辑逸之所为。蹠实有余，蹈虚不足。施于每一书之整理，洵为有功。其于古人学术大体，古今史迹演变，提挈纲宗，阐抉幽微，则犹有憾。此必具综合之慧眼，有博通之深识，连类而引伸之，殊途而同归焉，此亦一种考据，岂仅比对异同，网罗散失之谓乎。清儒于小学音韵，造诣深者，差已睎此境界。其他犹悬然也。

清儒亦有言，非通群经，不足以通一经。推此说之，非通诸史，亦不足以通一史。非通百家，亦不足以通一家。清儒考据，其失在于各别求之，而不务于会通。章实斋号为长于平章学术，其分别清儒为学途辙，谓浙西尚博雅，浙东贵专家。其实博涉必尚会通，否则所涉虽博，而仍陷于各别之专。清儒往往专精一史，专治一子。一史一子已毕，乃又顾而之他。故所繁称博引，貌为博而情则专，实未能兼综诸端，体大思精，作深入会通之想也。

衡量清学一代所得，小学最渊微。整理经籍，瑕瑜已不相掩。至于子史两部，所触皆其肤外，而子部为尤甚。此正其轻忽于义理探求之病。然求明古书义理，亦岂能遂舍训诂考据而不务？后有作者，正贵扩其意境，广其途辙，就于清儒训诂考据已有业绩，而益深益邃，庶有以通汉宋之囿，而义理考据一以贯之，此则非争门户修壁垒者之所能知也。

《老子》为晚出书，汪容甫已启其疑。然汪氏所疑，特在《史记》所载老子其人其事，固未能深探本书之内容。梁任公推汪氏意，始疑及《老子》本书。所举例证，亦殊坚明。然梁氏亦复限于清儒旧有途辙，未能豁户牖而开新境。且《老子》书晚出于《论语》，其说易定。而其书之著作年代，究属何世，庄老孰先孰后，则其谳难立。余之此书，继踵汪梁，惟主《老子》书犹当出庄子惠施公孙龙之后，则昔人颇未论及。持论是非，当待读者之自辨。而本书所用训诂考据方法，亦颇有轶出清儒旧有轨范之外者。此当列诸简耑，以告读吾书者也。

《老子》书开宗明义，即曰：道可道，非常道。名可名，非常名。以清儒训诂小学家恒见遇之，若不烦有训释。而实不然。先秦诸子著书，必各有其书所特创专用之新字与新语，此正为一家思想独特精神所寄。以近代语说之，此即某一家思想所特用之专门术语也。惟为中国文字体制所限，故其所用字语，亦若惯常习见。然此一家之使用此字此语，则实别有其特殊之涵义，不得以惯常字义说之。

韩昌黎有言，道其所道，非吾之所谓道。《老子》书开宗明义，道名兼举并重。即此一名字，其涵义，亦非孔子《论语》必也正名乎之名字涵义，所可一例而视。若深而求之，老子书中所用道名二字，不惟其涵义与论孟有别，并亦与《庄子·内篇》七篇所用道名二字涵义有不同。此正庄老两家之所以各成其为一家言也。此非熟参深通于庄老两书之全部义理，将无法为此二字作训释。清儒惟戴东原《孟子字义疏证》，为能脱出训诂旧轨。焦里堂阮芸台继踵，亦多新见。然清代学术大趋，则终在彼不在此。抽其嵩，未畅其绪，故其所谓训诂明而义理明者，亦虚有其语耳。

今试就此名字，比观庄老两书，分析其涵义内容，较量二氏对此名字一观念之价值评判，则有一事甚显然者。《庄子》内篇七篇，每兼言名实，此与孟子略相似。兼言名实，则每重实不重名。故《庄子》曰：名者、实之宾也，吾将为宾乎？此庄子之无重于名也。而《老子》书则道名兼重。有常道，复有常名。又曰：自古及今，其名不去，以阅众甫。吾何以知众甫之状哉，以此。其名不去，即常名也。正因有此等常名，乃可使吾知众甫之状。然则常名者何指，是即吾所谓此乃一家思想所特用之一种新语也。即常字，古经籍亦不多见。后世重视此常字，实承《老子》。读古书者，贵能游情于古作者之年代，其心若不知有后世，然后始可以了解此古书中所新创之字语，及其所影响于后世者何在。否则亦视为老生常谈，而不知我之沉浸染被于此老生常谈中者之深且厚也。俞曲园《诸子平议》，破此常字为尚字。此正其锢蔽于清儒小学训诂家之恒习常见，乃不知此常字乃老子所创用。故老子又郑重申言之，曰：不知常，妄作凶，亦岂可以尚字说之乎？

必欲求《老子》书中此常名一语涵义所指，则仍须一种训诂，而此种训诂，则仍必凭于考据。清儒解经训字，或凭字书，或凭古注。因其重古注，遂重家法。而诸子书固无家法可循。为诸子作注，其事较晚起。注《老子》者莫著于王弼。弼之注自古及今，其名不去曰：无名则是其名也。既曰无名，则并名而不立，乌得谓其名不去乎？是王注之未谛也。今以《老子》本书注《老子》，则所谓自古及今，其名不去者，此必为《老子》书开端所谓之常名可知矣。

然则何者乃始为常名？当知名实兼言，此为孟庄时代之恒语。一名指一实。此一实即一物也。惟由庄子意言之，万物在天地间，若驰若骤，如庄周之与胡蝶，鼠肝之与虫臂，化机所驱，将漫不得其究竟。故名无常而不足重。老子则不然。老子曰：有物混成，先天地生。寂兮寥兮，独立而不改，周行而不殆，可以为天下母。吾不知其名，字之曰道，强为之名曰大。大曰逝，逝曰远，远曰反。此所谓先天地生，即首章无名天地之始也。可以为天下母，即首章有名万物之母也。谓之混成，则无可分别，故曰不可名。谓之不改，则常在不去，乃终不可以无名，故又强而为之名。而道则终是不可名者。故既曰大道无名，又曰吾不知其名，字之曰道。则道者乃无可名而强为之字，字与名之在《老子》书，涵义亦有别。今若进而问何者始为可名？在老子意，似谓有状者乃始可名。

状即一种形容也。今若强为道作形容，则曰大，曰逝，曰远，曰反，此皆道之状也。道既有状，故得强为之名。

然则名字之在《老子》书，其重要涵义，乃指一种物状之形容，因于有状而始立。状字在《老子》书，又特称曰象。老子曰：道之为物，惟恍惟惚。惚兮恍兮，其中有象。恍兮惚兮，其中有物。窈兮冥兮，其中有精。其精甚真，其中有信。自古及今，其名不去。然则就《老子》书释《老子》，名当有两种，一为物体之名，一为象状之名。物之为物，若驰若骤，终不可久，故其名不去者，实是一种象状之名，而非名实之名也。故曰《老子》书中名字，乃与《庄子》书中名字涵义所指有大别也。

老子言道演化而生万物，其间有象之一境，此亦老子所特创之新说，为《庄子》书所未及，故象之一字，亦《老子》书所特用之新名也。若循此求之，《老子》书中所举有无曲全，大小高下，动静强弱，雌雄黑白，荣辱成败，种种对称并举之名，实皆属象名，非物名也。以近代语释之，此等皆为一种抽象名词。然则老子之意，乃主天地万物生成，先有抽象之表现，乃始有具体之演化者。《易·系传》承之，故曰：易有太极，是生两仪。两仪生四象，四象生八卦。所谓易，即道体也。所谓仪，亦象也。又曰：在天成象，在地成形。天必先于地，故知象亦先于形。今试再浅释之。天下凡黑之物，皆在演化中，皆不可久，皆可不存在而可去。独黑之名则较可常在而不去。故黑物非可常，而黑名较可常。老子之意，似主天地间，实先有此较可常者，乃演化出一切不可常者。而王弼之说《老子》，乃主天地万物以无为体，以无为始，又必重归于无，此实失《老子》书之真意。郭象注庄，则已知王弼体无之论之不可安而力辨之矣。然余之此辨，则非自持一义理，谓老子是而王弼非。余实仅为一种考据，一种训诂，仅指王弼之说之无当于《老子》书之本意耳。然试问若果舍却训诂考据，又何从而求老子王弼所持义理之真乎？

老子谓天地间惟有此较可常者，故人之知识乃有所凭以为知。故曰：不出户，知天下。不窥牖，见天道。庄子认为天道不可知，而老子则转认为可知。试问其何由知？老子亦已明言之，曰：执大象，天下往。以天地万物一切演化之胥无逃于此大象也。故曰：吾何以知众甫之状哉，以此。此乃《老子》书中所特别提出之一种甚深新义，所由异于庄周。居今而知此两家持论之异，则亦惟有凭于考据训诂以为知耳。

上之所述，特举《老子》书开宗明义两语为说，以见欲明古书义理，仍必从事于对古书本身作一番训诂考据工夫。此即在宋儒持论，亦何莫不然？如程朱改定《大学》，阳明主遵古本，此即一种有关考据之争辩也。又如朱王两家训释格物致知互异，此即一种有关训诂之争辩也。居今而欲研治宋儒之义理，亦何尝不当于宋儒书先下一番训释考核之工乎？孟子曰：圣人先得吾心之同然。欲知圣人之心，必读圣人之书。欲读圣人之书，斯必于圣人书有所训释考据。否则又何从由书以得其心？象山有言曰：六经皆我注脚，试问何以知六经之皆为我注脚乎？岂不仍须于六经有所训释考据？象山又曰：不识一字，我亦将堂堂地做一个人，然固不谓不识一字亦能读古人书，可以从书得心，用以知古人义理之所在也。

然治《老子》书，欲知《老子》书中所持之义理，其事犹不尽于上述。孟子曰：诵其诗，读其书，不知其人可乎？所以论其世也。读《老子》书，考核《老子》书中所持之义理，而不知老子其人，则于事终有憾。不幸老子其人终于不可知，则贵于论老子之世。以今语说之，即考论《老子》书之著作年代也。虽不知其书之作者，而得其书之著作年代，亦可于此书中所持之义理，更有所了然矣。

考论一书之著作年代，方法不外两途。一曰求其书之时代背景，一曰论其书之思想线索。前者为事较易，如见《管子》书有西施，即知其语之晚出。见《中庸》有今天下，车同轨、书同文、行同伦之语，即知其语当出于秦人一统之后。梁任公辨老子书晚出，亦多从时代背景着眼。余定《老子》书出庄周后，其根据于《老子》书之时代背景以为断者，所举例证，较梁氏为详密，然就方法言，则仍是昔人所用之方法也。惟余论老子书之思想线索，则事若新创，昔人之运用此方法者尚鲜，爰再约略申说之。

人类之思想衍进，固有一定必然之条贯可言乎？此非余所欲论。余特就思想史之已往成迹言，而知当时之思想条贯，则确然有如此而已。以言先秦，其人其世其书，有确可考而无疑者，如孔子，墨子，孟子，庄周，惠施，公孙龙，荀子，韩非，吕不韦，皆是。就于其人其世先后之序列，而知其书中彼此先后思想之条贯，此亦一种考据也。然先秦诸家著书，亦有不能确知其书之作者与其著作之年代者，如《易传》，《中庸》，如《老子》，如《庄子》外杂篇皆是。然其人虽不可知，而其世则约略尚可推。此于考求其书时代背景之外，复有一法焉，即探寻其书中之思想线索是也。何谓思想线索？每一家之思想，则必前有承而后有继。其所承所继，即其思想线索也。若使此一思想在当时，乃为前无承而后无继，则是前无来历，后无影响。此则绝不能岿然显于世而共尊之为一家言。故知凡成一家言者，则必有其思想线索可寻。

探求一书之思想线索，必先有一已知之线索存在，然后可据以为推。前论思想条贯，即此各家思想前承后继之一条线索也。就其确然已知者，曰孔墨孟庄惠公孙荀韩吕，综此诸家，会通而观，思想线索，亦既秩然不可乱。今更就此诸家为基准，而比定老子思想之出世年代，细辨其必在某家之后，必在某家之前。此一方法，即是一种新的考据方法也。

思想线索之比定，亦有甚显见而易决者。如《论语》重言仁，而老子曰：失道而后德，失德而后仁。又曰：天地不仁。此即老子思想当晚出于《论语》之证也。《墨子》书有《尚贤》篇，而老子曰：不尚贤，使民不争。此又老子思想当晚出于墨子之证也。世必先有黑之一语与黑之一观念之存在，乃始有非黑之语与非黑之观念之出现，故曰此显见而易定也。

循此推之，庄惠两家，皆言万物一体，庄子本于道以为说，惠施本于名以立论。今《老子》书开宗明义，道名兼举并重，故知老子思想又当晚出于庄惠两家也。然则先秦道家，当始于庄周，名家当始于惠施，不得谓老子乃道名两家共同之始祖。老子特综汇此两家，而别创一新义耳。此种思想线索之比定，则较为深隐而难知。

然更有其深隐难知者。试再举例。如老子曰：视之不见名曰夷，听之不闻名曰希，搏之不得名曰微，此三者不可致诘，故混而为一。此一条立论甚新奇，遍求之先秦诸家思想，乃甚少同持此意见者。有之，惟公孙龙之《坚白论》。公孙龙主坚白可以外于石而相离，故曰：拊石得坚而不得白，视石得白而不得坚，故坚白石可二不可三。就常识论，石是物体之名，坚白乃象状之辞。物体是实，象状则虚。石为一实体，而兼包坚白二象状。故坚白相盈，不相离也。公孙龙顾反其说。循公孙龙之意，岂不象状之名，可以脱离于物之实体而独立自在乎？《老子》书正持此义。常识谓所视所听所拊，皆必附随某一物之实体。老子似不认此说，乃谓所视所听所拊，本皆相离，各别存在，乃由于不可致诘，故遂混而为一焉，此非其立论之有与公孙龙相似乎？

详老子之意，天地最先，惟有一物混成，是即其所谓道也。道之衍变，先有象状，再成具体。如此言之，则抽象之通名当在先，个别之物名当在后。浅说之，老子若谓：天地间当先有黑白之分，乃始有白马白石白玉白雪白羽之分。黑白之分较先较可常，而马石玉雪之分，则较后而较为不可常。故《庄子》书屡言物，而《老子》书屡言名，屡言象，更不言物。此两书之显然异致也。盖庄子虽屡言于物，然庄子实主未始有物。既谓未始有物，故老子承之，乃改就一切象状之可名者以为说。此庄老思想大体之不同，亦可以由此而推也。

盖名之为用，愈具体，则可析之而愈小。愈抽象，则可综之而愈大。惠施分言大一小一，即所以推论万物之一体。而公孙龙变其说，谓坚白石相离不相盈，则彼彼止于彼，此此止于此，天地间万名，各离而自止于其所指。而老子又变其说，乃成象名在先，物名在后，以证其天地之原始于不可名状之道。然则老子之思想，岂不与公孙龙有一线索可寻乎？

公孙龙又曰：物莫非指，而指非指。若以公孙龙书与《老子》书互参，则公孙龙之用此指字，亦犹《老子》书之创用一象字也。就人言之曰指，就物言之曰象。凡天地间一切物之抽象之名，此两家皆认其可以离物而自在，此皆人之所由以知于物而就以指名于物，象状于物者也。如曰此物白，白即此物之可指目之一端，亦即此物之可形容，可名状之一象也。故知老子之说，实与公孙龙相近。而公孙龙之说，则显为承于惠施而变者。而庄子则讥惠施，曰：天选子之形，子以坚白鸣。然则，坚白之说，惠施唱之，公孙龙承之，所以成为当时之名家。庄子不喜其说，主于观化而言道，所以自成为当时之道家。今老子乃承于庄惠公孙之说而又变，遂兼揽道名两观念，而融会为说。又不言坚白，而更称夷希微，则益见为抽象，此即老子之所谓玄之又玄也。即此一端，岂非思想线索之犹可微辨而深探之一例乎？凡此云云，则必博综会通于先秦诸子思想先后之条贯而后始见其必如是，故曰：非通诸子，则不足以通一子也。

言清儒考据者，率盛推阎百诗之《尚书古文疏证》。然《古文尚书》乃有意作伪，故有伪迹可寻。《老子》书则自抒己意，彼非有意作伪，又何从抉发其伪迹？故余书之辨老子，与阎氏之辨《尚书》古文亦复不同。盖余之所辨，特亦孟子之所谓求知其人，而追论其世。作意不同，斯方法亦不得不随而变也。昔宋儒欧阳修，疑《易传》，疑河图洛书，其语人曰：余尝哀夫学者，知守经以笃信，而不知伪说之伪经也。自孔子没，至今二千岁，有一欧阳修者为是说，又二千岁，焉知无一人焉与修同其说也。又二千岁，将复有一人焉。然则同者至于三，则后之人不待千岁而有也。六经，非一世之书。将与天地无终极而存。以无终极视数千岁，顷刻耳。是则余之有待于后者远矣。《老子》亦非一世之书。其书固不伪，而说之者多伪。以有伪说，遂成伪书。《老子》书至今亦逾二千岁矣，至于余而始为此辨，窃亦有意自比于欧阳。则余说之成为定论，岂能不远有待于后人乎？至于汉宋门户之辨，则固不以厝余怀也。

上 卷

中国道家思想
之开山大宗师——庄周

儒家道家,乃中国思想史里两条大主流。儒家宗孔孟,道家祖老庄。《论语》《孟子》《老子》《庄子》四部书,两千年来,为中国知识阶层人人所必读。但就现代人目光,根据种种论证,《庄子》一书实在《老子》五千言之前。庄周以前,是否有老聃这一人,此刻且不论。但《老子》五千言,则决然是战国末期的晚出书。如此说来,道家的鼻祖,从其著书立说,确然成立一家思想系统的功绩言,实该推庄周。

庄周是宋国人。宋出于商之后。中国古代,东方商人和西方周人,在性格上,文化上,有显然的不同。古人说商尚鬼,周尚文。商人信仰鬼神与上帝,带有浓重的宗教气。这一层,只看商汤的种种故事与传说,便可推想了。和此相关的,是商人好玄理,他们往往重理想胜过于人生之实际。如春秋时的宋襄公,他守定了君子不重伤、不禽二毛、不鼓不成列几句话，不管当面现实，给楚国打败了。春秋晚期，宋向戍出头发起弭兵会，这还是宋人好骛于高远理想之一证。

但古人又说商尚质，周尚文。商人既带宗教气，重视鬼神重于生人，又好悬空的理想，而忽略了眼前的实际，如何又说他们尚质呢？因质是质朴义，又是质直义。大概商人抱定了一观念，便不顾外面一切，只依照他心里的观念直率地做出来，不再有曲折，不再有掩藏，因此说他们尚质了。在《孟子》书里，有宋人揠苗助长的故事。在《庄子》书里，有宋人资章甫适诸越的故事。在《韩非》书里，有宋人守株待兔的故事。在《列子》书里，有宋人白昼攫金的故事。这些也可看出商人的气质。他们心里这么想，便不再顾及外面的一切环境与情实。这也是他们质的一面呀！庄子是宋国人，我们该了解当时宋人一般的气质，可以帮助我们了解庄周之为人，及其思想之大本。

庄周是宋之蒙县人，这是一小地名，在今河南省商丘附近，向北四十里处便是了。在当时已是偏于中国的东南。那里有一个孟渚泽，庄周还常去捕鱼的。战国时，那一带的水利还不断有兴修。有一条汳水，为当时东南地区通往中原的要道。庄周便诞生在这交通孔道上。直到西汉时，那一带地区，土壤膏腴，水木明秀，风景清和，还是一好区域。所以汉文帝时特地把来封他的爱子梁孝王。梁国有著名的东苑，苑中有落猿岩，栖龙岫、雁池、鹤洲、凫渚诸宫观。那里充满着奇果与佳树，瑰禽与异兽。自苑延亘数十里，连属到平台，平台俗称修竹苑，那里有蒹葭洲、凫藻洲、梳洗潭。汉时梁国在睢阳，即今河南商丘县之南。若没有天时地利物产种种配合，梁孝王不能凭空创出一个为当时文学艺术风流荟萃的中心。庄周的故乡，便在这一地区内，我们却不能把现在那地区的干燥枯瘠来想象这旷代哲人而同时又是绝世大文豪的生地呀！

此一地区，即下到隋唐时代，一切风景物产，也还像个样子。隋薛道衡《老子碑》有云：

> 对苦相之两城，绕涡谷之三水。芝田柳路，北走梁园。沃野平皋，东连谯国。

又说：

> 原隰爽垲，亭皋弥望。梅梁桂栋，曲槛丛楹。烟霞舒卷，风雾凄清。

这是描写一向相传老子的家乡。就人文地理言，正当与周庄生地，同属一区域。我们即从隋代人对相传老子家乡的描写，也可推想战国时庄周生年景物之一斑了。

庄周曾做过蒙之漆园吏。《史记·货殖传》说：陈夏千亩漆，这指的私人经营。在战国中期，大概这些还都是贵族官营的。庄周为漆园吏，正如孔子做委吏与乘田。但漆园究竟是青绿的树林，更与天地自然生意相接触，没有多少尘俗的冗杂。这当然是庄周自己存心挑选的一个好差使。

庄周正与梁惠王同时。梁惠王是战国最早第一个大霸主。在那时，已是游士得势的时期了。庄周有一位老友惠施，却是梁惠王最尊信的人。曾在梁国当过长期的宰相。梁惠王尊待他，学着齐桓公待管仲般，不直呼他姓名，也不以平等礼相待，而尊之为父执，称之曰叔父，自居为子侄辈。但庄周与惠施，不仅在思想学说上持异，在处世做人的态度上，两人也不相同。庄周近是一个儒家所谓隐居以求其志的人。他认为天下是沉浊的，世俗是不堪与相处的。他做一漆园吏，大概他的经济生活勉强可以解决了。他也不再想其他活动。他对世俗的富贵显达，功名事业，真好称是无动于心的。

他曾去看他的老友，梁国大宰相惠施。有人对惠施说：庄周的才辩强过你，他来了，你的相位不保了。惠施着了慌，下令大梁城里搜查了三天连三夜。要搜查庄周的行踪。结果，庄周登门见他了。庄周说：你知道南方有一种名叫鹓䲴的鸟吗？它从南海直飞到北海，在那样辽远的旅程中，他不见梧桐不下宿，不逢醴泉不下饮，不遇楝实，俗称金铃子的，它就不再吃别的东西了。正在它飞过的时候，下面有一只鸱，口里衔着一死鼠，早已腐烂得发臭了。那只鸱，生怕鹓鶵稀罕这死鼠，急得仰着头，对它张口大叫一声，吓！现在你也想把你梁国的相位，来对我吓的一声吗？

或许他因惠施的关系，也见过梁惠王。他穿着一身大麻布缝的衣，还已带上补绽了。脚上一双履，照例该有一条青丝缚着做履饰，这在当时叫作绚，绚鼻则罩在履尖上。庄周没有这么般讲究，他把一条麻带捆着履，如是般去见梁惠王。惠王说：先生！你那样地潦倒呀！庄周说：人有了道德不能行，那才是潦倒呀！衣破了，履穿了，这并不叫潦倒！而且这是我遭遇时代的不幸，叫我处昏君乱相间，又有什么办法呢？这算当面抢白了梁惠王，惠王也就和他无话可说了。

后来楚王听到他大名，郑重地派两位大夫去礼聘。庄周正在濮水边钓鱼，那两大夫鞠躬说：我们大王，有意把国家事情麻烦你先生。庄周一手持着钓鱼竿，半睬不睬地说：我听说楚国有一只神龟，死了已三千年，你们国王把它用锦巾包着，绣笥盛着，藏在太庙里。遇着国家有疑难事，便向它问吉凶。我试问：这一只神龟，宁愿死了留这一套骨壳给人贵重呢？还是宁愿活着，在烂泥路上，拖着尾爬着呢？那两大夫说：为神龟想，是宁愿活着，拖着尾在泥路上爬着的。庄周说：好！你们请回吧！我也正还想拖着尾在泥路上爬着呀！

有一次，宋国有一个曹商，奉宋王命使秦，大得秦王之欢心，获得一百辆的车乘回到宋国来。他去见庄子。他说：要叫我住穷巷矮檐下，黄着脸，瘦着颈，织着草鞋过生活，我没有这本领。要我一句话说开了万乘之主的心，立刻百辆车乘跟随我，这我却有此能耐。庄周说：我听说，秦王病了，下诏求医生。替他破痈溃痤的，赏一乘车。替他舐痔的，赏五乘车。做的愈臭愈下的，得车愈多。你也替秦王舐了痔的吧？怎么得这许多车！好了，请你快走开吧！

但庄周的生活，有时也实在窘得紧。有一次，他到一位监河侯那里去借米。监河侯对他说：好！待我收到田租和房税，借你两百斤黄金吧！庄周听了，忿然地直生起气来。他说：我昨天来，路上听得有叫我的。回头一看，在车轮压凹的沟里有一条小鲫鱼，我知道是它在叫。我问道：鲫鱼呀！你什么事叫我呀！那鲫鱼说：我是东海之波臣，失陷在这里，你能不能给我一斗一升水活我呢？我说：好吧！让我替你去游说南方的吴王与越王，请他们兴起全国民众，打动着长江的水来迎接你，好不好？那鲫鱼生气了，它说：我只要你一斗一升水，我便活着了。你这么说，也不烦你再去吴国与越国，你趁早到干鱼摊上去找我吧！

庄周大概这样地过着一辈子，他的妻先死了。他老友惠施闻讯来吊丧，庄周正两脚直伸，屁股着地，敲着瓦盆在唱歌。惠施说：她和你过了一辈子，生下儿子也长大了。她死了，你不哭一声，也够了。还敲着瓦盆唱着歌，不觉得过分吗？庄周说：不是呀！她初死，我心上哪里是没有什么似的呢？但我仔细再一想，她本来没有生，而且也没有形，没有丝毫的影踪的。忽然里有了这么一个形，又有了生命，此刻她又死去了，这不像天地的春夏秋冬，随时在变吗？她此刻正像酣睡在一间大屋里，我却跟着号啕地哭，我想我太想不通了。所以也不哭了。

后来庄周也死了。在他临死前，他的几个学生在商量，如何好好地安葬他们的先生。庄周说：我把天地当棺椁，日月如连璧，星辰如珠玑，装饰得很富丽。世界万物，尽做我赉送品。我葬具齐备了，你们再不要操心吧！他学生说：没有棺椁，我们怕乌鸦老鹰吃了你。庄周说：弃在露天，送给乌鸦老鹰吃。埋在地下，送给蝼蛄蚂蚁吃。还不是一样吗？为什么定要夺了这一边的食粮送给那一边？这是你们的偏心呀！

庄周真是一位旷代的大哲人，同时也是一位绝世的大文豪。你只要读过他的书，他自会说动你的心。他的名字，两千年来常在人心中。他笑尽骂尽了上下古今举世的人，但人们越给他笑骂，越会喜欢他。但也只有他的思想和文章，只有他的笑和骂，真是千古如一日，常留在天壤间。他自己一生的生活，却偷偷地隐藏过去了，再不为后人所详细地知道。只知道有这样一个人，就是了。他的生平，虽非神话化，但已故事化。上面所举，也只可说是他的故事吧！若我们还要仔细来考订，那亦是多余了。

但庄周的思想和文章，却实在值得我们去注意。据说在他以前的书，他都读遍了。在他以前各家各派的学术和思想，他都窥破了他们的底细了。但他从不肯板着面孔说一句正经话。他认为世人是无法和他们讲正经话的呀！所以他的话，总像是荒唐的，放浪的，没头没脑的，不着边际的。他对世事，瞧不起，从不肯斜着瞥一眼，他也不来和世俗争辩是和非。他时时遇到惠施，却会痛快地谈一顿。

有一次，他送人葬，经过惠施的墓，他蓦地感慨了。他对他随从的，讲着一段有趣的故事。他说：昔有郢人，是一个泥水匠，一滴白粉脏了他鼻尖，像苍蝇翼般一薄层。他叫一木匠叫石的，用斧头替他削去这一薄层白粉。那石木匠一双眼，似乎看也没有一看似的，只使劲运转他手里的斧，像风一般地快，尽它掠过那泥水匠的鼻尖尖。那泥水匠兀立着不动，像无其事样，尽让对面的斧头削过来。那一薄层白粉是削去了，泥水匠的鼻尖皮，却丝毫没有伤。宋国的国王听到了，召去那石木匠，说：你也替我试一试你的手法吧！石木匠说：我确有过这一手的，但我的对手不在了，我的这一手，无法再试了。庄周接着说：自从这位先生死去了，我也失了对手方，我没人讲话了。

其实惠施和庄周，虽是谈得来，却是谈不拢。有一次，两人在濠水的石梁上闲游。庄周说：你看水面的三条鱼，从容地游着，多么快乐呀！惠施说：你不是鱼，怎知鱼的快乐呢？庄周说：你也不是我，你怎知我不知鱼的快乐呢？惠施说：我不是你，诚然我不会知道你。但你也诚然不是鱼，那么你也无法知道鱼的乐，是完完全全地无疑了。庄周说：不要这样转折地尽说下去吧！我请再循着你开始那句话来讲。你不是问我吗？你怎知道鱼的快乐的。照你这样问，你是早知道我知道鱼的快乐了，你却再要问我怎么知道的，我是在石梁上知道了的呀！

这里可见庄周的胸襟。惠施把自己和外面分割开，好像筑一道墙壁般，把自己围困住。墙壁以外，便全不是他了。因此他不相信，外面也可知，并可乐。庄周的心，则像是四通八达的，他并没有把自己和外面清楚地划分开。他的心敞朗着，他看外面是光明的，因此常见天地万物一片快活。

又一次，他们两人又发生辩论。惠施问庄周，人真个是无情吗？庄周说：是。惠施说：没有情，怎算得人呢？庄周说：有了人之貌，人之形，怎不算是人？惠施说：既叫是人了，哪得无情呢？庄周说：这不是我所说的情！我是要你不要把好恶内伤其身呀！

这两番辩论该合来看。惠施既自认不知道外面的一切，却偏要向外面事物分好恶，那又何苦呢？庄周心上，则是内外浑然的，没有清楚地划分出我和外面非我的壁垒。他在濠上看到儵鱼出游，觉得它们多快乐呀！其实儵鱼的快乐，还即是庄周心上的快乐。那是自然一片的。不是庄周另存有一番喜好那儵鱼之情羼杂在里面。照他想，似乎人生既不该有冲突，也不该有悲哀。

庄周抱着这一番他自己所直觉的人生情味要告诉人，但别人哪肯见信呢？说也无法说明白。所以他觉得鸥呀！鹏呀！雉呀！鱼呀！一切非人类的生物，反而比较地像没有心上的壁垒，像快乐些，像更近道些，像更合他的理想些。他只想把他心中这一番见解告诉人，但他又感得世人又是无法对他们讲正经话，因此，他只有鸥呀鹏呀，假着鸟兽草木说了许多的寓言。他又假托着黄帝呀！老子呀！说了许多的重言。重言只是借重别人来讲自己话。其实重言也如寓言般，全是虚无假托的。他自己也说是荒唐。

庄周的心情，初看像悲观，其实是乐天的。初看像淡漠，其实是恳切的。初看像荒唐，其实是平实的。初看像恣纵，其实是单纯的。他只有这些话，像一只卮子里流水般，汩汩地尽日流。只为这卮子里水盛得满，尽日汩汩地流也流不完。其实总还是那水。

你喝一口是水,喝十口百口还是水。喝这一杯和喝那一杯,还是一样地差不多。他的话,说东说西说不完。他的文章,连连牵牵写不尽。真像一卮水,总是汨汨地在流。其实也总流的是这些水。所以他要自称他的话为卮言了。

但庄周毕竟似乎太聪明了些,他那一卮水,几千年来人喝着,太淡了,又像太冽了,总解不了渴。反而觉得这一卮水,千变万化地,好像有种种的怪味。尽喝着会愈爱喝,但仍解不了人的渴。究不知,这两千年来,几个是真解味的,喝了他那卮水,真能解渴呀!

你若不信,何妨也拿他那卮子到口来一尝,看是怎样呢!

中国古代传说中之博大真人——老聃

老子究竟有没有这一个人呢？战国诸子，很喜欢称述到老子。最先可考的，是在庄子的书里。但庄子寓言无实，而且下面所引之各节，又未必是庄子亲笔。有些并出于西汉。但总在司马迁《史记》以前，并为《史记》所根据。我们不妨先简单地一说。

《庄子》的《天运》篇说：

> 孔子行年五十有一而不闻道，乃南之沛，见老聃。

这是说老聃是南方沛县人，孔子向之问道。又《庚桑楚》篇：

> 老聃之役庚桑楚，得老聃之道，北居畏垒之山。

他告诉南荣趎说：

> 吾才小，不足以化子，子胡不南见老子。南荣趎赢粮七日七夜，至老子之所。

这也说老子居住在南方。又《寓言》篇：

> 阳子居南之沛，老聃西游于秦，邀于郊，至于梁而遇老子。

这是说老子由沛西游于秦。但杨朱年代还在墨翟后，不能与孔子问道的老子同时。则杨朱所遇，应非孔子所见之老子。则老子究竟和孔子抑杨朱同时呢？这里却有问题了。

《天道》篇又说：

> 孔子西藏书于周室，子路谋曰：由闻周之征藏史有老聃者，免而归居。夫子欲藏书，则试往因焉。孔子曰：善。往见老聃。

这是说：老聃曾为周之征藏史，但孔子去见他，那时他已免而归居了。则孔子见老子，似乎应该仍在沛，不在周。

但这里又另有一问题。孔子生平言论行事，均详见于《论语》，为何孔子见老聃，《论语》独不记载呢？《庄子》的《外物》篇又说：

> 老莱子之弟子出薪，遇仲尼，反以告，曰：有人于彼，……不知其谁氏之子。老莱子曰：是丘也，召而来。仲尼至，云云。

这又说孔子见了老莱子。这一说却在《论语》有佐证。《论语·微子》篇：

> 子路遇丈人，以杖荷蓧。子路问曰：子见夫子乎？丈人曰：孰为夫子！植其杖芸。

芸是除草义，莱亦是除草义。可见老莱子即是荷蓧丈人，只说是一个在田除草的老人。那老人的名字，当时可并不曾记下。所以司马迁《史记》的《老子列传》里也说：

> 或曰：老莱子，亦楚人也。著书十五篇，言道家之用，与孔子同时云。

这即是告诉了我们，有人在怀疑，孔子见老聃，其实即是老莱子的讹传之一消息了。

司马迁又说：

> 自孔子死之后百二十九年,而史记周太史儋见秦献公,曰:始秦与周合,合五百岁而离,离七十岁而霸王者出焉。或曰:儋即老子。或曰:非也。世莫知其然否。老子,隐君子也。

这他又告诉了我们,有人在怀疑,孔子见老聃,即是秦献公时由周入秦的太史儋。但试问:老聃如何能活这么大的年龄呢?所以司马迁又说:

> 盖老子百有六十余岁,或言二百余岁,以其修道而养寿也。

若把太史儋认为即是孔子所见之老聃,便须有二百余岁的高寿。所以司马迁也要说世莫知其然否了。

今试问:太史儋是否真有其人呢?这也难说了。司马迁在上引文中所说的史记,系指秦史言。当司马迁时,其余列国的史记都在秦始皇焚书案中被毁了。司马迁所见,只剩秦史了。故知他上文所说的史记,定指秦史言。在战国时,秦赵两国最流行谶书,那全是些迹近神话的预言。秦赵两族,本是同一本源的。只有这两国,独多那些神话性的预言之流传。太史儋预言,便是其中之一例。所以太史儋纵有其人,而这一番预言,则出于当时秦赵两国一种通行的殊俗与异风,我们却不必信以为真了。

我们既知太史儋与孔子所见之老聃，在汉时已误混为一人，则上引《庄子·寓言》篇杨朱见老聃一节，也可解释了。这一节，正也把太史儋和孔子所见之老聃，误混为一呀！

因于太史儋与老聃误混为一了，于是遂有如下的故事。司马迁《老子列传》说：

> 老子修道德，其学以自隐无名为务。居周久之，见周之衰，乃遂去至关。关令尹喜曰：子将隐矣，强为我著书！于是老子乃著书上下篇，言道德之意五千余言而去。莫知其所终。

这里提到老子著的《道德经》五千言。其实今传的《老子》五千言，决非孔子以前或同时人所著。即如上引老莱子著书十五篇，也同样出于后人之伪托。大抵孔子同时的老聃，是并无著书的。而且这五千言，也并非太史儋所著。司马迁也并没有说太史儋有著作呀。此五千言的成书年代，应该在《庄子》书之后。这一层，这里暂置不论吧！让我们先把此故事再来作一番分析。

所谓老子过关，究竟过的是什么关？有人说是函谷关，但在孔子时，并没有函谷关之名。这里只称二崤，又称桃林之塞，乃晋地。秦取殽函，在秦孝公后惠王时，那已是孟子庄子的时代了。秦人在此因险设关，始有所谓函谷关。则函谷关之出现，至早不能在秦惠王以前。因此说太史儋去周适秦过函谷关，是不合史实的。

所以前人不说这是函谷关，而说是散关。但散关位置在秦之西，并不是由周适秦之所经。于是后人又说关令尹既强老子著书，又同老子同去流沙之西，这就成为老子化胡的故事了。这一故事，便由老子过散关而联想引生的。这一说，显然更荒诞，而且与太史儋由周适秦的传说也不合。

经上之分析，可见太史儋由周适秦，纵使有其人，有其事，而过关著书的一段，则为战国晚年以下人添造。只因当时人都知道由东去秦先要过函谷关，却忘了函谷关是秦惠王以后才有呀！

其次让我们说到关令尹。在《庄子》的《天下》篇，有关尹与老聃。《天下》篇里说：

关尹老聃闻其风而说之。

又说：关尹曰云云，老聃曰云云。接着说：

关尹老聃乎！古之博大真人哉！

《天下》篇并非庄子之亲笔，大概已是战国晚年时期的书了。《天下》篇里把关尹叙在老聃前，不像说关尹是老聃的弟子。而且关尹自有书，《天下》篇也已引述了。《汉书·艺文志》，道家有关尹子九篇。既是关尹自己也著书，又当时人推崇他的地位并不在老聃下，便不像有子强为我著书那些说法了。

可见司马迁这一条故事，还在《天下》篇之后，而且与《天下》篇所说违背了。而且关尹像是一人名，司马迁那段故事中，却把关尹转变成关令尹，这是一官名了。依照从来记载的常例，也没有仅载一官名，而不载那当官者的姓名的。除非那人的姓名失传了，无法再详考。但关尹显然是战国晚年一显学，先秦百家有许多处称述他，都只称为关尹，他的书也称关尹子。可见关尹本是人名，不该混作关令尹的官名呀！

而且司马迁也只说：关令尹喜曰，这喜是喜欢义。关令尹遇见老子过关而满心地喜欢，因而强他著书了。但后人又误会了，竟说这关令尹名喜，又称他尹喜。那真是以误传误，不可究诘了。

现在我们再试问：那关尹究竟是怎样的一人呢？有没有其他事迹可考呢？这一问题，却更复杂了。但不妨把我的意见，在此简单地一说。在我推想，关尹实即是环渊。环渊也是楚人，他和孟子庄子略同时。战国人公认他是一个道家。他亦著书上下篇，发明黄老道德之术。只因环渊和关尹，由于双声叠韵之字音相近，而把一名两写，后来遂误传为两人了。

但如何又把关尹即环渊，牵搭上太史儋，而生出这一故事来的呢？这因环渊在当时，和詹何齐名。他们同是楚人，又同是讲道术。战国人因此时时把詹何环渊并称了。相传詹何能前知，他坐堂上能知门外牛黑而角白。于是又有人把他误混上以前能前知的周太史儋了。因于詹何环渊，时时相连称，于是太史儋连上关尹，而捏造出出关强著书的一番故事来。

或许有人会怀疑，如何当时这一辈著书成名的学者们，会弄得如此模糊而纠缠不清了的呢？这也有一个理由。因当时的道家们，和儒墨名法各家的大师有不同。他们多数是隐沦自晦的，不浮现到政治舞台的上层去。因此他们的生平行实，不易为人所知晓。庄周是例外了，但庄周也实在并无生平行实可说的。可说的还只是些故事。我们只能从他书中故事来推说他生平。其他人的著书体例不同于庄周，便叫后人更难推寻了。而且一辈隐沦自晦的人，又假托着另一辈隐沦自晦的人而著书，这更使他们中间弄得模糊而纠缠不清了。我们只一读《汉书·艺文志》所载道家的书目，便可明白得这中的理由。

根据上面推论，姑把老子的故事传说，简单分成如下之三说：

①孔子见老聃，此老聃实是老莱子，即是《论语》中的荷蓧丈人，乃南方一隐者。孔子南游时，子路曾向他问路，并曾在他家宿过夜。孔

子又叫子路再去见他，但没有见到了。孔子见老聃的故事，即由此而衍生。

②太史儋去周适秦，此人见于秦史之记载。但后人也认他为孔子所见之老聃，于是老聃遂成为周史官，又成为去周适秦而隐了。

③老聃出关遇关令尹，此故事流传最迟，出处无考，殆已在汉初。关尹乃战国道家环渊之误传。环渊与詹何同时齐名，遂把詹何误混为太史儋，而引生出过关遇关尹之传说。

然则今《小戴记》中的《曾子问》，何以也载孔子适周问礼于老聃呢？这因孔子问道于老聃之说，流传得太广了，所以后代的儒家，也把来编造出孔子问礼老聃的记载。儒家称述孔子故事，不可信的也太多了。即如司马迁《孔子世家》所载，经后人驳正的，岂不甚多吗？孔子适周为《论语》《孟子》所未载，经过两千年考订，到底考订不出哪一年是他适周可能的年代。因此这一说虽见于《小戴记》，我们也尽可置之不信了。

然则司马迁《史记》何以又说老子名耳字聃，姓李氏，好像确凿有据呢？其实老聃只是寿者的通称。《说文》：

聃，耳曼也。

《诗·鲁颂》毛传：

> 曼，长也。

长耳朵是寿者相，所以说老聃，犹之乎说一位长耳朵的老者。亦犹后人说一位白眉毛的老人般。古书又有称续耳离耳的。《初学记》引韩诗：

> 离，长也。

可见续耳离耳同还是长耳朵，在《庄子》也只说孔子曾去见了一位长耳朵的老者就是了。但后人穿凿，便把离耳又转成李耳，于是变成老子名耳字聃姓李氏，确凿有名有姓了。

但司马迁《史记》又何以说他是楚苦县厉乡曲仁里人呢？这更简单。老子已成了汉代的大名人，自该替他安排一出生的乡里。厉乡又名赖乡，赖与厉的字声，近于老莱子之莱，以及李耳之李，而且苦县地点约略又近于沛，因此遂替那长耳朵的老人派定了他的出生的家乡了。

但司马迁《史记》何以又说：

> 老子之子名宗，宗为魏将，封于段干。宗子注，注子宫，宫玄孙假，假仕于汉孝文帝。而假

之子解，为胶西王卬太傅，因家于齐。

这不是老子有清楚的姓氏名字，有确实的出生乡里，并有详细的子孙谱系吗？其实也不然。魏列为诸侯，已在战国了。若果老子年龄高过于孔子，试问他的儿子如何能为魏将呢？大概这封于段干的，最早也该和孔子孙子思同时了。《战国策》有段干崇为魏使秦割地求和事，依字形看，段干宗必然会便是段干崇。但已在魏安釐王时，连当太史儋的儿子也不配，如何说是孔子所见老聃的儿子呢？或许汉代李氏与战国段干氏，在其先世的血统上有关系，这却说不定。至于那位胶西太傅，他自称系老聃后人，则大可不必重视了。

如是则今传《道德经》五千言，究是谁人所造呢？这一问题，则更难详定了。当知古代好些伟大的名著，从来不知道作者之真实姓名的，并不止《老子》五千言。即如《易·系辞》，《中庸》，《大学》，后代儒家奉之为经典，又何尝能知道其著作人之真姓名。像此之类，直传到现在，脍炙人口的名著，而无真实作者的名氏可指的，至少也有一二十种吧！《老子》五千言，并不比《易·系》《中庸》更特出。我们此刻并不知其书作者之主名，这是无足深怪的。若论此五千言之成书年代，则断当在庄周书之后，当与荀卿韩非略同时而稍前，种种证据，可惜不能在这里列举了。后人把此五千言当作孔子所见老聃之手笔,正如把比此五千言更晚出的《易·系辞》上下传,当作孔子的亲笔,一样地无稽。《易·系辞》非孔子作,直要到宋儒欧阳修,才始提出疑问来。可见积非成是之说,是不乏其例的。若我们此刻把老子五千言的成书年代,移到战国之晚期,则孔子当时,是否真有一老聃,孔子是否和他见过面,是否向他问过礼,这些问题的历史价值,自然减轻了,也不值得我们过细推寻了。

关于《老子》成书年代
之一种考察

《老子》书之晚出,大可于各方面证成,此篇特其一端。乃自古代学术思想之系统着眼,说明《老子》书当出《庄子·内篇》七篇之后者。

大凡一学说之兴起,必有此一学说之若干思想中心,而此若干思想中心,决非骤然突起。盖有对其最近较前有力之思想,或为承袭而阐发,或为反抗而排击,此则必有文字上之迹象可求。《老子》一书,开宗明义,所论曰"道"与"名",此为《老子》书中二大观念。就先秦思想史之系统,而探求此二大观念之所由来,并及其承前启后递嬗转变之线索,亦未始不足以为考察其成书年代之一助。且一思想之表达与传布,又必有所借以表达与传布之工具。如其书中所用之主要术语,与其著书之体裁与作风,皆是也。此等亦皆不能逃脱时代背景之影响与牢笼,则亦足为考定书籍出世年代之一助也。

道

今按《老子》书中"道"字,有一主要之涵义,即道乃万有之始,虽天与上帝,从来认为万物之所从出者,《老子》书亦谓其由道所生,此乃老子学说至堪注意之一特点也。如云:

> 道冲,而用之或不盈,渊兮似万物之宗。……吾不知其谁之子,象帝之先。(四章)
>
> 容乃公,公乃王,王乃天,天乃道,道乃久。(十六章)
>
> 孔德之容,惟道是从。道之为物,惟恍惟惚。惚兮恍兮,其中有象。恍兮惚兮,其中有物。(二十一章)
>
> 有物混成,先天地生。寂兮寥兮,独立不改。周行而不殆,可以为天下母。吾不知其名,字之曰道,强为之名曰大。(二十八章)
>
> 人法地,地法天,天法道,道法自然。(二十八章)
>
> 大道泛兮其可左右,万物恃之而生。(三十四章)
>
> 道生一,一生二,二生三,三生万物。万物负阴而抱阳,冲气以为和。(四十二章)

> 道生之，德畜之，物形之，势成之。（五十一章）

上引七章，正可见道字为《老子》书中重要一观念，为其书中心思想之所寄。今寻孔子《论语》言道，范围仅指人事，与老子所言道殊不相类。《墨子》书言义不言道。故孔墨所言，就其思想内容言，均若浅近，而老子独深远。孔墨思想尚若质实，而老子独玄妙。以思想史之进程言，老子书已断当出孔墨之后。至《庄子》论道，从来皆认为与《老子》相同，抑细考实亦不然。其真同于《老子》书者惟一节。其言曰：

> 道有情有信，无为无形。可传而不可受，可得而不可见。自本自根，未有天地，自古以固存。神鬼神帝，生天生地。（《大宗师》）

此亦谓道先天地生。然《庄子·内篇》七篇言道先天地，亦惟此一节耳，而此节乃颇有晚出伪羼之嫌。证别详其他言道，如"道不欲杂"，"惟道集虚"，"鱼相造乎水，人相造乎道"，凡诸道字，皆与《论语》素朴之义为近，与老子深玄之旨为远。则庄周言道，实为孔老中间之过渡。纵谓上引一节道生天地之说，亦出庄子亲笔，此亦仅可谓庄子虽有此意，而持之未坚，廓之未畅。在庄子思想中，犹未成为一确定之观念。必至《老子》

书,乃始就此义,发挥光大,卓然成一系统。而《老子》首章"道可道非常道,名可名非常名",其语尤明承庄子而起。庄子之言曰:

> 道恶乎隐而有真伪,言恶乎隐而有是非。道恶乎往而不存,言恶乎存而不可。道隐于小成,言隐于荣华。故有儒墨之是非。……物无非彼,物无非是,……是亦彼也,彼亦是也。……彼是莫得其偶,谓之道枢。(《齐物论》)

又曰:

> 道行之而成,物谓之而然。……无物不然,无物不可。……恢恑憰怪,道通为一。
> 道未始有封,言未始有常。
> 大道不称,大辨不言。道昭而不道,言辨而不及。孰知不言之辨,不道之道。

此皆以道与言并称,即《老子》道名并提之所本。在庄子之意,仅以此破儒墨两家是非之辨。儒墨在当时,群言淆乱,皆所以争道之是非,故庄子论之如此。是其在思想史上之先后脉络,层析条贯,皆甚明白,无可疑者。故谓老出庄后,其说顺。谓老居庄先,其义逆。即此以观,《老子》成书年代,其较庄尤晚出，已居然可见。

今更据上引《老子》论"道"各节，择其与道字相涉诸名词，如"帝""天""地""物""大""一""阴阳""气""德""自然""象""法"之类，一一推溯其思想上之来源与线索，以证成吾说如次：

（一）帝

帝字见于诗书左氏内外传者，皆指上帝言。《论语》不言帝，而常言天，天即帝也。然帝字之确然涵有人格性，则似较天字为尤显。《论语》用天字，虽可指其亦具有人格性，而苍苍之义显已明白存在。故《论语》之转帝言天，显见为古代素朴的上帝观念之一种转变，亦可谓是一种进步也。寻其转变之迹，则可远溯自春秋时代，其详证当求之于《左传》，此处不备论。墨子亦常言天，而《墨子》书中之天字，则与古人言上帝无殊异。仅其改用天字，可征其时代之后起耳。独《贵义》篇"子墨子北之齐，遇日者，曰：'帝以今日杀黑龙于北方，先生色黑，不可以北。'"一节，乃用帝字。此言墨子不信日者，非不信有帝也。然纵谓《论语》《墨子》对于信重天帝之观念有轻重，要为皆有古代素朴的上帝观念之传统存在，故《论语》《墨子》绝不言道先天地，即孔墨皆不知有《老子》"道为帝先"之说也。若知之而信，亦应有所驳难。惟《周易·说卦传》"帝出乎震"一语，亦言帝有所出，乃与《老子》相似。则以《说卦传》尤较《老子》为晚出耳。若问何以见其非《老子》之袭取《说卦传》，而必谓《说卦传》之晚出于《老子》，则因《老子》道为帝先之论，在其书中，有精密之层次，有一贯之系统，显为《老子》全书一中心思想，亦其创见所在，宜非可以外袭而得。至于《说卦传》帝出于震之语，若以为是孔子语，则与《论语》思想不符。若谓其非出孔子，则单文碎义，既未有以见其全体思想之规模与条理，组织与系统，则试问何以《说卦传》作者，突然创此前所未有之新论，而又不畅尽言之，此乃无说可通。故谓《说卦传》此语出《老子》后，袭取自《老子》也。此为考论古书真伪，比定思想系统先后，所必守之准绳。否则古代思想之演进程序，必将揉杂碎乱，无可整理。故此《说卦传》单文，必当如此安排也。

墨子而下，先秦诸子论及帝字者有庄子。篇中引《庄》仅限内篇，外杂诸篇，多出庄后，不尽可据，兹不及。其言曰："古者谓是帝之县解"，此犹是古传帝字之常义。至云：

> 南海之帝为儵，北海之帝为忽，中央之帝为混沌。儵与忽时相遇于混沌之地，混沌待之甚善。儵与忽谋报混沌之德，曰："人皆有七窍，以视听食息，此独无有，尝试凿之。"日凿一窍，七日而混沌死。（《应帝王》）

则言帝有生死，远异在昔诗书之陈义。知庄子已不信有上帝，似较孔墨思想更进一步。故彼乃借上帝为寓言，因古人言上帝，而彼特造南海之帝北海之帝中央之帝云云，此足以证庄子之不再确信古代传说之上帝观念也。因谓虽帝亦制乎道，故得道则生，违道则死。帝有生死，则帝亦降为一物。此所谓"天地尚不能久"也。其又一条见前引，曰："道神鬼神帝，生天生地。"此乃谓鬼神上帝皆得道而始神，则神不在帝而在道，道在帝先，此明与《老子》书相似。然此一节，余固已疑其为有晚出伪羼之嫌者。今即退一步言，认此节亦为庄子本文，则亦仅能谓老庄乃比较同时之产物，故其思想上之态度，及其发表之形式，与其所用之术语，皆有相近似处。以思想史发展之进程言，则孔墨当在前，老庄当在后。否则老子已先发道为帝先之论于前，孔墨不应重守天命天志之说于后。何者？因此道为帝先之观念，何以突然创出于老子之心中，此必有其时代思想上之背景，有其思想线索之来历与层次，决非可谓是老子一人偶然忽创此说。而且此一思想，既有其前影，则亦必有其后果。决不能于孔墨思想中，绝无痕迹，绝无影响。论思想史之演进线索，不当如是。否则亦将无思想史可言耳。

（二）天

《论语》天字凡十余见，大体皆为一理想上有意志有人格有作为之上帝。故《论语》虽不言上帝，而大体论之，孔子仍为遵守古代传统素朴的上帝观念者。故孔学重知天命。墨子尤然，常以尊天事鬼为是，诟天侮鬼为非。其学说行事，自谓一本天志。孟子亦称知天事天，虽曰"莫之为而为者天也，莫之致而至者命也"。莫之为，故归之于天为之。莫之致，故诿之于天命之。此所谓天，仍是旧谊。至庄子言天，而其义始大变。其论天籁，曰：

> 夫吹万不同，而使其自已也，咸其自取，怒者其谁邪？（《齐物论》）

曰自已，曰自取，乃始以后世自然义言天。自然者，谓非冥冥之中别有一天帝以使之然也。老子言天，亦本自然为说，与庄同，与孔墨孟异。今使老子言自然之天在前，孔墨孟重言神道之天在后，直待庄子，而始再言此自然之天。则老子思想之于其后起之孔墨孟诸家，为落空无影响，而孔墨孟诸家之于先起之老子，为脱节无反应。就思想史上之演进线索言，若成为反复混淆，而无条理可寻矣。故当谓庄老较同时，同出孔孟之后，始得成条贯也。

今试再将庄老两家论天之言，细为比较，则知《老子》书犹出《庄子》后。何则？庄子重言天，故曰：

是以圣人不由而照之于天。

是以圣人和之以是非，而休乎天钧。

和之以天倪，因之以曼衍。(《齐物论》)

依乎天理。

公父文轩见右师而惊曰："是何人也，恶乎介也。天与！其人与！"曰："天也，非人也。"

是遁天倍情，忘其所受，古者谓之遁天之刑。(《养生主》)

按遁天谓违反自然，倍情谓背道。情者，即道有情有信之情。

渺乎小哉，所以属于人。警乎大哉，独成其天。

道与之貌，天与之形，乌得不谓之人。(《德充符》)

按此道与天互言之。

知天之所为者，天而生也。知人之所为者，以其知之所知，以养其知之所不知，终其天年而不中道夭者，是知之盛也。

是之谓不以心捐道，不以人助天，是之谓真人。

关于《老子》成书年代之一种考察

按此亦道与天互言。

> 且夫物不胜天久矣。
> 子贡曰:"敢问畸人。"曰:"畸人者,畸于人而侔于天。"(《大宗师》)
> 尽其所受于天而无见得,亦虚而已。(《应帝王》)

其重言天如此,故荀子评之曰:"庄子蔽于天而不知人。"《解蔽》盖庄子之意,犹若有合乎天者始为道之一观念,存其胸中。虽其对于天字之涵义,不复严守古昔相传之神道观,而其尊天崇天天道不可知之说,无形中尚受旧说之缠缚,而未尽摆脱者。故孔墨乃积极地尊信天,知天命天志之必如此,而还从人事上尽力。庄子则消极地尊信天,既谓天道不可不遵依,而天道又未必尽可知,于是遂使其于人事,有彷徨却顾,而失其直前勇往之毅气与壮志。然其指导人当知天命,实与孔子意态较相近。故《庄子》书乃时时称道孔子与颜渊,此亦其间思想递嬗一线索也。

至《老子》书乃舍天而言道,曰:

> 孔德之容,惟道是从。(十一章)
> 道常无名,朴虽小,天下莫能臣。
> 譬道之于天下,犹川谷之于江海。(三十

二章)

不道早已。(三十三章)

道常无为而无不为,侯王若能守之,万物将自化。(三十七章)

上士闻道,勤而行之。

夫唯道,善贷且成。(四十一章)

天下有道,却走马以粪。天下无道,戎马生于郊。为学日益,为道日损。(四十八章)

道生之,德畜之。势成之,物形之。是以万物莫不尊道而贵德。(五十一章)

以道莅天下,其鬼不神。(六十章)

按此即道神鬼神帝之意。

道者万物之奥。(六十二章)

天下皆谓我道大,似不肖。(六十七章)

可见《老子》书中道字之地位,实较《庄子》七篇之言道者为远过。故曰"天乃道",曰"天法道",加道于天之上,乃不再见有古代素朴的天帝观念之缠缚,此与庄子之言天者远殊矣。即此可证《老子》书当较《庄子》七篇尤晚出也。不然,老子之于道与天,先已分言之,明明谓道尊于天,庄子思想既承袭自老子,而于此复混言之,又谓合乎天乃道,此非学术思想层累前进之象也。故在庄子时，古代神秘的天之意义虽已变，而至老子时，古代神秘的天之地位乃大降，即此可以推断庄老之先后也。

（三）地

《论语》《墨子》仅言天，不言地。何者？天即上帝，地乃大块之物，不得与天相配言也。《庄子》则并言天地。何者？《庄子》书中之天字，已成为万物自然之总名，否则亦块然之一物，无复至高无上惟一独尊之意义也。故曰："乘天地之正，御六气之辨。"（《逍遥游》）曰："地籁天籁。"曰："天地一指，万物一马。"（《齐物论》）曰："官天地，府万物。"曰："吾以夫子为天地。"（《德充符》）曰："未有天地，自古以固存。"曰："生天生地。"曰："先天地而生而不为久。"曰："豨韦氏得之以挈天地。"曰："以天地为大垆，造化为大冶。"曰："游乎天地之一气。"（《大宗师》）曰："吾示之以地壤天壤。"（《应帝王》）此皆以天地并言，于是天字之意义变而地位降。《老子》亦然，曰：

> 天地不仁，以万物为刍狗。（五章）
> 玄牝之门，是为天地根。（六章）
> 天长地久。（七章）
> 有物混成，先天地生。（十五章）
> 道大，天大，地大，王亦大。（十五章）

> 天地相合以降甘露。(三十二章)
> 天得一以清,地得一以宁。(三十九章)

亦皆天地并言。而曰:

> 人法地,地法天,天法道,道法自然。

则天地犹若有等级,而皆屈居于道与自然之下。此盖既合言之,而复析言之,然后天字之地位,益不可复旧观。《中庸》亦每以天地并言,而曰:"惟天下至诚为能尽其性。能尽其性,则能尽人之性。能尽人之性,则能尽物之性。能尽物之性,则可以赞天地之化育。可以赞天地之化育,则可以与天地参矣。"仅此一节,已足证《中庸》之晚出。何者?此节尽性语袭自《孟子》,参赞天地语袭自庄老。故其书显不能前出于《孟子》也。何以谓其尽性语袭自《孟子》?因《孟子》道性善,故主尽性。然《孟子》言人之性善异于物性,故不言尽物性。《中庸》推尽人性而至尽物性,已非孟子本意,故不得谓孟子承子思之言,而知是后人层累孟子之言以为言也。何以谓天地并言袭自庄老?《中庸》曰:"天命之谓性",曰"鬼神之为德",曰"郊社以事上帝",曰"惟天之命于穆不已",是《中庸》之言天与帝,时亦为昭赫之上帝,而言天地之化育万物,则近于庄老自然之天地。此显见是糅杂儒道以为言也。惟庄子仅言一气之化，而《中庸》又增一育字，此犹《易·大传》天地之大德曰生之义。而其说亦自老子来，即所谓道生之，德畜之也。此乃《中庸》《易系》作者袭取庄老天地自然之新观念，而复会归于儒家之仁道观念以为说。又说"参天地"，则以人合于天地，仍侧重于人道。此明为后人兼采儒道两家之说而层累言之也。其曰"可离非道也"，与孔子"何莫由斯道也"异。其曰"道者自道也"，与孔子"道之将废"，"人能弘道非道弘人"异。盖《中庸》此等处，皆袭自道家观念也。岂有子思于其亲祖父之学，而已大相乖戾至此。凡此皆道家之精言，故知非道家之袭取于《中庸》，而乃《中庸》之袭取自道家。《孟子》阐性善，《庄子》发道体，而《中庸》综述之。则《中庸》思想之后出于孟庄，亦从可决矣。《易·系辞》天地人三才之说，亦与《中庸》参天地同例。此皆杂糅儒道两家之言，出于庄老以后也。

（四）物

《论语》不言物。何者？孔子仅论人事，未及心物对立之问题也。《墨经》始言物，曰：

> （经上）知，接也。（说）知：知也者，以其知遇物而能貌之，若见。
> （经上）恕，明也。（说）恕：恕也者，以其知论物，而其知之也著，若明。

（经下）物之所以然，与所以知之，与所以使人知之，不必同，说在病。

此言知而遂及于物也。其所讨论之重心，在知识而不在物。又曰：

（经说下）物尽异，大小也。
（经下）物尽同名。
（经下）数物，一体也。说在惟一俱是。

此论名实异同而遂及于物也。其讨论之重心，则在名实之异同，而亦不在物。大率《墨经》论物，大要不出此二途。然《墨经》已为晚出，决不出墨子手。盖由名家晚起，以名学立场而阐述墨家兼爱之旨者。至孟子倡性善，常言反求之本心，而以心之陷溺放失，归罪于物欲，于是心物二字，遂渐成一对立之地位，而成为学术上思想上讨论之一新问题。故曰：

耳目之官不思则蔽于物，物交物，则引之而已矣。心之官则思，思则得之，不思则不得也。

是孟子虽言外物，而其讨论之所侧重，仍是偏倾于内心一方面，初不以物之本质为注意讨论之一问题也。至庄子出，乃始进而对于外物观察其本质与真

相。于是又为先秦思想界辟出一新境界。大率庄子论物,有如下之四义:

A　讨论物之来源者

自来言物,均归诸天帝创造,庄周独加非难,谓物皆无待而自然。其言曰:

> 周两问景曰:"曩子行,今子止。曩子坐,今子起。何其无特操与?"景曰:"吾有待而然者耶?吾所待又有待而然者耶?吾待蛇蚹蜩翼耶?恶识所以然,恶识所以不然?"

善乎郭象之言曰:"造物者无主,而物各自造。物各自造而无所待焉,此天地之正也。"造物无主,此乃庄子思想一大创见,前此所无有也。凡一学说之兴起,必有其背景焉,有其动机焉。当庄周时,举世方共信上帝造物,而何以庄周独创此可惊之伟论,则试问其背景何若,其动机又何在?盖庄生之时,正儒墨两家争辩甚烈之时也。其时学者莫不欲得一是非之标准,则莫不追而求之于冥冥之上帝。盖欲争事物之是非,不得不推寻事物之根源,则必溯及于创世造物之上帝。如曰"天生下民,有物有则","惟皇上帝,降衷于下民",非古人以上帝为事物最后根源,是非最后标准之所在乎?故墨子言天志,其言曰:

> 我言天志,譬若轮人之有规,匠人之有矩。轮匠执其规矩以度天下方圆,曰中者是也,不中者非也。今天下士君子之书,不可胜载,言语不可尽计,上说诸侯,下说列士,其于仁义,则大相远也。何以知之?曰:我得天下之明法以度之。(《天志上》)

此为墨家以天志为自己学派辩护之确证。至于儒家亦莫不然,请证之于孟子。其言曰:

> 规矩,方圆之至也。圣人,人伦之至也。欲为君,尽君道。欲为臣,尽臣道,二者皆法尧舜而已矣。不以舜之所以事尧事君,不敬其君者也。不以尧之所以治民治民,贼其民者也。(《离娄上》)

此儒家之以尧舜为是非之标准也。推而究之,则亦以天为是非之标准。何者?"孟子道性善,言必称尧舜。"而曰:"圣人先得吾心之所同然者。"人之性善,乃天所与,而尧舜圣人,不过为人性善之一实证耳。故墨者夷之见孟子,孟子告之以人之葬其亲,由于中心之不获已。又谓儒者一本,而墨二本。一本者,即一本之于天,谓标准之无二也。盖儒家本人心以言天,则天志与人心合,故曰一本。墨家离人心言天志,则天志与人心为二本矣。然墨家之自主所说,固亦谓一本之于天志也。庄子对于当时儒墨之辨,极欲有所判定,而觉其双方各执一见,各有是非,定谳难成,于是激而为斩根塞源之论,以为万物本非天造,则是非亦无一定。故曰:

> 道,形而成之。物,谓之而然。恶乎然,然于然。恶乎不然,不然于不然。物固有所然,物固有所可。无物不然,无物不可。故为是举莛与楹,厉与西施,恢诡谲怪,道通为一。(《齐物论》)

盖墨儒之争,其势均必推极于造物之天。庄子则曰:天亦一物耳,非别有一能造物者。非别有一能造物之天,即更无超出物外而为万物最后是非之同一标准矣。故庄子言道,言自然,而昔人之据天以为一切是非之最后同一标准者自破。此乃庄子自然论之所由起也。

B 讨论物之情状者

夫讨论是非,一方必求其有外界之标准,如儒墨之言天是也。而一方又必对其内部有相当之认识,于是知识之评价尚焉。然知识之可恃,乃在外物之有常,而庄生则力破其说。曰:

> 昔者庄周梦为胡蝶,栩栩然胡蝶也,自喻适志与,不知周也。俄而觉,则蘧蘧然周也。不知

> 周之梦为胡蝶与，胡蝶之梦为周与。周与胡蝶，则必有分矣，此之谓物化。（《齐物论》）

物既随时而化，不居常境，故人类当前之知识，亦复随化而不足恃。知识不足恃，则是非无可定。故曰：

> 啮缺问乎王倪曰："子知物之所同是乎？"曰："我恶乎知之？""子知子之所不知耶？"曰："我恶乎知之？""然则物无知乎？"曰："我恶乎知之？"

C 讨论物之法则者

物既自然，非天造，则无所谓天秩天序天衷天则之类矣。而又时化不居，则又无所用于物质物体之名矣。然则物固有其法则可求乎？曰：有之。物之法则，亦即此自然之时化而已。于此物之时化，庄生则名之曰道，亦曰天。故其言曰：

> 死生，命也。其有夜旦之常，天也。人之有所不得与，皆物之情也。

盖庄生既言知之不足恃，而此则又言知之无所用也。

D 讨论对物之应付者

物象既随时变动，不居故常，我之知识又不可恃而无所用，庄生乃谓应付物之方法，在乎一顺其自然而随时与之俱化，而人之私智小慧无与焉。故曰：

> 若化为物，以待其所不知之化已乎。且方将化，恶知不化哉？方将不化，恶知已化哉？

又曰：

> 藏小大有宜，犹有所遁。若夫藏天下于天下，而不得其所遁，是恒物之大情也。特犯人之形而犹喜之，若人之形者，万化而未始有极也，其为乐可胜计耶？故圣人将游于物之所不得遁而皆存。审乎无假，而不与物迁。命物之化，而守其宗。游心于淡，合气于漠，顺物自然而无容私焉，而天下治矣。至人之用心若镜，不将不迎，应而不藏，伤，孰肯以物为事。

此庄生所主张应付外物之态度与方法也。故曰：

> 自我观之，仁义之端，是非之途，樊然殽乱，吾恶能知其辨？

以上详引《庄子》书中之对物观念。我所以不惮烦称详引，而又条分缕析以说之者，凡以见庄子之言，乃前此之所未有，而特由庄子所独创，而其所以获此创辟，则因彼乃针对当时儒墨是非之辨而起，此乃思想史上对于某项问题之逐步转移与发展之一例。就其思想本身言，确有其背景，又确有其动机，脉络先后，皆可指证，固非漫无因缘来历，偶尔而云然也。继此请言老子。

老子言物，有与庄同，有与庄异。同者在论物之来源。老子之言曰：

> 无名天地之始。有名万物之母。（一章）
> 天下万物生于有，有生于无。（四十章）

万物生于无，明其非生于天也。然庄子仅言物之无待于天，固未尝确言万物之创生于无，则庄老虽同，而仍不同。此层详后有无一节若其与庄异者，则在论物之形状与其应物之态度。其言曰：

> 致虚极，守静笃，万物并作，吾以观复。夫物芸芸，各复归其根。归根曰静，是谓复命。
> 复命曰常，知常曰明。不知常，妄作凶。（十六章）

此一节，老子论物之情状与其应物之态度者已至明且尽。庄生仅言物化，而老子又进一层言之，彼以谓物之化，常循环而反复，故虽化而实静，虽变而实常。在庄子，虽有"不与物迁而守其宗"，"死生命也，夜旦之常天也"之语，要之，仅足为《老子》书之启示，而不如《老子》之明晰也。

《老子》又曰：

> 视之不见名曰夷，听之不闻名曰希，搏之不得名曰微。此三者不可致诘，故混而为一。其上不皦，其下不昧，绳绳不可名，复归于无物。（十四章）

又曰：

> 字之曰道，强为之名曰大，大曰逝，逝曰远，远曰反。（二十五章）
> 反者道之动。（四十章）
> 天下有始，以为天下母。既得其母，以知其子。既知其子，复守其母，没身不殆。（五十二章）

是老子于物之自然而时化之中，已籀得一至大之公例。万物虽变，而其变有公例可寻。则变亦有常矣。万物虽动，而其动有公例可守，则动而如静矣。此等公例，在老子则称之曰道。道之于万物，为其母，为其根，为其命。故曰：

  侯王若能守之，万物将自宾。（三十二章）

又曰：

  侯王若能守之，万物将自化。化而欲作，吾将镇之以无名之朴。（三十七章）

此又庄老一绝异之点也。庄子喜言神人真人，其于物，则屡言物不能伤，物无害者。而老子则常言侯王，于物则言御，言镇，言以为刍狗。故《庄子》虽有《应帝王》之篇，然其意固常在退避，不若老子之超然燕处，而有取天下之志。故庄生之论，由其针对于墨儒是非之辨而发，其意态常见为反抗，为怀疑，为消极，为破坏。而老子之论，则继庄子而深求之，故以承续肯定积极建设者为多。以此判之，亦可见《老子》书之晚出于庄也。

（五）大

  大字为一形容词，若无甚深涵义之变。然而不然。《论语》孔子曰："大哉尧之为君，唯天唯大，惟尧则之。"此以天为大也。至《老子》书乃名道为大，此亦有所本，其本在庄子。庄子鉴于儒墨之争辩是非，各守一先生之言，颛颛焉自以为莫吾易，故慨乎其言之，曰："道隐于小成"，"故有儒墨之是非，以是其所是，而非其所非。"鹍鹏之与斥鷃学鸠，何以相笑？曰以不相知。鳅猿猴麋鹿蝍且鸱鸦之于民，何以相非？曰以不相知。故庄生喜言大，所以破己执。己执破，则儒墨是非之辨可以息。故庄子言大知，所以通彼我。言大道，所以和是非。其意皆有激而然。至老子道大之言，则特承于周而为虚美之词矣。则岂不即就此一字而亦可以推寻诸书先后之痕迹乎？

（六）一

孔子曰："吾道一以贯之。"一非道也。老子则曰：

> 道生一，一生二，二生三，三生万物。

今试问此在道之后万物之前之所谓一二三三者果何物乎？欲求其解，则在庄子。庄子之言曰：

> 有始也者，有未始有始也者，有未始有夫未始有始也者。有有也者，有无也者，有未始有无也者，有未始有夫未始有无也者。俄而有无矣，而未知有无之果孰有孰无也。今我则已有谓矣，而未知吾所谓之其果有谓乎，其果无谓乎？天下莫大于秋毫之末，而泰山为小。莫寿于殇子，而彭祖为夭。天地与我并生，万物与我为一。既已

为一矣,且得有言乎?既已谓之一矣,且得无言乎?一与言为二,二与一为三。自此以往,巧历不能得,而况其凡乎。故自无适有,以至于三,而况自有适有乎?无适焉,因是已。(《齐物论》)

郭象解之曰:

夫以言言一,而一非言也,则一与言为二矣。一既一矣,言又二之,有一有二,得不谓之三乎?夫以一言一,犹乃成三,况寻其支流,凡物殊称,虽有善数,莫之能纪也。故一之者与彼未殊,而忘一者无言而自一。

象之此解,可谓妙得庄旨。盖庄子之所谓一二三者,皆指名言言,非实有其物也。此在《墨经》亦有之,曰:

(经上)言,出举也。(说)言:言也者,口态之出名者也。

此谓言以出名,则名言为二也。名言已为二,则孰为之一?在《墨经》作者之意,则一名即一实,是即一矣。此乃晚起墨家以名学立场阐述墨家兼爱之说者之所持。且所谓万物为一者,实非庄生之言,乃其友惠施之言也。惠施历物之意,而曰万物一体。惠施,墨者徒也，欲阐陈兼爱之义，因言万物一体。万物一体之说，亦见于《墨经》。

（经下）数物，一体也。说在俱一惟是。（说）数俱一，若牛马四足。惟是，当牛马，数牛数马，则牛马二。数牛马，则牛马一。若数指，指五而五一。

此即名家之万物一体论也。究其立论根据，初不过在辨名实之异同。如言一足，则三足在外。言一牛，则牛之四足皆举。而马犹在外。曰一物，则牛马同体矣。惠施本此意引申之而为大一小一毕同毕异之论，遂曰"万物一体"，故当兼爱。不知由此而证万物之一体，则仅限于名言之数，而并未触及万物之本体。且名言之域，苟是即言以求，则一已成三，岂能一天下之言，而使之尽一于我乎？此庄生之所以主忘言而齐物论也。则庄生此条所言之一二三，求其陈义立论之所自，乃属确有根源，确有来历，确可指证，而有其特定之涵义者。至《老子》书乃漫曰："道生一，一生二，二生三，三生万物。"彼初不知一二三只指名言，而万物则是实体，实体岂能自名言中生。则何说以自圆乎？王弼注老，亦知一二三是名言，然亦不能发明名言生实物之理也。

《老子》书又曰：

> 昔之得一者，天得一以清，地得一以宁，神得一以灵，谷得一以盈，万物得一以生，侯王得一以为天下贞。

王弼之注曰：

> 一，数之始而物之极也。

彼又不知数是名言，物是实体，数不足以生物，数之始乌得即以为物之极。老子此处所言一，盖即以指道。老子又曰：

> 载营魄，抱一。

此一亦是道。盖老子既曰道生一，而又即以一称道也。今即以《老子》书中之一，推溯至于《庄子》书中之一，又推溯至于惠施与《墨经》所论之一，其间思想演变递进之迹，脉络分明，路径宛然，先后顺序皆可指证。若谓《老子》书先出于《庄子》，则请问其所谓"道生一，一生二，二生三"之说，果是何指？其真实之意义又何在？此必万辞而莫得其解矣。

（七）阴阳一气

然庄生亦自持万物一体之论者，特其与惠施之持

论有不同。盖惠施以名数证万物之一体,庄子取其结论而变其立说,遂转据万物之实体言。其言曰:

> 凡物无成与毁,复通为一。
> 自其异者视之,肝胆楚越也。自其同者视之,万物皆一也。物视其所一,不见其所丧。

今问此万物之所一者何在乎?曰:在乎其皆为一气之所化,故以谓之一体也。故曰:

> 与造物者为人,而游乎天地之一气。

此谓天地万物,皆一气之自然而时化以成也。故曰:

> 夫若然者,又恶知死生先后之所在?假于异物,托于同体。

又曰:

> 夫造物者将以予为此拘拘也,浸假而化予之左臂以为鸡,浸假而化予之右臂以为弹。浸假而化予之尻以为轮。

又将以为鼠肝,为虫臂,将万化而未始有极也。于是

《庄子》书又言六气，御六气之辨言阴阳，必有阴阳之患至《老子》遂云：

万物抱阴负阳，冲气以为和。

此其说，以前孔墨孟子皆未之言也。至其后《易·系传》出，乃始汲庄老之阴阳绪言而发挥之，成为一系统之学说。故论先秦阴阳学派成立之层次，首当溯源于庄周，次老子，次《易传》，而阴阳学说乃始成立。而邹衍特润色之以五行，凡论先秦阴阳学派之最先根源者，当从此起。此亦中国古代万物一体论成立之一番层折也。诚使《易·系传》成于孔子，《老子》书又前出于孔子，则老子孔子皆已言阴阳于前，万物一体，早有此论，惠施之徒与《墨经》之作者，又何愚而再唱名数的万物一体论于后乎？墨子又何不自万物一体申述其兼爱之旨，而必上推天志以言兼爱乎？故自思想史之演进顺序言，必如予此之所定，庶为顺理成章，或较有当于古人之真相也。

（八）德

《庄子》内篇仅言德，不及性，《老子》亦然。此庄老之所由与儒家异。然庄子以道言对称，老子则以道名对称，至于道德连文，此在《庄子》内篇尚未见，至《老子》书始有：

> 失道而后德，失德而后仁。

与"道生德育，尊道贵德"之言，而后乃始道德并举，此二字遂若有对等之位置。《庄子》外杂篇则时以道德并举成为一名词，则此诸篇显然又出《老子》后也。

（九）有无

孔墨孟皆不言有无，言有无者，自庄老提出万物起源之问题始。然《庄子》言有无亦与《老子》书微有不同。庄子之言曰：

> 古之人其知有所至矣。恶乎至？以为未始有物者，至矣，尽矣，不可以加矣。其次以为有物矣，而未始有封也。其次以为有封矣，而未始有是非也。

此所谓未始有物者，并不指无而言。盖谓天地一指，万物一马，道通为一，无彼与是，故曰未始有物也。庄生之意，特就万类纷然之中，见其同源于一大化，而不认其原始本初即有彼是之分别耳。非追论在万物之先，更有一未始有物，即所谓无之一境界也。庄生又言之曰：

> 有始也者，有未始有始也者，有未始有夫未

始有始也者。有有也者，有无也者，有未始有无也者，有未始有夫未始有无也者。俄而有无矣，而未知有无之果孰有孰无也。今我则已有谓矣，而未知吾所谓之果有谓乎？其果无谓乎？天地与我并生，万物与我为一。既已谓之一矣，且得有言乎？一与言为二,二与一为三,故自无适有，以至于三，而况自有适有乎？

此始以有无对言。然所谓有无者，仅言有谓之与无谓，非论有物之与无物也。故庄子并不远论物始，仅就物而致辨于其彼我封界名言有无之间。故有无二字，在庄书尚未成为确然对立之两名词。故《庄子》书中又屡言无有，曰：

> 未成乎心而有是非，是今日适越而昔至也。是以无有为有，——无有为有，虽有神禹，且不能知。

又：

> 彼何人者耶？修行无有，而外其形骸。
> 立乎不测，而游于无有。

足证《庄子》书中，于无字尚未确定为一特殊之名。

故又言无有。其所谓无有，即无也。至《老子》书则不然，乃始确然以有无两字对立，成为有特殊意义之两名词。故曰：

> 无，名天地之始。有，名万物之母。
> 常无，欲以观其妙，常有，欲以观其徼。
> 有之以为利，无之以为用。
> 天下万物生于有，有生于无。

于是无之一名，乃若确然为天地之所自始，万物之所从生。此在庄子时，并无此义。以无之一观念之确立，亦可证《老子》成书决然在庄周之后矣。盖老子既主道先天地，而又名道为一，名道为无，故说天地万物生于无。至问道何以既为一，又为无，此则仍需求解于庄生《齐物》有谓无谓之说，此皆老后于庄之显然而无复可疑者。

（一〇）自然

庄子虽创自然之论，而自然一名词，犹未确定。故曰"咸其自取"，曰"恶识所以然，恶识所以不然"。曰"因其固然"，此皆自然也。又曰："常因自然而不益生"，曰"顺物自然而无容私焉"，内篇自然二字，仅此再见。可证庄子当时，自然二字尚未确立成为一名词也。至《老子》书始曰：

> 道法自然。

又曰：

> 辅万物之自然而不敢为。
> 百姓皆谓吾自然。

又曰：

> 希言自然。

自然二字，乃始确然成为一名词，而占思想上重要之地位。此又可以证吾庄先老后之说。至《庄子》外篇又少言自然，直至汉初《淮南王书》，乃始盛言自然。可证老子言自然，不能远出孔子以前也。

（一）象

象字古书用者极少，庄子仅云"寓六骸，象耳目"。此乃象字之常谊。至《老子》书而象字乃始有其特别之涵义。如云：

> 道之为物，惟恍惟惚。惚兮恍兮，其中有象。恍兮惚兮，其中有物。

又云：

> 无状之状，无象之象。（十四章）
> 大象无形。（四十一章）
> 执大象，天下往。（五十三章）

此诸象字，乃始见在哲学上有特殊神秘之涵义焉。老子谓道生万物，其间先经象之一级。在此时，已有成象，而尚未成形。有形为物。无形为象。象之为状，恍惚无定形，故为未成物前之一先行境界。其后《易·系辞传》言象，即本诸《老子》书。若谓《易传》是孔子作，老子孔子言天地万物生成阶次，既已如此清楚明晰，何以庄孟两家都漫不省？此决无说可通者。

以上论有无，论自然，论象，凡此诸语，在《庄子》书，仅是义取达意，多属临文遣辞之恒旨。至《老子》书，则显见此等字语，均已成为特铸之专名，所以形容天地万物创始之妙理，而确然成为哲学上一固定之名词，一特有之观念。如此之类，尚不乏例。如庄言"必有真宰，而特不得其朕。可形已信，而不见其形，有情而无形。"此亦形容道体之语。至《老子》则曰：

> 道之为物，惟恍惟惚，窈兮冥兮，其中有精，其精甚真，其中有信。

精与信乃确然成为万物生成以前之两阶段。故《老子》书肯定其辞曰："其中有精""其中有信"也。此若谓道之生物，因其确涵有两要素，曰精与信，故得引生万物也。是精与信亦已成为一特定之专名，而《庄子》书固无有也。《庄子》内篇惟有一节，亦言道先万物，而曰："道有情有信，无为无形。"此情字即《老子》书中之精字。然此一节，余固疑其非庄书本真，乃后人袭取自《老子》书而伪撰羼入者。《老子》书又曰：

> 视之不见名曰夷，听之不闻名曰希，搏之不得名曰微，此三者不可致诘，故混而为一。其上不皦，其下不昧，绳绳不可名，复归于无物，是谓无状之状，无象之象。

又曰：

> 大象无形。

是大象乃一种无形之物，在道与物、有与无之间之一阶段，一历程，此犹所谓精与信，皆在未成物之先，而已有其存在，而特不可确认，故又谓之恍惚也。凡此论宇宙成物之历程者，在庄书皆模糊，在老书极明晰，在庄书皆未臻肯定，为辜略之辞，在老书则皆确切分析，昭白无疑。即此相比，庄老两书，果孰在先而孰在后，亦可以微辨而得矣。

至于无为二字，尤常见于《老子》书，曰：

> 道常无为，而无不为。

此言自无形而转成有形，自大象而转成万物，一切阶段，皆出自然，非有造作也。至《庄子》书中道无为无形之语，必以《老子》书解之，始获畅明其所指，故知庄书此语定出老子后也。凡《老子》书中语，必以庄子解之而始明者，亦可知其必出庄后耳。

（一二）法

《论语》不言法，仅有法语一言而已。法字之重要，始见于《墨子》。所谓"子墨子置天志以为仪法。"（《天志下》）又曰："莫若法天"（《法仪篇》）是也。《墨经上》云："法，所若而然也。"《经下》亦曰："一法者之相与也尽类，若方之相合也。"庄子破是非之畛，故不喜言法。老继庄后，其思想态度，已自破坏而重趋于建立，故曰：

> 人法天，天法道，道法自然。

自天三累而上，始为自然，而自然则有其一定之法则者。此后法象一观念，遂特别为阴阳家所重视。

名

《老子》书开首即以道名并言，道字来历，及其凡所牵涉之内涵义旨，大略如前述。今请论名字。《老子》书中论名字约可分二组：

（一）

> 道可道，非常道。名可名，非常名。（一章）
> 道常无名朴。（三十二章）
> 道隐无名。（四十一章）

此言道之不可以名状也。其意承袭自庄子。盖孔子首言正名，然此名之所指，不过君臣父子人伦间之名分，非指凡名实之名而言。墨辨论名，乃始指凡名实之名言，其涵义较孔子远异。《小取篇》云："夫辨者，将以察名实之理。"又云："以名举实，以词抒意，以说出故。"《经说上》云："所以谓，名也。所谓，实也。"又："举，告以之名，举彼实也。"公孙龙子云："名，实谓也。"此皆以名实对举，与孔子正名之名不同。孟子距杨墨，然殊不论名实。殆因墨家转入名学立场，其事尚在后，最早如惠施辈，亦与孟子同时，故孟子不及置辩也。然淳于髡则曰："先名实者，为人也。后名实者，自为也。"可见名实二字，在当时则已成一流行之名词矣。故庄子亦云："名者，实之宾也。"然其意又较墨家提出名实二字之本意不同。墨家谓"以名举实"，其意重在名。庄子谓"名是实宾"，其意重在实。盖墨家以名与词为辩论真理之利器，而庄子则谓名字言说均不足以定真理，而二者意见相背，其间盖有一至巧妙之机括焉。缘墨家根据实事实物以为辨，则名之功效自大。何者？名，实之谓也。如或谓之牛，或谓之马，此实物之辨也。求白马，不可以骊色之马应，此实事之辨也。使无名字言说，则一切实事实物之理，固不可辨。然其末流所趋，往往过重于名字言说之使用与辨析，又或好为惊世骇俗之论，而转失实事实物之理者。如云"鸡三足"，是与实物相背也。如曰"犬可以为羊"，是与实事相乖也。庄子当名家诡辩之已盛，而儒墨之是非相争不息，又亲与名家巨子惠施相友好过从，故其受名家尚言辨之刺激为最深。庄子思想所注重者，正为如何而可以打破缴绕之言辨，于是遂有其惊人可怪之论。庄子之意，遂若谓一切实事实物，固无是非之可辨。何者？大瓠可用而不可用，不龟手之药可贵而不可贵，学鸠可以笑大鹏，彭祖可以悲众人，昭文师旷惠子不足以明其好，麋鹿蝍且鸱鸦不足以正其嗜，庄生惝恍其言，凡以见宇宙一切事物之间，是非淆乱，无一定之标准可据。而籀其大故，则不出两端。曰各拘于地域，各限于时分，则彼此不足以相喻而已。于是遂有"因是已"，"谓之两行"之说。此谓各因其所是而是之，则在此时此地者，有此时此地之是，在彼时彼地者，有彼时彼地之是，使若能各止于其时地之所是而不复相非，则是非可以并行而不相悖，其实则仅有是而更无非，此即庄生意想中之大道也。故墨家之辨是非，本于人而为辨，而庄生乃本于道而为辨者。故曰"有真人焉"，明拘于地域限于时分之见之人之非真人也。曰"至人无己"，明本于己以为辨者之非理想人之极至也。且墨家之辨，辨实事，辨实物。而庄生乃舍实事实物而辨道。故曰："何肯以物为事？"曰："以道观之。"若是而墨家所重一切名实之辨，与夫儒墨是非之争，皆若剑首之一映，不足以复控搏矣。故名实之辨，为墨家所慎重提出者，至庄子之手，而轻轻转移，变为言道之辨，此吾所谓一至巧妙之机括也。

然庄生之意，仅谓是非各拘于地域，各限于时分，不足以推而广之，引而远之耳。故曰："圣人和之以是非，而休乎天钧，是之谓两行。"则庄生之意，亦不过主异时异地之各有其是，故亦当各行其是而止耳。故庄子之论虽吊诡，亦不过为儒墨两家作调人。至老子则时过境迁，息争之事匪急，而认道之心方真。于是昔之以名举实者，乃求以名举道。而道终不可以名举也。故曰："道隐于无名。"然而无名者又终不可以不名也，故曰："吾不知其名，字之曰道，强为之名曰大。"然则此大道者，将为实有者乎？抑仅虚名之而已乎？使道为实有，则避实言道，道终为超实之名。若使道为虚名，则道又不可以虚也。于是乃曰："道冲而用之或不盈。"冲非虚，不盈非实也。_{按《说文》：冲，摇也。此以形容道体之流动不居。流动不居则虚矣。自来只以虚训冲，失之。}又曰："道常无名，朴。"朴者，非实非虚，而为实之本质。实可名，实之本质不可名，故曰"无名之朴"。又曰："道可道，非常道。名可名，非常名。"然则道者非无实，而又不可名，故曰："无状之状，无物之象，是谓惚恍。"道朴可以生物实，其中间之过渡则曰"象"，曰"大象无形"，象之与形，一犹朴之与实，其间有微辨。凡《老子》书所以言道者如此。故庄子之言道，激于当时名实之缴绕，求离实而言之也。老子之言道，病于名之不可以离实，而求重返于实以言之也。求离实，故曰"道将自道"，而求重返之实，故曰"有大象"。于是后之辨实事实物之是非者，乃不求之于名，而转求之于象，此又中国古代学术思想史中一转变之大关捩也。《老子》又曰：

大辨若讷。

善者不辨，辨者不善。

> 多言数穷,不如守中。

守中者,庄生所谓"得其环中以应无穷",此皆明承《庄子》书而言之也。使老子生孔子前,当时儒墨之争未起,则老子决不遽言及此。

(二)

> 道常无名,朴,虽小,天下不敢臣。侯王若能守之,万物将自宾。天地相合以降甘露,民莫之令而自均。始制有名,名亦既有,夫亦将知止,知止所以不殆。
>
> 道常无为而无不为,侯王若能守之,万物将自化。化而欲作,吾将镇之以无名之朴。无名之朴,夫亦将无欲。不欲以静,天下将自定。(三十七章)

前举以无名言道,此则以无名言治也。以无名治,即是以道治。老子之意,谓天下之乱,由于民之多欲。多欲则外逐物而内丧真,违于自然之道。而欲之兴,则由于名。故曰:

> 天下皆知美之为美,斯恶矣。皆知善之为善,斯不善矣。

溯其论旨,亦始庄子。庄子曰:

> 天根游于殷阳,至蓼水之上,适遭无名人而问焉,曰:"请问为天下。"无名人曰:"去,汝鄙人也,何问之不豫。"(《应帝王》)

庄子又以壶子之无得而相者以谓应帝王,此皆老子以无名为治之说也。惟庄子特粗抽其端绪,而未及畅发其意旨者。其后至于《庄子》之外篇,阐发此义者乃特多,以君天下者本己好恶出名字以扰天下人心者为乱之本,则其论又多出《老子》后矣。故老子斥仁义而重道德,其意亦本诸庄。不过庄子以之言学术,而《老子》书则转移其重心而言政治,此为异耳。故在庄子,特谓是非无一定之标准,不当以吾之所是强同诸人,而老子则言君人者不应以一己之好恶号召天下之人心也。不立一定之标准,而任各己之自然者,此道体也。镇之以无名之朴,即是镇之以道。庄子用道以字息儒墨之争者,老子乃进一步而建此道字以为理想政治之准则。此又庄老学说不同之一点也。

以上历举《老子》书中所用重要各名词,一一指陈分析其涵义,与其问题产生之背景,又推论其在思想史上展衍递进之层次与线索,而《老子》书之晚出,显然可见矣。苟其不然,如谓《老子》书成于孔子之前,则自孔子以下两百年,战国百家思想,正如《西游记》中之孙行者，翻了十万八千里一大筋斗，而终翻不出如来佛之掌心。读者亦必熟读孔墨以下，战国两百年各家思想，乃知《老子》一书包罗之广，彻见之深，则其为古之博大真人，卓绝无俦，夫复何疑？若谓从来思想界，无可有此奇迹，则何如摆脱旧说之缠缚，只将《老子》成书年代移后，置之于庄子公孙龙与荀卿韩非之间，则自孔墨以下，战国两百年思想展衍，有一条贯，可以董整，而亦并无损于《老子》一书在古代思想史上所应有之地位。而且如《中庸》，如《易传》，尤当晚出于《老子》，亦均不得其书作者之主名，而此亦并无损于《中庸》《易传》思想之价值。而此各书之在当时思想史上之地位，则无宁将以获得其真实的成书年代而益显。则此篇之所欲辨，亦意在求真，固非好标新异。虽推翻两千年之积案，其论必历久而后能定，然有好学深思之士，固不难目击而首肯而心许之尔。

再论《老子》成书年代

老子事可论者，一其人事迹之真伪，一其书著作之先后。余疑《史记》所传老子姓氏邑里事业及其子孙后裔，颇不可信，已别详于《先秦诸子系年》，此篇则专就《老子》成书年代特加讨究。余已先有《关于〈老子〉成书年代之一种考察》一文，又余著《国学概论》第二章《先秦诸子》，亦以老子思想归入荀况韩非晚周一期共同论列。此篇一仍凤见，亦有为上举所已详者，重加论次，以请教于并世研考《老子》书年代之诸贤。

（一）

今先就《老子》书中对于当时政治社会所发种种理论而推测其历史背景，则其书应属战国晚年作品，实无疑义。老子言："不尚贤，使民不争。"尚贤乃墨家最先主张。此缘当墨子时，贵族世袭之制，以次崩坏，弊害昭显，墨子遂针对时病，发挥尚贤新义。在其先孔子时，虽亦有意矫正当时贵族政治之弊害，而仅及正名，惟求君君臣臣父父子子，重返于往昔贵族统制安宁期之状态。在孔子当时，似尚未能彻底破除以前血统亲亲之旧观念，而明白提出尚贤之新主张。墨子承其后而意益激进，因倡尚贤。然就墨子时政治实况大体言之，固亦仍是贵族血统世袭之旧局面，未能骤臻理想尚贤之境。下及战国中期，于是学者尚贤理论，乃始一变而为政治上之真实情况。更后而尚贤制亦见弊害，乃复有箴对时病，而发为不尚贤之教者，此则必在战国中期以后。若当春秋中叶，列国行政，本不以尚贤为体。老子著书，何乃遽倡不尚贤之论乎？此就当时政制之演进言，而可确知其不然者。

然老子书虽明倡不尚贤之论，而在其无意中，实仍不脱尚贤之旧观念。此证老子成书年代，必是正值尚贤思想浓厚之际。故其书中每以圣人为理想中之最高统制者，此即战国中晚期尚贤思想无形之透露。考其先称"圣人"，特为多知通达之称。《左传》襄公二十二年，"臧武仲如晋，雨，过御叔。御叔曰：'焉用圣人？吾将饮酒而已。雨行，何以圣为？'"是当时人称臧武仲为圣，御叔特以武仲行遇雨，不先知，疑之。《论语》以臧武仲为智，是当时圣智相通之证也。故子贡问夫子圣矣乎，孔子以"学不厌教不倦"

对，此即谓"予非生而知之，好古敏以求之"也。又曰："若圣与仁，则吾岂敢，抑为之不厌，诲人不倦，则可谓云尔已矣。"《老子》书亦云："绝圣弃智。"此皆当时以圣人为智者之称之明证也。然智愚与贵贱有别，智者不必居上位，若曰"内圣外王"此等语，则必至战国中晚以后乃有之。今检《老子》书，言及圣人者几三十处，而十之七八，皆指政治上之最高统制者而言，就封建世袭时代人观念论之，天子之子为天子，诸侯之子为诸侯，贵贱定于血统，初未尝以圣人与天子作联想。纵谓禹汤文武，凡开国之君，后世子孙，必尊奉之为圣。然继体传统之君，则未必仍是圣人。即如幽厉之谥，在西周人观念中，此项意见，岂不已甚显著。故圣之与王，在春秋以前人，绝未视为一体。此必自孟庄以后，尚贤理论愈唱愈高，《老子》书受其影响而不自觉，故虽主不尚贤，而其意想中之最高统制者，则必归之于圣人。此正尚贤之极致，乌得云不尚贤？故《老子》书中之政治理想，实由一理想中最贤明之统治者而发为不尚贤之治。此即其书晚出之显证也。

尚贤理想之推展至极，则政治上之最高统治者必当为一圣人。而圣人之子，则不必仍是圣人也，因此而有禅让论之兴起。此等禅让思想，亦应在墨家提倡尚贤主义之后而始盛。证之当时史实，如梁惠王欲让位于惠施，燕王哙竟传国于子之，知其时让贤思想已极盛行。故万章问孟子,"人言至于禹而德衰",亦因禹不传贤而传子,故疑其为德衰。传贤传子之争,正是尚贤与亲亲之争。亦即春秋战国思想上一大分界也。今观《老子》书,不仅以圣人为其理想中之最高统治者,并亦常有让贤传天下之说。故曰:"贵以身于为天下,若可寄天下,爱以身于为天下,若可托天下。"此在《庄子·外篇·在宥》亦有之,曰:"贵以身于为天下,则可以托天下。爱以身于为天下,则可以寄天下。"此所谓托天下寄天下者,实即让贤禅位之意。故王弼谓"然后乃可以天下付之"也。中国古代,果有尧舜禅让之史实与否,此处暂可勿深论。而当春秋世,则殊无传贤让国之说。纵有如宋襄公之欲让位于目夷,吴诸樊兄弟之欲传国于季札,然此仍是贵族血统世袭,所让在兄弟之间。固与《老子》书之所谓不同也。《论语》曾子曰:"可以托六尺之孤,可以寄百里之命,临大节而不可夺,君子人与,君子人也。"何以谓之"托六尺之孤"?此因古者贵族世袭,父死子继,先君临崩,孤子方幼,则择大臣而托之,不闻有举君位而让之此家传统之外也。何以谓之"寄百里之命"?因古者封建,公侯百里为大国,寄百里之命,乃极言其任重而付大,又不闻举天下而传也。观于《论语》曾子之所言,知其当时之政治背景,确为属于封建时代,贵族世袭之制度未破坏,让贤禅国之理论未兴起,故言之云云。若以推比之于《老子》

书之所言,则《老子》书之为晚周时人见解,固自无疑矣。

余谓《老子》书言政治,不脱尚贤观念,其例证尚不尽于上举,专以圣人为政治上之最高统治者一节为然也。即《老子》书中言及从政者,其意想,亦均不似贵族世袭时代人所能有。故曰:"持而盈之,不如其已。揣而锐之,不可长保。金玉满堂,莫之能守。富贵而骄,自遗其咎。功遂身退,天之道。"此处功遂身退一语,后世传诵已熟,遂视若寻常,无可诧怪矣。然此语实非春秋时代贵族世袭制度未破坏时人之所能道。请再以史实证。《左传》文公十六年载,"宋昭公无道,司城荡卒,公孙寿辞司城,请使意诸为之。既而告人曰:君无道,吾官近,惧及焉。弃官则族无所庇。子,身之贰也,姑纾死焉。虽亡子,犹不亡族。"此缘春秋贵族世袭,司城之职,不由贤进,亦不由不肖退。既世袭于彼之一族,彼之一族,亦托庇于此职。故公孙寿虽知祸之将及而不能退,不敢退,乃使其子为之也。又成公十七年载,"晋范文子反自鄢陵,使其祝宗祈死,曰:'君骄侈而克敌,是天益其疾也,难将作矣。爱我者,惟祝我速死,无及于难,范氏之福也。'遂以自杀。"(此据杜注)若其时从政者功成而可以身退,则士燮之智,宁不及此?良亦以封建之制,贵族世袭,不比后世尚贤之局,游士得势,朝可进而暮可退。士燮外忧国难,内虑保家,欲退无从，则惟有出于祈死与自杀之一途。盖因身死则政不在范氏，国纵有乱，子孙可保。此与公孙寿之所为，可谓迹异而情同也。又如鲁宣公十七年载，"晋郤郤献子聘齐，归而怒，欲伐齐。范武子退自朝，告其子燮曰：'郤子之怒甚矣，不逞于齐，必发诸晋国。不得政，何以逞怒？余将致政焉，以成其怒。尔勉从二三子，以承君命，惟敬。'乃请老，郤献子为政。"此又证贵族世袭，父老子继，惟因班序尚新，职位容可微变。故范氏父子之所以谨慎自全者，则亦仅于至此而止，非可如后世游士之洁身引去也。此因春秋时，贵族世袭，既不由功立而始进，亦不以功成而许退。事理昭白，无烦详论。及于春秋之末，游士渐兴，吴有伍胥，越有种蠡，皆以羁旅建功业，而不获善其终。自此以往，如楚之吴起，秦之商鞅，亦以羁士得志，而富贵身首莫能长保。一旦骤失故主，大祸随之。孤危之士，乃始有功遂身退之想。其议畅发于蔡泽之说范雎。其言曰："四时之序，成功者去。"又曰："功成不去，祸逐于身。"又引书曰："成功之下，不可久处。"《老子》书亦本此等当时之实际情况与社会之共同意想而为说耳。《老子》又言之，曰："功成而弗居，夫惟弗居，是以弗去。"又曰："功成而不处，其不欲见贤。"此皆《老子》书作者自就其时代情况立说，谓贤士建功而能不自见其贤，乃能久处不去。故又曰："不自伐，故有功。不自矜，故长。"又曰：

"自伐者无功,自矜者不长。其在道也,曰余食赘行,物或恶之,故有道者不处。"此等语,显皆出战国中晚游士升沉之际,非往昔贵族世袭时代之所可有也。

当春秋时,周王室封建之制犹未全坏。一天子在上,众诸侯在下,故天子称"天王",其位号与诸侯迥绝。及战国梁惠王齐威王以下,列国相王,而后"侯王""王侯"之称,代"公侯""侯伯"之名而起。《老子》书屡言王侯侯王,此亦非春秋时人语也。或以《周易·蛊》之上九"不事王侯,高尚其事"为说,此亦不然。当知《周易》上下篇成书,尚远在春秋以前,即以传世金文证之,当西周初叶,侯国称王,亦常事,然此非所语于春秋之时也。然则《易·蛊》上九之爻,其语当更在春秋之前,否则亦春秋后人羼入。二者必居其一。当春秋时,则封建体制已臻成熟,其时诸侯称王者惟楚,最后始有吴。而孔子《春秋》于吴楚必称子。可见王侯并称,事不寻常。而《老子》书乃屡言之。今若考论《老子》成书年代,与其以之上拟《周易》,远推之春秋以前,固不如以之下侪战国诸子,移之梁惠王齐威王之后之为更近情实矣。

且当春秋时,诸侯卿大夫各自治其封邑,周天子之政令,不能直接及于天下之众民。故孔子曰:"天下有道,则礼乐征伐自天子出。天下无道,则礼乐征伐自诸侯出。自诸侯出,盖十世希不失矣。自大夫出,五世希不失矣。陪臣执国命,三世希不失矣。天下有道，则政不在大夫。天下有道，则庶人不议。"此处孔子之所谓礼乐征伐，其语意实偏重在天子诸侯卿大夫贵族阶级之本身内部相互间事，而并不指政治阶层之下对小民庶人者而言。此义亦极显然。故齐景公问治国，孔子对曰："君君臣臣，父父子子。"此所谓君臣父子，其语意亦偏重在天子诸侯卿大夫贵族阶级之本身内部相互间事，亦不指贵族阶层之下对小民庶人而言也。故时人云："国之大事，在祀与戎。"祭祀所以整齐国内贵族嫡庶承袭之位。兵戎所以捍卫四封疆圉彼此之固。此亦指天子诸侯卿大夫贵族阶级之本身内部相互间事，仍不指政事之下及于小民庶人者而言。一部《春秋》二百四十年，亡国乱家，其事尽于君不君，臣不臣，父不父，子不子。无论其为内乱，或外患，亦大率由贵族阶级自身内部相互间事之失其体统而引起。小民庶人，则尚非当时治乱之主体。试披读《左传》列国间祸乱相因，固绝少以民乱难治为患者。此因当时封建形势犹未全破，贵族世袭统制之权犹未全坏，民之为民，平居则耕田纳税，有事则陈力就役，初不成为政治上重要之对象。在当时人意想中之所谓政治事业，则大率以贵族阶级之自身内部相互间事为主。既曰礼不下庶人，则礼乐征伐之对象，亦决非小民庶人可知。至于小民庶人之崛起而成为政治事业之对象，其先见于《左传》者则曰盗贼。盗贼在春秋中晚期已屡见，然当时政治对象之重要中心，则仍为贵族阶级之自身内部相互间事，仍与小民庶人无预也。（此层详余著《周官著作年代考》。）春秋时贤论政，固颇有知以民事为重者。然此皆言其影响所及。政治失轨，可以影响及于民事。民事失调，亦可以影响及于政治。当时人论政，其大体意态，如此而已。《论语》言为政，更已颇重于民事。然亦仅言道千乘之国。鲁昭公八年，蒐于红，革车千乘。千乘之国，当孔子世，似已不见为大国。然《论语》固犹未尝言及治天下而又以民事为要归也。苟言治天下而又以民事为要归，则试问置此辈诸侯卿大夫贵族阶级于何地？故知在春秋时，封建制度尚未崩溃，其时人则决不能有治天下而又以民事为要归之想象。此等想象则必出春秋之后。至《孟子》书，已屡言"王天下""一天下"。然其言政治，则若仍限于一国之内，固犹未及言治天下也。今《老子》书，则多言治天下，少言治国。其言治天下，又必以民事为要归。是《老子》作者所意想中之政治，乃始是一圣人在上，百姓众民在下，而若更不知有所谓列国诸侯卿大夫陪臣种种封建贵族阶层之隔阂于其间。故曰：

> 不尚贤，使民不争。不贵难得之货，使民不为盗。不见可欲，使民不乱。是以圣人之治，虚其心，实其腹，弱其志，强其骨，常使民无知无欲。

> 圣人不仁，以百姓为刍狗。
>
> 圣人无常心，以百姓心为心。圣人在天下，（按：此即在宥天下之在。）歙歙然为天下浑其心。
>
> 故圣人云："我无为而民自化，我好静而民自正，我无事而民自富，我无欲而民自朴。"
>
> 其政闷闷，其民淳淳。其政察察，其民缺缺。……是以圣人方而不割，廉而不刿，直而不肆，光而不耀。
>
> 是以欲上民，必以言下之。欲先民，必以身后之。是以圣人处上而民不重，处前而民不害，是以天下乐推而不厌。

如老子言，以一圣人居天下之上，而百姓众民居一圣人之下，而此在上之一圣人者，又必有待于天下众民之乐推而不重不害焉，而后可以安其位。则试问此等观念，岂果天子诸侯卿大夫封建制度未破，贵族世袭制度未坏，国之大事，专在礼乐征伐，惟祀与戎之际之所能与知乎？

《老子》书不言圣人，则言侯王。故曰：

> 侯王若能守之，万物将自宾。
> 侯王若能守之，万物将自化。
> 侯王得一以为天下贞。

此孟子所谓"保民而王，莫之能御"也。侯王能如此施政，而天下百姓众民便如彼响应，试问当齐桓晋文时，鸠合诸侯，尊王攘夷，礼乐征伐，自诸侯出，此乃霸业时代，孔子所谓十世希不失者，在当时，何来有如《老子》书中之观念？而当时之实际情况，又何尝有如《老子》书中所陈之可能乎？

《老子》书，称在上者曰圣人，曰侯王，又曰人主，曰万乘之主。考"主"者，在春秋时，乃卿大夫之称。及三家分晋，田氏篡齐，"主"称乃移及于大国之君，而始有所谓万乘之主。今曰"万乘之主而以身轻天下"，又曰"以道佐人主者，不以兵强天下"，则以主与天下对称，又不止于万乘之主矣。此亦证《老子》成书时，在其观念中，仅有王天下，一天下，而更无合诸侯，霸诸侯。而此王天下一天下之主，则是梁惠王齐威王之流也。可知著书者偶下一语，而其当身之时代背景，历史意象，即显露无可掩，诚所谓昭然若揭。如此之例，以定《老子》书之晚出，而更何可疑乎？

《老子》书自称圣人侯王人主之下，则有曰"官长"。其书曰：

朴散则为器，圣人用之则为官长。

此器字在《论语》亦有之，曰："君子不器。"器者指百官之专主一职，专供一用言。曾子所谓"笾豆之事，则有司存也"。郑注《士冠礼》："有司，群吏有事者，谓主人之吏，所自辟除，府史以下。"贾疏："按周礼，三百六十官之下，皆有府史胥徒，不待君命，主人自辟除，去赋役，补置之，是也。"胡氏《仪礼释官》谓："凡事有专主之者，谓之有司。"今按：仲弓为季氏宰，问政，子曰："先有司。"则知为家臣邑宰者，已得总成，不复是有司仅供器使之类矣。家臣邑宰尚然，更何论于诸侯卿大夫，各有封邑，即各有臣属，故仅在于"动容貌，正颜色，出辞气"，贵乎道而不器也。今《老子》书则曰朴散则为器，圣人用之则为官长，则试问此诸卿大夫各得封邑，与天子诸侯同守宗庙，同传百世者，又何在？又曰：

不敢为天下先，故能成器长。

器长者，即百官之长，即指政治上之最高统治者，是即圣人也。在《老子》书中之政治，在上惟圣人，在下惟百姓，而与圣人分治天下者则为官长，官长则等如有司，如器。大朴散，始有分司别用之器。此等观念，细论之，仍是封建贵族世袭制度已坏，游士得势，尚贤之说方盛，乃始有之。故《老子》所谓朴散则为器，为官长，正与《论语》君子不器之意相违异。此犹如前举《老子》书云寄天下托天下，而《论语》则谓寄百里之命托六尺之孤也。只就此等处两两对比，深细互观，便知《论语》乃春秋时代人观念，而《老子》书则为战国晚年人观念，时代背景，历史意象，显露襮著，更无可疑。当知古今大哲人著书立言，彼其书中所蕴蓄之义理，固可超越时代，历久常新。而其书中义理所由寄托而表现之若干具体意象，特殊观点，及其所供驱使以表达其义理之若干特有辞语，则终无可以超脱其成书之时代背景，而谓其可以预据后代人之实际事状以立说，此乃断无之事也。

《老子》书言在上治人者，曰圣人，曰官长，而在下被治者则曰百姓，其非春秋时人语，已如上举。今再进而一究其言及在下百姓之有待于在上治人者之所以治之者之又属何事乎？在《老子》书，则首先言及百姓之好智。故曰：

爱民治国，能无智乎？

又曰：

古之善为道者，非以明民，将以愚之。
民之难治，以其智之多。
故以智治国，国之贼。不以智治国，国之福。

好智之次，则曰多欲。故曰：

> 圣人之治，常使民无智无欲。

又其次则曰好动，盖尚智多欲则好动，其事相引而起。故曰：

> 使民重死而不远徙。

又曰：

> 我好静而民自正（定）。

又其次则曰不畏死。故曰：

> 民不畏死，奈何以死惧之？

又曰：

> 民之轻死，以其求生之厚，是以轻死。

凡此种种，所谓尚智，多欲，好动，轻死，凡《老子》书中所认为民之难治者尽在此，故尤为圣人为治之所先也。则试再问，当春秋时，亦有此等现象否？试熟玩《左传》一书，所记春秋二百四十年间事，大抵皆贵族阶级自身内部相互间之动乱争夺为主耳。而何有乎如《老子》书之所谓百姓之好智多欲好动而轻死乎？此乃王官之学，流散入民间，诸子兴起，百家竞鸣，乃始有此现象。战国百家中最先出者为儒，然孔子弟子七十人，多数惟在鲁卫诸邦，尚未见当时民间之尚智而好动之成为一种普遍现象也。孔子曰："士而怀居，不足以为士矣。"孔子之于士之尚智而好动，盖犹重奖之，而非深抑之。非有此等提倡，则亦不能有将来战国游士尚智好动之风气。而至《庄子》外篇《胠箧》则曰：

> 至德之世，……民结绳而用之，甘其食，美其服，乐其俗，安其居，邻国相望，鸡狗之音相闻，民至老死而不相往来。若此之时，则至治矣。今遂至使民延颈举踵，曰："某所有贤者，赢粮而趋之。"则内弃其亲，而外去其主之事，足迹接乎诸侯之境，车轨结乎千里之外，则是上好智之过也。

此其说，与《老子》书至相似。然此等现象，必至战国中晚期以下乃有之。在战国初期，儒墨新兴，尚不至此。《老子》书中所深斥民间之尚智而好动，若舍《庄子·胠箧》之言，与夫并时诸书之记载，而返求之于《左传》与《论语》，则渺不可得其迹象，故于此又知《老子》书之决然为晚出也。

《老子》书言民间之多欲,则曰:

> 大道甚夷,而民好径。朝甚除,田甚芜,仓甚虚,服文彩,带利剑,厌饮食,财货有余,是谓盗夸,非道也哉!

夫其曰朝甚除而田甚芜,则是在朝者尚贤好智,故在野者弃耕耘而竞仕宦,故致甚除于朝而芜于野。此种景象,又岂春秋时所有乎?亦岂战国初期之所能有乎?又曰:服文彩,带利剑,厌饮食,而财货有余。当知此辈皆来自田间,故致于野甚芜而仓甚虚,此亦显是战国晚期游士食客之风既盛,乃始有之也。当孔子时,至于陪臣执国命而极矣。故子张学于禄,子夏亦曰:"学而优则仕。"孔子曰:"三年学,不志于谷,不易得也。"然"子华使齐,冉子为其母请粟,子曰:'与之釜。'请益,曰:'与之庾。'冉子与之粟五秉。子曰:'赤之适齐也,乘肥马,衣轻裘。吾闻之也,君子周急不继富。'原思为之宰,与之粟九百,辞,子曰:'毋!以与尔邻里乡党乎?'"当时孔子门弟子,得附圣人之骥尾,其在当时,可谓甚煊赫矣。然其生活情况不过如此。若再溯之孔子之前,游宦之士尤极少见。晋有灵辄者,饿于桑下,曰:"宦三年,未知母之存否。"赵盾与之箪食与肉焉。当春秋之世,求如灵辄之例者,亦仅见耳。又乌有所谓服文彩,带利剑，厌饮食，财货有余，若《老子》之所讥乎？若其有之，则在孟尝春中信陵平原四公子之门。且武器之有剑，亦始春秋末年，然尚不为当时社会士流普遍之佩带品。《论语》仅言射御，何尝有所谓带利剑。此即仅就一器物之微，而已足征其书之晚出矣。故无论就大体言，或就小节言，《老子》书之为晚出，乃无往而不流露其成书时代之背景。苟为拈出，则尽人可见，固不待明眼特识也。

《老子》书言民间之尚智而好动，其所得则曰"财货有余"。其富贵而得志，则曰"金玉满堂"。《老子》之所以教之，则曰"不贵难得之货，使民不为盗"。又曰："人多伎巧，奇物滋起。法令滋彰，盗贼多有。"当春秋时，列国君卿大夫相赠赂，大率曰束锦加璧，兵车文马，歌钟宝鼎，以至于献女纳妾，而止矣，无以复加矣。在当时所谓难得之货，即此等锦璧车马钟鼎伎妾之类，然决不遍及于民间。至黄金之用，则亦始见于战国。货币流通，亦自战国而始盛。孟子称大王居邠，事狄以皮币犬马珠玉而不得免。又曰："宝珠玉者，殃必及身。"当孟子时，黄金之使用已广，然《孟子》书尚言珠玉，不言金玉也。今如《老子》书所言，财货金玉，民间胥可以尚智好动而得之。故曰："民之轻死，以其求生之厚，是以轻死。"此又决非春秋时代民间经济状况之所有也。

《老子》书又言之曰："民不畏死，奈何以死惧之？若使民常畏死，而为奇者吾得执而杀之，孰敢？"此即所谓"人多伎巧，奇物滋起，法令滋彰，盗贼多有"也。《春秋》"郑子臧聚鹬冠，郑伯闻而恶之，使盗诱杀子臧。君子曰：'服之不衷，身之灾也。'"此乃好奇之一例。然当战国时，鹬冠遂成为儒服。是春秋时贵族卿大夫服之而见为不衷而遭杀身之祸者，至战国时，则成为民间知识分子尚智好动者之常服矣。又春秋邓析为竹刑，郑驷歂用之而杀邓析。然邓析固是郑之大夫，至战国时人而造为邓析之种种怪说者蜂起。则凡所谓民间之为奇者，其固在春秋之世乎？抑将谓起于战国乎？当春秋时，贵族世袭之制犹未破坏，故曰："刑不上大夫，礼不下庶人。"当时治国者知有礼有制，而不知有所谓法。法令之起，亦当在战国也。(此层详余《周官著作年代考》。)

凡此皆据《老子》书推测其所论政治社会各项背景，而知其书之晚出而无可辩护者。其次则请再以学术思想之系统言之。

(二)

先秦显学，实惟儒墨两家，此韩非已言之。其后起诸家，则法源于儒，农名道家源于墨，阴阳家兼融儒道，最为晚出。(此处论证，略见余《国学概论》第二章《先秦诸子》，详论散见《先秦诸子系年》。)

在儒墨之初期，其议论大体，归于反抗当时贵族阶级之矫僭，而思加以改革。儒义缓和，可称右派。墨义激进，当为左派。墨主兼爱，论其思想底里，亦为反对当时贵族阶级之特权。而墨家之所以证成其兼爱之说者曰天志，此为墨家思想之初期，今当暂称之为天志的兼爱论，或宗教的兼爱论。继此以往，墨说又大变。虽亦同主兼爱，而所以必需兼爱之理据，则不复远推于天志，而别创为万物一体之论。万物既属一体，则兼爱自所当然。其所以证成万物之为一体者，主要则在于对物名之种种综合与分析，今当暂称此为名辨的兼爱论。为此主张者，后世目之为名家。而惠施其魁杰也。（余有《墨辨探源》一篇，论此较详，其文刊载《东方杂志》二十八期。）

惠施一派之主张，其说亦可征于《墨经》。

（经下）数物一体也。说在俱一惟是。
（说）数俱一，若牛马四足。惟是，当牛马，数牛数马，则牛马二。数牛马，牛马一。若数指，指五而五一。

盖自名数之为用论之，愈分析，则愈见其异。愈综合，则愈见其同。故分之则为"万"，为"毕异"。合之则为"一"，为"毕同"。惠施历物，称"万物毕同毕异"，又称"大一小一"，此皆本名数之综合与分析立论,此其说亦可暂称之为"名数的万物一体论"。(惠施学说详见余著《惠施公孙龙》一书,由商务印书馆出版。)此亦墨家思想之流变也。

庄子与惠施相反,彼乃承认惠施万物一体论之新见解,而反对其论证之方法者。故曰:"天地与我并生,万物与我为一。既已为一矣,且得有言乎?既已谓之一矣,且得无言乎?一与言为二,二与一为三,故自无适有,以至于三,而况自有适有乎。"(《齐物论》)庄子谓"天地与我并生,万物与我为一",此即惠施万物一体之见解也。此下云云,则反驳惠施以名数综析而证成此万物一体之理论者。而庄子于此,则自创新义,主于从实际事物作观察,而认出万物实体之随时迁化,变动不居。故曰:"凡物无成与毁,复通为一。"又曰:"自其异者视之,肝胆楚越也。自其同者视之,万物皆一也。物视其所一,而不见其所丧。"又曰:"假于异物,托于同体。"此假于异物托于同体之变,在庄子谓之为"物化"。物化之分析,至于最后一阶段,则有其大通合一,至细而不可察者,庄子名之曰"气"。故曰:"与造物者为一,而游乎天地之一气。"凡所谓物之成毁,则皆假于异物,托于同体之一气之变化。精而论之,则皆一气之运行也。若是言之,亦足证成万物之一体,而似较惠施之仅止于名言之辩者,为切实而进步矣。庄子又称此天地万物之一气之运行者曰"道"。故曰:"道恶乎而不存。"

盖儒墨初期立论，其实皆上本于天志，而归极于人事。此不仅墨子然，即孔子亦然，即其后之孟子，亦无不然。而惠施之所以创立万物一体之新说者，其意在别求一说以证成墨家之兼爱论。庄子则取惠施万物一体之意，而深观乎物化，于是乃有所谓"乌乎往而不存"之"道"。"道"字之新观念，可谓由庄子而确立。故庄子言道，乃远与孔孟儒家之言道不同。而自有此道字之新观念，于是往者天帝创造万物之素朴的旧观念遂破弃，不再为思想界所重视，此则庄子思想在当时一种最有价值之贡献也。今论墨子思想之最大贡献，在能提出平民阶级与贵族阶级之一体而平等。惠施思想之贡献，在能超出人类范围，而论点扩及乎宇宙万物，以寻求其平等之一体。庄子思想之贡献，在能继承惠施，进而打破古代相传天神创世之说，而别自建立其万物一体之新论证。故自墨子以下，其所谓"爱"者，已绝非昔人之所谓"爱"。自惠施以下，其所谓"物"者，更绝非昔人之所谓"物"。而自庄子以下，其所谓"道"者，又绝非昔人之所谓道矣。此乃先秦思想进展一线索之可确指以说者。

今《老子》书中言道，则显近于庄子，而复有其不同。其一：曰道先天地而存在。故曰：

> 有物混成，先天地生。……吾不知其名，字之曰"道"。

又曰：

> 道，渊兮似万物之宗，吾不知其谁之子，象帝之先。

此在《庄子》书中若已先有其说，故曰：

> 道，神鬼神帝，生天生地。

又曰：

> 自本自根，未有天地，自古以固存。

然此节似为晚出伪羼，非《庄子》内篇之本真。其次老子言道，始分阴阳。其书曰：

> 万物负阴而抱阳，冲气以为和。

至是乃确指此天地万物之一气者，又分阴阳两性。在《庄子》内篇，言六气，又言有阴阳之患，似其时尚未确立气分阴阳之新观念。至《庄子》外杂篇，乃始与《老子》书相合，然外杂篇更出《老子》后，今当暂称此派为"阴阳的万物一体论"，其义乃畅发于《易传》，《易传》成书，则亦出《老子》之后也。

惠施之后复有公孙龙，其学亦承袭惠施，然龙之为学，复与施异。彼乃不谈万物一体，而专意于辨名实。盖惠施之论万物一体，其所以证成之者有两途。一则分析万物名数而达于毕异之小一，一则综合万物名数，而达于毕同之大一。公孙龙则转而益进，并不认有物与名数之辨。故曰："物莫非指，而指非指。"指即名数也。若据常识，名数所以别物，而物则确有实体，故物之有实体，与所以指此物之名数不同。公孙龙似不认有此别，故曰："坚白石可二不可三。"又曰："白马非马。"其结论则曰："彼彼止于彼，此此止于此。"公孙龙之主张，一名止于一实，一实亦止于一名。其立论思想，尤偏重在名数之分析，而更不再及于综合之一面。故曰："离也者，天下故独而正。"（公孙龙学说，详余著《惠施公孙龙》，此处限于篇幅，叙述颇未明畅，读者当取《惠施公孙龙》一书细参。）盖庄子取惠施之结论，而变换其证法。公孙龙则推衍惠施之证法，而又别出其结论。公孙龙后于惠施，而犹及见庄周。自公孙龙之说出，而后名字含义，遂有哲学上之最高地位。故公孙龙之所谓名，与以前之所谓名者又绝不同，犹之庄子之所谓道，与以前之所谓道者绝不同也。

今考《庄子》内篇，言名实者凡数见，曰："我将为名乎，名者，实之宾也。"又曰："名实未亏，而喜怒为用。"又曰："是皆求名实也，名实者，圣人之所不能胜也。"又曰:"德荡乎名,知出乎争。"又曰:"名实不入,而机发乎踵。"又曰:"无为名尸,无为谋府。"是《庄子》内篇言名实,犹守旧谊,非有新解。至《老子》书,所用名字,其含义乃与庄子突异。盖老子又兼采公孙龙思想也。故《老子》书开首即曰:"道可道,非常道。名可名,非常名。"谓天地万物尽于道,此庄周之说也。谓天地万物尽于名,则公孙龙之说也。两说绝不同,《老子》书乃混归于一。此《老子》书犹较公孙龙为晚出也。老子继是而曰:"无名,万物之始,有名,万物之母。"今本或作"无名,天地之始。有名,万物之母。"或云:当于有无字逗。然考《史记·日者列传》:"无名者,万物之始也。"王弼注:"凡有皆始于无,故未形无名之时,则为万物之始。及其有名有物之时,则长之育之,亭之毒之,为其母也。"是王本两句皆作万物,与《史记》合。至于断句,则或于有无字逗,或于名字逗,义实两通,亦据王弼注而可知。然以无名为万物之始,以有名为万物之母,此种理论,明出名家,即前所谓名数的万物一体论也。而其意尤近于公孙龙。此与庄子所倡气化的万物一体论,实相违异。而《老子》书乃牵合为说,故曰:"道常无名朴。"推《老子》书作者之意,盖当万物无名之际,乃所谓道,及其有名,则已非道而是器矣。故道乃在器之先。若据庄周旧说,则万物迁化,莫非天地之一气,而此一气之运行,即所谓道，则万物迁化之本身即是道，非在万物迁化以前别有道。故庄子曰："道行之而成，物谓之而然。"道见于运行，非在运行之前先有道也。物施以称谓，非在称谓之外别无物也。在庄周之意，天地万物，只是一气之运行。其运行本身即是道。道则惟一，故物乃同体，人则从而加以名谓识别，遂若世间诚有此一物彼一物之存在。其实则万物一体，而又迁化无常，不居其故。故道者，乃综合此迁化之大体，而名言则就此迁化之大体而加之以分别。故谓除去此迁化之大体以外别无道，可也。谓除去对于此迁化之大体之种种名相分别以外别无物，则殊不可。纵谓庄子未尝认可于此种种分别之物相，然在庄子意中，明明有超乎此种种名相分别之外之合一大通之迁化之大体曰道者之存在。此乃庄子思想之要点。故《齐物论》有云："道恶乎往而不存，言恶乎存而不可。道隐于小成，言隐于荣华。"此皆道言对举。道指其真实，言指其辨认。故曰："是非之彰也，道之所以亏也。"又曰："道未始有封，言未始有常。"又曰："大道不称，大辨不言。"凡《齐物论》一篇道言并举，其言字所指，小之则彼我之识别，大之则是非之争论，并不谓此万物一体从名言而起，亦不谓舍却名言，即无此万物大全合一相通之体之存在也。惠施历物之意，说万物毕同毕异，以为有大一小一之别，而曰天地一体。此亦认有此一体也。而庄子深不喜其说，以为万物一体，应从观化中见，不当从言辨上证。当知从名字言辨之综析而证天地万物之一体，则言辨本相即已非一。若果是一，更无言辨，更乌从于言辨中而得万物一体之真相乎？故庄子曰："忘言而齐物矣。"故论万物一体，苟能以道观之，则不必更论于名言。若以名言综析求之，则更无当于道真。惠施庄周毕生议论不合，正在此处。而公孙龙之于惠施，则又变本而加厉。如由公孙龙之说，凡属一名，即是一实。名之所在，即是实之所在。如称马，马是一名，亦即是一实。如称白，白又是一名，亦即又是一实。如此则白马自当与马不同。名不同，而实亦异。如坚白石，非石之一实而有坚白之二名，乃石是一名，同时即是一实，坚与白又同是一名，同时又即同是一实也。故曰"物莫非指，而指非指。"此亦可谓物莫非名，而名非名也。故主于道以为论者是庄周，主于名以为论者是惠施公孙龙。今《老子》书，开宗明义，即以"道""名"二者兼举，此非庄周与惠施公孙龙各得老子精义之一偏，乃老子自汇此两家而合说之耳。然两家各有特诣，合说乃成两损。老子曰："道生一，一生二，二生三，三生万物。"此语极含糊。所谓道生一者，此"一"究何指？所谓一生二，二生三者，此"二"与"三"又何指？试问在道与万物之间，别有此所谓一二三三者，究属何等？所谓三生万物者，此三究是何物？故老子此条，实费分解。王弼说之曰：

> 万物无形，其归一也。何由致一？由于无也。由无乃一，一可谓无。已谓之一，岂得无言乎？有言有一，非二而何？有一有二，遂生乎三。——从无之有，数尽乎斯。过此以往，非道之流。

然弼之此解，其义实据《庄子·齐物论》。而后世治老者，亦莫之能易也。今试会合庄老两书而比观之，其果为庄周后起而发挥老子之义乎？抑是老子书后起而承袭庄周之说乎？善读书者，已不难微辨而得之矣。且在庄周，本属一种反驳之说，而在《老子》书，则转成为肯认之词。今试问道生万物，何以于中间定要横亘此生一生二生三三节。此所生之一二三者，如王弼解，既是指名言，则岂得谓道生名言，名言再生万物乎？此其不通，尽人可知。且《老子》书明明亦云："万物负阴而抱阳，冲气以为和。"则万物只是一气，一气运行，即所谓道。万物之迁化不居即是道，道即是万物之迁化不居。如此为说，岂不直捷？岂不切近？何必再作迂回，乃谓道生一，一生二，二生三，三生万物，而必为此不明不实之说乎？王弼勉强作解，宜无是处。乃曰"从无之有，数尽于斯，过此以往，非道之流"。则庄生所谓"道恶乎往而不存"者复非矣。

故依庄周之说，即万物之迁化者便是道，而不论于物体之成毁与生死。从公孙龙之说，即万物之异同者尽是名，而不论于物质之虚实与有无。依常识言，马为实有，白则虚名，故白马亦是马。依公孙龙说，则不问世间果有物质与否，果有此马与否，而仅主一名止于一实，一实止于一名。故"马"为一名，即是一实。"白"亦一名，亦是一实。故曰："白马者，马与白也。"白与马为二名，亦即是二实。故白马为非马。因马止一名，止一实也。故庄周从一物之成毁生死言，公孙龙从物之异同虚实言。两说判然各别。至《老子》书乃混为一谈，既称道为万物之宗，又称"无名万物之始，有名万物之母。"故《老子》书中言道，其含义与庄周不得不违异。举其大者有二：一曰老子以"一"言道，如曰："昔之得一者，天得一以清，地得一以宁，神得一以灵"云云，王弼云："一，数之始而物之极也。"《庄子·内篇·大宗师》亦云："狶韦氏得之以挈天地，伏羲氏得之以袭气母。"惟此一节，与《老子》书相似。然庄子此节，实系晚出伪羼。此皆主道先于万物之说也。《老子》书中，"一"字即指"道"。王弼谓"一者数之始而物之极"，此解甚确。盖《老子》书作者，本自以名数的万物一体论，与气化的万物一体论相混，故遂以一为道，又谓乃物之最先发源。至于庄子，则即以万物之迁化所谓万不同处者为道，故曰："举莛与楹，厉与西施，恢诡谲怪，道通为一。"并非谓先从一处生出此莛与楹，厉与西施之万不同也。二曰老子以"无"言道，曰："天地万物生于有，有生于无。"盖既谓道生天地万物，而道则无可指，故道即是无。而《庄子》内篇则又绝无此论也。（参看余《关于〈老子〉成书年代之一种考察》篇中论有无一条。）盖庄子曰"因是"，因是者，当境如如而皆是。故曰："道无乎不存。"又曰："道行之而成。"宇宙间并非先有一道，由是再生万物。若曰先有一道，由道生万物，则此道惟一无对，故得以一训。既是惟一无对，则亦无可别识，无可名言，故得以无训。然既曰无可别识，无可名言，则即已是别识名言之矣。故曰"既以为一矣，且得有言乎，既以谓之一矣，且得无言乎"也。然当知此等辩论，乃庄子所以反驳惠施之名数的万物一体论而设，不谓后人，如《老子》书作者，乃即取此以言万物之生成也。

　　故老庄思想，其显然不同处，有可得而略说者。在庄子则即"万物之迁化"而认其是道，在老子则推寻万物生成之本原而名之曰道。其异一也。故在庄子则当境即是，因是而已，即物化，即道真，而在老子则道生万物，且其间尚有层次，其言之凿凿者，如曰："道之为物，惟恍惟惚。恍兮惚兮，其中有象。恍兮惚兮，其中有物。"在道与物之间，别有象之一级。此义在后乃大畅于《易传》，于是遂有圣人制器尚象之说。"象"字在哲学思想上有地位，盖自《老子》与《易传》始。老子之所以必于道物之间，增出此"恍兮惚兮其中有象"之一级者，因欲牵合于"无名万物之始"而为说也。此又老庄之相异二也。

以上论《老子》书中论万物原始，混并庄周公孙龙两派为说，故既言阴阳，又辨名言，含义往往相冲突。次及《老子》书中之人生论，则其说似又别有据，而且与其宇宙论部分不相条贯。请继此再加申说。

墨子主兼爱，一变而为惠施之万物一体论。又转化而为庄周之物化论，以及公孙龙之惟名论。庄周公孙龙之说，又合并而成老子之虚无论。其说已略如上举。然墨学贵实行。非礼非乐，节用节葬，苦行自刻，为墨学之基点，而特副之以兼爱之妙辨。兼爱论之发展，而有惠施公孙龙为名家，至其苦行自刻之精神，则传而为农家，如许行是也。（许行为墨徒，详余《先秦诸子系年》。又余有《墨子》一小书，详论此义。）然墨子之道，"生勤死薄，其道大觳。使人忧，使人悲，其行难为，反天下之心，天下不堪。"于是有起而别为之说者，曰宋钘。盖持墨家兼爱之说，视人之父若其父，其论为人所难信，于是有惠施起，而造为万物一体之新说。而苦行自刻，生勤死薄，其事又为人所难守，于是有宋钘起，而造为人心欲寡不欲多之新说。荀子以墨宋兼称，盖宋钘亦墨学晚起一大师，在晚周思想界如荀卿之徒，犹知之也。余观《老子》书，其言人生涉世之道，大体从宋钘来。宋钘所著书虽已佚，而其所创说，则犹有可征者。

《汉书·艺文志·小说家》，宋子十八篇，班固云："孙卿道宋子，其言黄老意。"则《老子》书与宋钘相通，汉人已言之。今考荀子称"子宋子曰：人之情欲寡，而皆以己之情为欲多，是过也。"（《正论篇》）又曰："宋子蔽于欲而不知得。"（《解蔽篇》）"宋子有见于少，无见于多。"（《天论篇》）《庄子·天下篇》亦言之，曰："宋钘情欲寡，今本误作情欲置之以为主。"又曰："以禁攻寝兵为外，以情欲寡浅为内。"是宋钘始倡情欲寡浅之义也。然今《老子》书，固亦力持情欲寡浅之说者。故曰：

> 五色令人目盲，五音令人耳聋，五味令人口爽，驰骋畋猎令人心发狂，难得之货令人行妨。

又曰：

> 少思寡欲，绝学无忧。

又曰：

> 少则得，多则惑。余食赘行，有道不处。
> 祸莫大于不知足，咎莫大于欲得。
> 为道日损，欲不欲。

此皆发明人情欲寡不欲多之义也。荀子又称:"子宋子曰:明见侮之不辱,使人不斗。"(《正论篇》)韩非亦言之曰:"宋荣子之议,设不斗争,取不随仇,不羞囹圄,见侮不辱。"庄子亦称之,曰:"宋荣子举世誉之而不加劝,举世非之而不加沮,定乎内外之分,辨乎荣辱之竟。"(《逍遥游》)此宋牼提倡墨家非斗,而别创为荣辱之新界说。在常人以为辱者,宋荣子不以为辱。常人所不以为荣者,宋荣子转以为荣。(关于墨家非斗一义,余别有详论,此不能尽。)《老子》书中类此说者亦极多。故曰:

> 强大处下,柔弱处上。弱之胜强,柔之胜刚,天下莫不知,莫能行。圣人之道,为而不争,以其不争,故天下莫能与之争。

又曰:

> 报怨以德,勇于敢则杀,勇于不敢则活。强梁者不得其死,吾将以为教父。

此皆以不斗争为教也。又曰:

> 大直若屈,大白若黩。知其雄,守其雌。知其荣,守其辱。处人之所恶,而受国之垢。

《庄子·天下》篇称宋子又曰："是漆雕之廉，将非宋荣之恕。是宋子之宽，将非漆雕之暴。"宽与恕，皆心之能容也。宋牼以心能宽恕，能容受，为心之自然功能。故曰："语心之容，名之曰心之行。"盖宋牼一方既提倡情欲寡浅之说，使人无多欲，无多求，一方又另定荣辱之界，使人无出于斗争，而归其说于人心之能容。能容则自可无争，无争则欲求自减。人能明乎此，则苦行自刻，安之若性，而墨家兼爱之精神，推行不难矣。是人心能容之说，亦宋牼所特创也。然今《老子》书亦言"容"，故曰：

  知常容，容乃公，公乃王，王乃天，天乃道，道乃久。

特提容字，即宋子语心之容也。自孔墨孟庄，言人心之德性者详矣，然皆不及此"容"字。惟《尚书·洪范》亦云："思曰容（今本作睿）。"《洪范》言五行，其书当亦起战国晚世，殆亦受宋牼思想之影响。故宋牼立论凡三大纲，一曰情欲少，不欲多。一曰见侮不辱。一曰容为心行。此皆当时认为宋牼所创之新说，而今《老子》书皆有之。庄周号为能传老子之学，而今内篇七篇，论人生涉世之道，又并不类老子，则何也？夫求学术思想之系统，而论其流变，此事本难明定确指。今若谓《老子》书在前，而孔墨孟庄以下皆后起，则是庄周见《老子》书而取其论道之一端,惠施公孙龙承袭其论名之一部分,宋牼则窃取其论心之情欲者,而孔子传《易》,则又得其论阴阳论象之说。此数子者,各得《老子》书之一偏,不能相通贯,而老子最深远,为后来九流百家所自出。纵横家得其"欲歙固张,欲弱固强"之意,兵家得其"不得已而用之,恬淡为上"之旨。墨子兼爱取其慈俭之教。孟子"不嗜杀人者得天下",乃窃其"乐杀人者不可得志于天下"之句。《老子》五千言如大海,诸子百家如鼷鼠饮河,各饱其腹而去,此亦复何不可!若谓《史记》称老聃,其人其事,未尽可信,《老子》书五千言,不必定出孔子前,则今《老子》书中之思想,明与庄周公孙龙宋牼诸家相涉,其书宜可出诸家后,乃有兼采各家以成书之嫌疑也。

以上自学术思想之流变言之,疑《老子》书出宋牼公孙龙同时稍后之说也。

(三)

昔清儒辨伪《古文尚书》,一一为之搜剔其出处,明指其剽窃之所自,而伪《古文尚书》一案遂定。然《老子》书实非伪《古文尚书》比,其书五千言,洁净精微,语无枝叶,本不求剽窃见信,亦何从以剽窃证伪?故自文字文句求之,而证《老子》书之为伪出,

再论《老子》成书年代

其事不如证伪《古文尚书》者之易。然《老子》书果诚晚出，则在文字文句之间，其为晚出之迹，亦终有其不可掩者。即如前举"道生一，一生二，二生三，三生万物。"语本《庄子》。"爱以身于为天下，可以寄天下。贵以身于为天下，可以托天下。"语似《论语》"可以托六尺之孤，可以寄百里之命。"而时代显属晚出。"乐杀人者不可以得志于天下矣。"其语与《孟子》"不嗜杀人者能一之"极相似，亦可断为战国时人语，非春秋前所有。此等处，皆已不可掩其后出之迹。而余观《老子》书，专就其文字文句求之，仍有确然可以断其为晚出，而不尽于上举者。《老子》云：

天地不仁，以万物为刍狗，圣人不仁，以百姓为刍狗。天地之间，其犹橐籥乎！虚而不屈，动而愈出。

此处"刍狗"两字极可疑。王弼注云：

天地任自然，无为无造，万物自相治理，故不仁也。仁者必造立施化，有恩有为。造立施化，则物失其真。有恩有为，则物不具存。物不具存，则不足以备载矣。地不为兽生刍，而兽食刍。不为人生狗，而人食狗。无为于万物，而万物各适其所用，则莫不赡矣。若慧由己树，未足任也。圣人与天地合其德，以百姓比刍狗也。

王氏此注极牵强，谓"地不为兽生刍，而兽食刍。不为人生狗，而人食狗。"此不免陷于增字诂经之嫌，殊未足信。其谓"圣人以百姓比刍狗"，语更含糊，未为的解。疑《老子》书之本意，并不如是。河上公注云：

>天地生万物，人最为贵。天地视之如刍草狗畜，不责望其报也。圣人爱养万民，不以仁恩。法天地，行自然。视百姓如刍草狗畜，不责望其礼意。

刍草狗畜，其语无本，所解更不如王弼远甚。其实"刍狗"一语，明见《庄子·天运》篇。谓"刍狗之未陈也，盛以箧衍，巾以文绣，尸祝斋戒而将之。及其已陈也，行者践其首脊，苏者取而爨之而已。"天地之间，虚而不屈，动而愈出，有弟而兄啼，时一过往，全成陈迹，神奇又化为腐臭，故曰天地不仁，以万物为刍狗，圣人与化为人，则以百姓为刍狗也。如是以《庄子》书为说，文义极明显，更无可疑。不必如王弼注语之迂回。即宋儒自苏辙以下解《老子》，亦无弗用庄书刍狗义。然王弼决非未见庄子之书，何以近舍结刍为狗之说，而必别自生训乎？此由王弼认

《老子》书在前，《庄子》书在后，则万不能在《老子》书中转运用《庄子》文句，故虽知庄书有刍狗之说，而王弼不敢用以解《老子》，此正见王弼之明细谨慎，而自有其不得已。此古人注书用心精密之一例也。今若谓《老子》书属晚出，其刍狗之语，当与《庄子·天运》篇所谓刍狗者同义，则文义明白而易解。惟《天运》列《庄子》外篇，并明见有汉人语。或刍狗一章较早。然亦不能必谓《老子》书中刍狗一语，定晚出于《天运》之此章。盖在战国晚世，必有此刍狗之譬，先已流行，《老子》书特浑用之，而《天运》篇此章乃详述之。今特据有《天运》此章，而证《老子》刍狗一语之同为晚出，则必可定也。

《老子》又云：

> 天下之至柔，驰骋天下之至坚，无有入无间。

《庄子·养生主》则云："彼节者有间，而刀刃者无厚，以无厚入有间，恢恢乎其于游刃，必有余地矣。"是谓以无厚入有间也。今《老子》书乃谓以无有入无间，此亦袭《庄子》，而加深一层为说者。

《庄子·人间世》有云："绝迹易，无行地难。"《老子》曰：

> 善行无辙迹。

亦袭庄意而语加洁。抑且当惠施庄周时，辨者有言曰，"轮不辗地"，此即车行无辙也。又曰："指不至"，此即徒行无迹也。庄子之所谓绝迹，亦自是当时学者间共同讨论之一题，而何以远在春秋时老子著书已能先及于此乎，此又无说以解也。

《老子》曰：

> 多言数穷，不如守中。

王弼注语，似有脱误，极难明了。今按：其说似亦出《庄子·齐物论》，"彼莫是得其偶，谓之道枢，枢始得其环中，以应无穷。"《老子》倒言之，故曰多言数穷，不如守中。然《庄子》道枢"枢"字，又见《墨经》。

> （经上）彼不可两，不可也。（梁氏校释谓"两"下"不可"二字衍，亦通。）
> （说）彼凡牛枢非牛也，两也，无以非也。

此条在"辨争彼也"一条以前，先界说彼字。"彼"是一物（实），只当一名，故曰"彼不可两"。今有一物，或谓之牛，或谓之马，本无不可。然既已约定俗成，群谓之"牛"矣，则不当又别谓之"马"。故谓之"马"者不可。所以不可者，乃在彼之不可两。故曰"彼不可两，不可也。"此乃先说所以有不可之故。辨者即辨其可与不可,故有当否胜负也。"凡牛枢非牛者",枢乃户枢义,《管子》有《枢言篇》,注:"枢者居中。"《淮南·原道训》:"经营四隅,还反于枢。"枢常居中而转动。今谓此物名"牛",即有"非牛"一名,与为对偶。牛名只一,非牛之名无穷,如"羊"如"马",皆可谓之非牛,而非牛之名自"牛"名生,故"牛"名为主。今以"牛"名为中枢,"非牛"之名为外环,如下图:

故曰:"凡牛,枢非牛,两也。"以牛为枢,则凡其四环皆非牛。以马为枢,则其四环皆非马。故自牛言之,牛为枢,而马为环,马则非矣,牛则是矣。自马言之,则马为枢而牛为环,牛则非矣,马则是矣。故曰"是亦一无穷,非亦一无穷。"道枢者,知马之可以为枢,而牛亦可以为枢,是之谓"两行"。是之谓"因是"。是之谓"彼是莫得其偶"。是之谓"可以应无穷"。今老子谓"多言数穷,不如守中",所守系何等之中乎?王弼云:"若橐籥有意于为声,则不足以供吹者之求。"是据上文"天地之间其犹橐籥乎"为说,则老子"守中"乃成"守虚"之义。然此两句是否连续上文,从来说者多有争辩。且即如弼说,以"中"训"虚",固亦可谓老子之虚中,乃由庄周之"环中"

来。要之治《老子》书，必本庄周为说，其义乃可得通。否则将漫不得其语义之所指，亦将漫不得其语源之所自，此即老后于庄之确证也。

又《老子》曰：

益生曰祥，心使气曰强。

"益生"见《庄子·德充符》，曰："不以好恶内伤其身，常因自然而不益生。""心使气"见《庄子·人间世》，曰："一若心，无听之以耳，而听之以心。无听之以心，而听之以气。气者，虚而待物者也。"故《老子》因之，曰："益生曰祥"，祥者不祥。又曰："心使气则强"矣。"强"当作"彊"，即"僵"之借字也。（此说据马叙伦《老子核诂》。）然则不引庄子之说，则老子此语之义即不显。此亦可证老出于庄后，胥与上引诸条一例也。

又《老子》曰：

专气致柔，能婴儿乎。

焦竑曰："心有是非，气无分别，故心使气则强，专于气而不以心间之则柔。"焦氏此解，于老书专气义，最为恰适。夫心气问题，亦在庄周孟子书中始有之，《论语》《墨子》犹绝不见心气兼言成为一论题者。何以远在孔子以前，遽已有此等语。故若抹去孟庄书而专治老子，则终将无说以通。则《老子》书之晚出于庄周，又复何疑耶？

又《老子》曰：

> 服文彩，带利剑，厌饮食，财货有余，是谓盗夸。

说者不得"盗夸"二字之解。韩非解老作"盗竽"，疑是本字。然《解老》云："竽也者，五声之长也，故竽先则钟瑟皆随，竽唱则诸乐皆和。今大奸则作，俗之民唱。俗之民唱，则小盗必和。故服文彩，带利剑，厌饮食，而财货有余者，是之谓盗竽矣。"其说亦迂回。疑《解老》篇所云，乃得其本字而失其本义耳。"盗竽"之解，亦见韩非书。《说林》："齐宣王使吹竽，必三百人。南郭处士请为王吹竽，宣王悦之，廪食以数百人。宣王死，湣王立，好一一听之，处士逃。"此乃当时齐人调侃游士食客之所造，其说虽见韩非书，而其事传述当在韩非前。余疑《老子》书或当出于齐，（别有论，详《先秦诸子系年》。）此殆据当时人口述故事，而曰"谓之盗竽"，犹今人之云"滥竽"也。吹竽又事属韩昭侯，亦见韩非书，此足证其传说在当时之流行。故以盗竽与刍狗之用语，而证《老子》书之晚出，此两事亦可归纳为一例也。

又《老子》曰：

同谓之玄，玄之又玄，众妙之门。

《老子》书屡言玄字，河上公注："玄，天也。"王弼注："玄，冥也。"此与《庄子·大宗师》"于讴闻之玄冥"之玄同义。而玄何以指天，后人于此皆无说。惟宋苏子由说之，曰："凡远而无所至极者，其色必玄，故老子常以玄寄极也。"吕吉甫曰："玄之为色，黑与赤同乎一也。天之色玄，阴与阳同乎一也。名之出玄，有欲与无欲同乎一也。"两家之说允矣，而苏氏之语，尤为深得《老子》书用此玄字之真源。《庄子·逍遥游》："野马也，尘埃也，生物之以息相吹也。天之苍苍，其正色也，其远而无所至极邪，其视下也，亦若是则已矣。"盖老子言玄，犹庄子言天之苍苍，故古经籍亦言苍天，《诗·王风·黍离》。"悠悠苍天"是也。而后世道家特喜言玄天。《庄子》杂篇有"玄古"，此尤见玄为远而无所至极之义之确证。故《老子》书用此玄字，必如苏氏之解，决与庄周天之苍苍语有渊源也。而《老子》书之晚出于庄周，亦即于此而可微辨以得矣。至《易·坤》文言"天玄而地黄"，其语显出《老子》后。《尚书·舜典》"玄德升闻"，玄德字亦本《老子》，必为晚周儒家之妄羼。而《庄子·外篇·天道》有玄圣素王之名，则更见为汉人语。此又即就一字之使用，而可以推论群书真伪先后之一例也。

上之所举，皆据文字文句间求之，虽其事若近琐碎，然亦足证《老子》书确有晚出于庄周之嫌疑也。

再次，请本古人著书之大体言，则亦可证成《老子》书之确为晚出者。

春秋之际，王官之学未尽坠，学术不及于民间，私家以著书自传者殆无见。老子果为王官与否，清儒汪中所辨，义据坚明，殆成定论。至于孔门儒家，始播王官六艺为家学。然孔子《春秋》本之鲁史，订正礼乐，亦不出王官六艺之范围。《论语》之书成于孔门，记言记事，仍是往者史官载笔之旧式也。下逮《孟子》七篇，议论纵横，其文体若已远异于《论语》。然亦不脱记事记言之陈式。此皆当时著书体例之最早的法式也。下至《庄子》，号为荒唐矣，然其书寓言十九，虽固妙论迭出，而若仍困于往昔记言记事之陈格，文体因循，犹未全变。然已能裁篇命题，如内篇《逍遥游》《齐物论》之类，较之以《梁惠王》《公孙丑》名篇者，自为远胜矣。惠施之书五车，惜后世不传，不审其体例。《墨子》书最先，当仅是《贵义》《公孟》诸篇，体类论孟者先传。今其书如《天志》《尚同》《兼爱》《尚贤》，一义一题，虽亦有"子墨子曰"云云，然固不拘于对话。此其文体，殆决不出孟庄之前矣。至公孙龙荀子书，乃始为严正之论体，超脱对话痕迹，不复遵袭记事记言之陈套，空所依傍，自抒理见。然荀书如《议兵》诸篇，亦复仍遵旧规也。至《老子》书，洁净精微，语经凝练。既非对话，亦异论辩。此乃运思既熟，熔铸而出。有类格言，可备诵记。颇异乎以前诸家之例矣。若《老子》著书早在前，则何其后起诸家之拙，而文运之久滞而不进乎？

今读《老子》书，开首即曰：道可道，非常道，名可名，非常名，此决非子曰学而时习之，以及孟子见梁惠王之例，可相比拟。必求与《老子》书粗可比类者，如公孙龙"物莫非指，而指非指"，及《中庸》"天命之谓性，率性之谓道，修道之为教"，以及《大学》"大学之道，在明明德，在亲民，在止于至善"之类，此皆于一篇一书之开端，总絜纲领，开宗明义，要言不烦，此其为文体之进展，必皆出于战国之晚年，而不能早出于论孟庄子之前。此又据于当时文体之演变，而可定其成书年代之先后也。

又《老子》书用韵语，或以为韵文例先散文之证。然韵文例先散文，以言诗歌之先官史，则洵然尔。其先播之于乐，则为诗歌。其次载之于册，乃为官史。又其次而流散于私家，则有师弟子之《论语》。官史之与《论语》，则属散文，本此而谓散文之晚出于韵文则可也。散文之先为史，史必晚于诗。继史而有论，论又晚出于史。诗与史与论之三者，可谓是古代文学自然演进之三级。若至《老子》书，其文体乃论之尤进，而结句成章，又间之以韵，此可谓之论文之诗化，其体颇亦杂见于《庄子》，至《荀子》书而益多有。《老子》书则竟体以韵化之论文成书也。如此言之，则《老子》书之文体，其决不能先于《论语》一类之对话，为记事记言之史体者，又断可决矣。故《论语》已为官史之解放，官史则为雅颂之解放。而孟庄著书，则又为《论语》之解放。公孙龙荀况，又为孟庄之解放。《老子》书之文体，侪之荀公孙之俦则类，推之《论语》之前，则未见其为妥惬也。后有《易大传》，文体似《老子》，均系散体论文之韵化，不得援诗歌先于论文为例，而谓其书用韵，即证为古作也。

余观《汉书·艺文志》，著录诸子，大率尽出战国以下，而往往托之春秋之前，此在刘向歆父子已多辨析。后人为诸子证伪，亦颇有片言折狱者。惟《老子》书之为晚出，则虽辨者已多，而论争犹烈。若至今而不能定。此缘其书诵习既熟，爱玩者多，故虽有确证，未易启信。近人辨《老子》书晚出，始梁任公，所举诸证，皆属坚强，优足以资论定矣。继而为辨者，又复新义络绎，时有可取。余兹所陈，若几于买菜之求益焉。而仓猝成文，所欲言者，犹憾有未尽。要自别辟蹊径，足补梁氏诸人未尽之绪。抑近人虽疑《老子》书晚出，而犹多谓其当在庄子之前者，然即以《老子》书屡称"侯王王侯"一端言之，齐魏会徐州相王，为六国称王开端，其时已当惠施庄周之世，（六国称王事，余《先秦诸子系年》有详考。）则《老子》书至早不能在庄周前，抑又明矣。又庄周内篇与外杂诸篇时代有先后，亦为辨《老子》成书年代者连带必及之问题。此篇未能详论，更端为篇，姑俟之异日焉。

三论《老子》成书年代

《老子》书之晚出，今日已成定论。顾或主在庄子前，或主在庄子后。余凤主后说，昔曾造论两篇，一曰《关于〈老子〉成书年代之一种考察》，成于民国十二年夏，刊载于《燕京学报》之第八期。一曰《再论〈老子〉成书年代》，成于民国二十一年春，刊载于北京大学之《哲学论丛》。翌年，由沪上某书肆合印单册，名《老子辨》。今忽忽又十五年，意有未尽，爰草三论。距首论初稿，则已二十四年矣。

此论之成，先有一大前提，即谓《易系》《中庸》，皆出庄老之后。余在三十三年春，曾著《易传与礼记中之宇宙论》一篇，刊于《思想与时代》第三十四期（现收入《中国学术思想史论丛》第二册），大体谓《易》《庸》所论宇宙人生，皆承袭庄老，而改易其说以就儒统。老子思想，则适为庄周书与《易》《庸》之过渡。当时在篇中虽偶及此义，未遑详论。此篇续阐前说，读者必参阅彼文,乃可备得本篇之作意。

庄子论宇宙,其最要义,厥为万物皆本一气,其死生成毁,皆一气之化,故内篇屡言"造化",又称"物化"。万物既尽属一气之化,故曰:"假于异物,托于同体。""孰知死生存亡之一体。"《大宗师》又曰:"恶知死生先后之所在?"(同上)故曰:"凡物无成与毁,复通为一。"《齐物论》苟有悦生而恶死,必为庄生之所笑。抑庄生时言之,曰:"大块载我以形,劳我以生,佚我以老,息我以死。"(同上)又以生为附赘县疣,死为决㾗溃痈。则推极庄生之意,无宁讴歌死尤甚于讴歌生。儒家建本人事,故《荀子·解蔽篇》讥庄周"蔽于天而不知人"。死生一体,固属天然。而好生畏死,则人之常情。今庄子齐而等视,故曰"蔽于天不知人"也。《易系》则曰:"天地之大德曰生",《中庸》亦曰:"赞天地之化育。"又曰:"天地位,万物育。"夫有生必有死,而必曰"天地之大德曰生"者,此本人以立言之所宜有也。夫固知天地万物,胥出一气之化,而必曰"化育"焉,则认生育为造化之主。一阴一阳之谓道,而《易》《庸》立言,必主于阳不主于阴,此见儒家陈义本诸人,与庄子之超夫人而本乎天者异趣。顾《老子》书,则已渐露此倾向。故《老子》常言"生",常言"育",乃转近《易》《庸》,而与庄周之"齐死生一成毁"者远焉。今举其说如次:

万物作焉而不辞，生而不有。（二章）

生之畜之，生而不有，为而不恃，长而不宰，是谓元德。（十章）

孰能安以久动之徐生，保此道者不欲盈。（十五章）

大道泛兮，其可左右。万物恃之而生而不辞，功成不名有。衣养万物而不为主。（三十四章）

万物得一以生，……万物无以生，将恐灭。（三十九章）

道生一，一生二，二生三，三生万物。（四十二章）

道生之，德畜之，物形之，势成之。（五十一章）

道生之，德畜之，长之育之，亭之毒之，养之覆之，生而不有，为而不恃，长而不宰，是谓元德。（同上）

此见老子言道生万物，偏言生，不言死，与庄周齐死生而一言者不同。盖庄子"本天"言，老子"本人"言，人情好生恶死，故必曰"道生万物"，又曰"道生德畜，长育养覆"，此证老子之转近儒义，故曰其书乃庄周与《易》《庸》之过渡。又《荀子·天论篇》"老子有见于诎，无见于信。"此亦显涉人事，非关自然。

庄子本天而言，故常见大化之日新，曰："方将化，恶知不化哉。方将不化，恶知已化哉？"《大宗师》又曰："有骇形，无损心。有旦宅，无情死。"（同上）骇形者，变化为形，骇动不留。旦宅者，旦暮改易，生如蘧庐。故曰："造适不及笑，献笑不及排，安排而去化，乃入于寥天一。"（同上）人生不可控抟，"方生方死，方死方生，行尽如驰，莫之能止，日夜相代。"（《齐物论》）若"藏舟于壑，藏山于泽，而夜半有力者负之而走"也（《大宗师》）。虽此说非谓其不信，要非生人之情所乐闻。《易系》《中庸》则转言之曰，大化虽日新，而此日新之化，则固不息不已，可久而可常。乌见所谓行尽如驰而莫之能止乎？故庄子曰："化则无常"，而《易》《庸》即"以化为常"，此又其相互异趣之一端。老子言"道"，既偏重人事，故其书亦时言常，不言无常。曰："道可道，非常道。名可名，非常名。"则知老子心中自可有一"常道"，有一"常名"矣。而《庄子》则曰："言未始有常"，又曰："仁，常而不成。"此又庄老之异趣。故《老子》曰：

  复命曰常，知常曰明，不知常，妄作凶。（十六章）
  常德不离，复归于婴儿。……常德不忒，复归于无极。……常德乃足，复归于朴。（二十八章）
  道常无名。（三十二章）

> 道常无为而无不为。(三十七章)
>
> 用其光,复归其明,无遗身殃,是为习常。(五十二章)
>
> 知和曰常,知常曰明。(五十五章)

其他《老子》书中常字尚屡见,此老子主"有常",不主无常之证。老子既主有常,故亦主"可久"。其言曰:

> 天长地久,天地所以能长且久者,以其不自生,故能长生。(七章)
>
> 孰能安以久动之徐生。(十五章)
>
> 天乃道,道乃久。(十六章)
>
> 不失其所者久。(三十三章)
>
> 知足不辱,知止不殆,可以长久。(四十四章)
>
> 有国之母,可以长久,是谓深根固柢,长生久视之道。(五十九章)

"有常""可久",此《易》《庸》义,非庄周义也。老子主有常,主可久,故亦重"积"。曰:"早服,谓之重积德。重积德,则无不克。"(五十九章)"积"之为义,荀卿极言之,而《易》《庸》承袭焉。此又《老子》书近于荀卿《易》《庸》,而远于庄周之一证也。

庄子曰:"人谓之不死奚益,其形化,其心与之然,可不谓大哀乎?"(《齐物论》)凡庄子之主无常者,每由其形之迁化不居征之。然则老子主有常可久,亦可证形之不迁不化乎?曰不可。虽然,形虽化而自有其不化者曰"象"。象者,像也。凡人之形,必与人之形相像,古今人形皆相像也。凡马之形,必与马之形相像,古今马形皆相像也。故指形则化,执象则留。《老子》曰:

> 无状之状,无物之象,是谓惚恍。迎之不见其首,随之不见其后。执古之道,以御今之有。能知古始,是谓道纪。(十四章)
> 道之为物,惟恍惟惚。惚兮恍兮,其中有象。恍兮惚兮,其中有物。(二十一章)
> 执大象,天下往。(三十五章)
> 大象无形,道隐无名。(四十一章)

盖以象言道始于老。庄子论道,仅指其迁化日新,变动不居者言。老子乃始于此迁化日新变动不居之中,籀得几许常然不变之大例。故知虽无停形而有成象,智者玩索其象,即可以逆推其变。故曰:"执古之道,可以御今之有"矣。此又老子就天道而挽合之于人事之一大转变。《老子》书中言此者最多,兹举一例言之,如曰:"大曰逝,逝曰远,远曰反。"

（二十五章）"反者道之动"（四十章），"与物反，然后乃至大顺。"（六十五章）故曰："曲则全，枉则直，洼则盈，敝则新，少则得，多则惑，是以圣人抱一为天下式。"（二十二章）此即道有成象之一端。老子又常言"式"，曰："知其白，守其黑，为天下式。"（二十八章）又曰："知此两者亦稽式，常知稽式，是谓玄德。"（六十五章）惟道有象，故有式。惟其有式，故知有常。惟道有常，故可执古道以御今有。《老子》五千言，其最大发挥，在此一义。此则显与庄周异，而与《易》《庸》近。以其通天道于人事，以人事为主而运用天道，与庄周之知有天而不知有人者大异。

"象"字古书极少用，《易传》乃曰："易者象也，太极生两仪，两仪生四象，四象生八卦。"八卦重为六十四，可以象天地古今一切之事变。又曰："书不尽言，言不尽意，然则圣人之意其不可见乎，子曰：圣人立象以尽意。""书不尽言，言不尽意"，语本《庄子》。《庄子》曰：

> 世之所贵道者书也，书不过语，语有贵也。语之所贵者，意也。意有所随。意之所随者，不可以言传也。（《天道》）（按本文引《庄子》语皆据内篇，独此条出外篇《天道》，未必真庄子语，然大体则与庄子意近，与老子意远，故援以为证。）

庄子所谓意之所随，乃指天地之实相。实相迁流不停，新新无故，故曰："不可以言传。"既不可以言传，故曰："知者不言，言者不知"也。（同上）但大化虽日新，万形虽日变，而实有其不新不变者存。此不新不变者，即所谓"无物之象"，"无形之象"也。一阴一阳之谓道，寒往暑来，日往月来，方生方死，方死方生，前日之日，非今日之日矣，今年之暑，非去年之暑矣，此指其日新无故，迁流不停者言。抑此日往月来，寒往暑来，死生相续，阴阳相继，则终古常然，更无变。故曰："执大象，天下往。"一阴一阳之相寻无已，更迭不息，即大象也。大象在握，万物不能违，其将何往乎？故曰："易与天地准，弥沦天地之道。"天地之道，岂有出此一阴一阳之外哉。阴阳即两仪也，一阴一阳即太极也，太极即天地之大象，可以尽天地万物一切之变矣。所谓圣人之立象以尽意者如此。故道有迁流日新，意之随此者不可以言传，道亦有一常不变，得其象而存之，则乌见意之不可尽哉。《易传》之盛言夫"象"，其义即承老子，故曰老近《易》《庸》与庄则远，此就其偏重人事之一端言之。

《老子》书既重人事，故其言天道，亦常偏就近人事者言之。曰："天网恢恢，疏而不失。"（七十三章）又曰："天之道，其犹张弓与，高者抑之，下者举之，有余者损之，不足者补之。天之道损有余而补不足。"（七十七章）又曰："天道无亲，常与善人。"

（七十九章）天之道利而不害，此非其明证耶？故尝论之，庄周之与《老子》书，譬之佛经，犹般若之与涅槃也。般若扫相，涅槃显性，庄主于"扫"，老主于"显"，此则其分别之较然者。太史公以老、庄、申、韩同传，然谓韩非原于老。《韩非》书有《解老》、《喻老》篇，老、韩两家陈义相通处，此不详论。但若谓韩非原于庄，则大见不伦。岂不以《老子》晚出，其书自与韩非《易》《庸》时代为近而然乎？或曰：昔有讥援儒入释者，今子之言，岂不将攀老以入之儒耶？曰：不然，此非余之言，昔荀卿已言之。曰："庄子知有天而不知有人"，又曰："老子有见于诎，无见于信。"夫诎信非人事乎？故庄子重天而忽人，老子本人以言天。庄老之别，固甚显矣。抑有大同而小异者，亦有大异而小同者。庄之与老，大同而小异之类也。老子之与《易》《庸》，大异而小同之类也。夫庄老同为道家，同言天道，大义相通，十之七八，尽人所知，何待再论。凡我所辨庄、老《易》《庸》之异同，乃据其义尚隐而不为人知者言之，非所谓援老入儒也。

或曰：庄老异同之辨，诚如子言，抑异同与先后尚有别，安知非《老子》书在前，孔子系《易》，子思作《中庸》，就其偏重人事者而推阐之，庄子尽翻窠臼，乃专崇天道，何必老子在庄子之后，《易》《庸》又在老子之后乎？曰：言不可以一端尽。《易传》非孔子作，《中庸》非子思作，二书皆当出秦汉间，此前代早有论者。庄子论道，乃承儒墨是非而为破，非承老聃而为变，亦不能尽于兹篇之所论。

或曰：近人有言，辨《老子》晚出，分而观之，皆若不足以定谳，合而论之，辞乃可成。子所谓言不可以一端尽者，是亦类此之谓欤？曰，否否，不然。庄生有言，立百体而谓之马，一体之无当于全马，固也。然诚见马者，见马之一体，固知其为马之一体矣。故见马蹄，决不以为羊蹄也。见马尾，决不以为狗尾也。见马耳，决不以为牛耳也。读余前两论者，虽不见此文，固已可信《老子》之晚出矣。读此文者，虽不见余前之两论，亦可断《老子》之为晚出而无疑，乌见必合其全而始能定谳也。

三十六年二月在昆明五华学院

中卷之上

道家政治思想

（一）

中国思想，常见为浑沦一体。极少割裂斩截，专向某一方面作钻研。因此，其所长常在整体之融通，其所短常在部门之分析。故就中国思想史言，亦甚少有所谓政治思想之专家。今欲讨论道家政治思想，则亦惟有从道家思想之全体系中探究而阐述之。

又所谓儒墨道法诸家之分派，严格言之，此亦惟在先秦，略可有之耳。至于秦汉以下，此诸家思想，亦复相互融通，又成为浑沦之一新体，不再有严格之家派可分。因此，研治中国思想史，分期论述，较之分家分派，当更为适合也。故此篇所论道家政治思想，亦仅以先秦为限断。

先秦道家，主要惟庄老两家。此两人，可谓是中国道家思想之鼻祖，亦为中国道家思想所宗主。后起道家著述，其思想体系，再不能越出庄老两书之范围，亦不能超过庄老两书之境界。然此两书，其著作年代先后，实有问题。据笔者意见，《庄子》内篇成书，实应在《老子》五千言之前。至《庄子》外杂篇，则大体较《老子》为晚出。庄子生卒年世，当与孟子略同时，而《老子》成书，则仅当稍前于荀子与韩非。惟此等考订，则并不涉本篇范围。而本篇此下之所论述，实亦可为余所主张庄先老后作一旁证也。

（二）

先秦思想，当以儒墨两家较为早起，故此两家思想，大体有一共同相似之点，即其思想范围，均尚偏注于人生界，而殊少探讨涉及宇宙界是也。故孔子言天命，墨子言天志，亦皆就人生界推演说之。此两人之立论要旨，可谓是重人而不重天。庄子晚出，承接此两人之后，其思想范围，乃始转移重点，以宇宙界为主。《庄子》书中论人生，乃全从其宇宙论引演。故儒墨两家，皆本于人事以言天，而庄周则本于天道而言人，此乃其思想态度上一大分别也。

然若更深一层言之，在庄周意中，实亦并无高出于人生界以上之所谓天之一境。庄周特推扩人生而漫及于宇宙万物，再统括此宇宙万物，认为是浑通一体，而合言之曰天。故就庄子思想言之，人亦在天之中，而同时天亦在人之中。以之较儒墨两家，若庄周始是把人的地位降低了，因其开始把人的地位与其他万物拉平在一线上，作同等之观察与衡量也。然若从另一角度言，亦可谓至庄周而始把人的地位更提高了，因照庄周意，天即在人生界之中，更不在人生界之上也。故就庄周思想体系言，固不见有人与物之高下判别，乃亦无天与人之高下划分。此因在庄周思想中，天不仅即在人生界中见，抑且普遍在宇宙一切物上见。在宇宙一切物上，平铺散漫地皆见天，而更无越出于此宇宙一切物以上之天之存在，此庄周思想之主要贡献也。

就于上所分别，乃知庄周与儒墨两家，在道字的观念上，亦显见有不同。儒墨两家，似乎都于人道之上又别认有天道。而庄周之于道，则更扩大言之，认为宇宙一切物皆有道，人生界则仅是宇宙一切物中之一界，故人生界同亦有道，而必综合此人生界之道，与夫其他宇宙一切物之道，乃始见庄周思想中之所谓之天道焉。故儒墨两家之所谓天道，若较庄周为高出，而庄周之所谓天道，虽若较儒墨两家为降低，实亦较儒墨两家为扩大也。

今若谓道者乃一切之标准，则庄周思想之于儒墨两家，实乃以一种解放的姿态而出现。因庄周把道的标准从人生立场中解放，而普遍归之于宇宙一切物，如是则人生界不能脱离宇宙一切物而单独建立一标准。换言之，即所谓道者，乃并不专属于人生界。骤视之，若庄周把儒墨两家所悬人生标准推翻蔑弃，而变成为无标准。深求之，实是庄周把儒墨两家所悬人生标准推广扩大，而使其遍及于宇宙之一切物。循此推演，宇宙一切物，皆可各自有其一标准，而人生亦在宇宙一切物之内，则人生界仍可有其人生应有之标准也。故庄周论人生，决不谓人生不能有标准，彼乃把人生标准下侪于宇宙一切物之各项标准而平等同视之。治庄周思想者，必明乎此，乃始可以把握庄周之所谓天，与其所谓道之真际也。

（三）

政治则仅是人生界中之一业，一现象，故论庄周之政治思想，亦当如我上举，就其言天言道之改从低标准与大标准处着眼，乃始可以了解庄周论政治之精义。此下试举较浅显者数例作证明。庄周云：

> 民湿寝则腰疾偏死，鳅然乎哉？木处则惴栗恂惧，猿猴然乎哉？三者孰知正处？民食刍豢，麋鹿食荐，鸱鸦嗜鼠，蝍且甘带，四者孰知正味？

此所举寝处与饮食，如就人生标准言，自当为宫室与

道家政治思想 *127*

豢刍。但庄周则偏不认此等标准为寝处饮食惟一的标准。庄周则偏把人与泥鳅猿猴麋鹿鸱鸦蝍且，拉平在一条线上，同等类视，合一比论，遂乃有三者孰知正处，四者孰知正味之疑问。然庄周之意，亦仅谓人生标准并非宇宙一切物之惟一标准而已。在庄周固非蓄意要推翻宇宙一切物之寝处与饮食之各有其标准也。宇宙一切物，既可各自有其寝处与饮食之标准，则人生界之自可有其人生之独特的寝处饮食之标准，亦断可知。故在庄周意，只求把此寝处饮食之标准放大普遍，平等散及于一切物，使之各得一标准。至于宫室之居，固为人生界之正处，而阴湿的泥洼，乃及树巅木杪，也同成为另一种正处。刍豢稻粱，固可为人生界之正味，而青草小蛇与腐鼠，亦同样可成为又一种正味。在庄周，只是把寝处与饮食的标准放宽了，而并非取消了。此一层，则每易为治庄周思想者所误解。其实庄周言道，只是放宽一切标准而平等扩大之，固非轻视一切标准而通体抹杀之也。

东郭子问于庄子曰：所谓道，恶乎在？庄子曰：无所不在。东郭子曰：期而后可。庄子曰：在蝼蚁。曰：何其下邪？曰：在稊稗。曰：何其愈下邪？曰：在瓦甓。曰：何其愈甚邪？曰：在屎溺。

若依儒墨两家所揭举之标准言，则所谓道者，不上属天，即下属人。而庄周思想则不然。庄周谓宇宙一切物处皆有道，故宇宙一切物，皆可各有其自身之标准。因此生物之微如蝼蚁，如稊稗，甚至无生之物如瓦甓，乃至如屎溺，皆有道，即皆有其本身所自有之标准也。因此，宇宙一切物，莫非天之所于见，即莫非道之所于在。庄周乃如此般把道字的观念放宽了，同时亦即把道的标准放低了。但又当知者，既是蝼蚁稊稗瓦甓屎溺皆有道，岂有高至于人生界而转反没有道。故庄周之论道，骤视之，若见为无标准，深察之，则并非无标准。骤视之，若庄周乃一切以天为标准，深察之，则在庄周理论中，宇宙一切物，皆各有标准，而转惟所谓天者，则独成为无标准。若使天而自有一标准，则宇宙一切物，不该再各自有标准。若使宇宙一切物而各自没有一标准，则试问所谓天之标准者，又是何物乎？如此推寻，则仍必落入儒墨两家窠臼，即就此人生标准而推测尊奉之，使其为宇宙一切物之标准焉。而庄周思想则实不然。在庄周思想体系中，实惟天独为无标准，而即以宇宙一切物之种种标准而混通合一，即视之为天之标准也。换言之，在庄周思想体系中，乃平等地肯定了宇宙一切物，却独独没有于此宇宙一切物之外之上，另还肯定了一个天。庄周书中之所谓天，其实乃通指此宇宙一切物而言。于是此宇宙，在庄周思想中，乃有群龙无首之象。此即谓在于此一切物之外，更无一个高高在上之天，以主宰统领此一切物。于是宇宙一切物，遂各得解放，各有自由，各自平等。故此宇宙一切物，乃各有其本身自有之标准，即各自有一道。人生则下侪于宇宙一切物，人生亦自有人生所应有之标准，人生亦有道。但此人生界之标准与道，亦仅是宇宙一切物之各自具有其标准与道之中之一种。固不能如儒墨般，单独由人生上通于天，认为惟此人生界中之道与标准，独成其为天道与天则也。

(四)

此一思想体系，骤视之若放荡纵肆，汗漫无崖岸，其实亦自有其平实处。由于此种想法而落实到政治问题，则其见解亦自然会与儒墨有不同。此下再就此阐述。

在庄周思想中，既不承认有一首出庶物之天，因亦不承认有一首出群伦之皇帝。既不承认有一本于此而可推之彼之标准与道，在一切物皆然，则人生界自亦不能例外。如是，则在庄周思想中，乃不见人生界有兴教化与立法度之必要。因所谓教化与法度者，此皆悬举一标准，奉之以推概一切，求能领导一切以群向此标准，又求能限制一切使勿远离此标准。政治之大作用，主要亦不越此两项。于是在庄周思想中，政治事业遂若成为多余之一事。

> 肩吾见狂接舆，狂接舆曰：日中始何以语女？肩吾曰：告我君人者，以已出经式义度，人孰敢不听而化诸？接舆曰：是欺德也。……鸟高飞以避缯弋之害，鼷鼠深穴乎神丘之下，以避薰凿之患，而曾二虫之无知！

夫鸟能高飞，鼠能深穴，彼既各有其天，斯即各有其道。鸟鼠尚然，何况人类。今不闻于鸟鼠群中，必须有一首出侪偶者君临之，以自出其经式仪度来教导管制其他之鸟鼠。则人类群中，又何必定需一政府，一君人者之教导与管制？

循此推论，庄周应是一无政府主义者，但庄周书中，则并未明白严格说到此一层。庄周只谓，一个理想的君，必能

> 游心于淡，合气于漠，顺物自然，而无容私焉，而天下治。

庄周并未明白主张无君论，庄周亦未明白主张不要一切政治与政府。彼只谓一个理想之君，须能存心淡漠，顺物之自然，而不容私。庄周之所谓私，即指君人者私人之意见和主张。由于此等私人之意见和主张，而遂有所谓经式义度。如是则有君即等于无君，有政府亦将等于无政府。远自儒墨兴起之前，皇帝

道家政治思想

称为天子，即以上拟于天，庄周似乎并未完全摆脱此种思想传统之束缚。然就庄子思想言，天既是一虚无体，则皇帝亦该成为一虚无体，在此虚无体上却可发生理想政治许多的作用。

阳子居问老聃以明王之治，老聃曰：

> 明王之治，功盖天下，而似不自己。化贷万物，而民勿恃。有莫举名，使物自喜。立乎不测，而游乎无有者也。

此乃庄周所想象，以一虚无之君体，而可发生绝大的政治作用也。此一说，殆为此下《老子》五千言所本。故老子曰：

> 大道泛兮其可左右。万物恃之而生而不辞，功成不名有，衣食万物而不为主。

此章所言为大道。老子又曰：

> 生而不有，为而不恃，长而不宰，是谓元德。

所章所言是元德。其实此两章所言者皆是天。庄子理想中之理想政治，所谓明王之治者，即为其能与天同道，与天合德。一切物皆各原于天，但天不自居功，故万物皆曰我自然。惟其皆曰我自然,故各自恃而勿恃天。虽有天之道,而莫举天之名,故使万物皆自喜。明王之治,亦正要使民自恃,使民自喜,而皆曰我自然。如此,则在其心中,更不知有一君临我者之存在。此君临人群之明王,则俨然如天之临,虽有若无,成为一虚体。虚体不为一切物所测,亦不为一切物所知。此乃庄周理想人群之大自在与大自由,亦可谓是庄周政治思想中一番主要之大理论,亦竟可谓之是一番无君无政府之理论也。

故庄周又云:

> 南海之帝为儵,北海之帝为忽,中央之帝为浑沌。儵与忽时相与遇于浑沌之地,浑沌待之甚善。儵与忽谋报浑沌之德。曰:人皆有七窍,以视听食息,此独无有。尝试凿之。日凿一窍,七日而浑沌死。

一切物皆有知,皆有为,皆自恃,皆自喜,天独无知,又无为,因此天独不见有所恃,有所喜。一切有知有为之物,则莫不各有其自有之标准与道,因此一切物皆平等、皆自由。惟天高出一切物之上,故天转不能私有一标准与私有一道。若天亦自有一标准与道,则一切物既尽在天之下,一切物岂不将尽丧其各自之标准与道,而陷入于不自由,并其与天之标准与道将有合有不合，而陷于不平等。今使人生界中有一首出群伦之皇帝，此皇帝之地位既俨如自然界中之有天，故此皇帝，就理想言，亦必无知与无为，无所恃又无所喜，等于如没有。故一切人皆可各自有其一己所宜之标准与道，而君临其上之皇帝，则不能私有一标准，私有一道，甚至不该有七窍。因有了七窍，便自然会有知有为，因此遂自恃自喜，因此将自具标准，自有道，而如是便不应为帝王。

此乃庄周论政之大义。

（五）

然人群中又何来一皇帝，能如庄周之所想象乎？故庄周理论虽高，到底不出于玄想。至于《老子》书，其所想象之圣人与明王，不免较庄周所言要走了样。但《老子》书中论政，始终并未忽略了民众应有之地位，始终视民众为不可轻，此一层，可谓直从庄周来，犹未失庄周论政之大轨也。前此为帝王者，常不免依仗天而轻忽人，老子不然，《老子》书中之圣人与明王，则决不肯轻犯民众，乃至于违逆民众以为政，因亦不敢自出其所谓经式法度者以君临人。此一层，则可谓老子尚不失庄周论政传统也。

《老子》曰：

富贵而骄,自遗其咎。

又曰:

人之所畏,不敢不畏。

又曰:

强梁者不得其死,吾将以为教父。

又曰:

大制不割。
以辅万物之自然而不敢为。

又曰:

我有三宝,持而保之。一曰慈,二曰俭,三曰不敢为天下先。

又曰:

民不畏死,奈何以死惧之。

凡此云云，细籀之，皆可谓由庄子思想引申而来。然老庄思想毕竟有不同。庄周是一玄想家，纯从理论上出发，彼谓宇宙间一切物，乃至一切人，莫不各自有其各自之立场，因亦各自有其各自之地位。谁也不该支配谁，谁也不能领导谁。各有标准，各有道，即各自自由自在，而相互间成为一绝对大平等。老子不然。老子乃一实际家，彼乃一切从人事形势利害得失上作实际的打算。然他深知，谁想支配人，指导人，到头谁就该吃亏。但他心下似乎仍不忘要支配人，指导人。老子实于人类社会抱有大野心，彼似未能游心于淡漠。故就庄周言之，谓不当如此做，而老子却说不敢如此做。此证两人心情之不同。而彼此理论，亦复随之而不同。此一层，乃成为老子与庄周一绝大的区别。

故庄周书中之圣人与明王，常是淡漠，浑沌，无所容其私，而老子则不然。老子曰：

> 圣人后其身而身先，外其身而身存。非以其无私耶，故能成其私。

是老子心中之圣人，乃颇有其私者。彼乃以无私为手段，以成其私为目的。故老子又云：

> 圣人为腹不为目，故去彼取此。

目属虚见，腹属实得。圣人而如此，则此圣人显然欲有所为，亦欲有所得。抑且专为实利，不为虚名，其所欲得，又必实属己有。如此之圣人，实一巧于去取之圣人也。

（六）

惟其庄老两书所想象之圣人有不同，于是由于此不同之圣人所窥测而得之天道亦不同。老子曰：

> 天地不仁，以万物为刍狗。圣人不仁，以百姓为刍狗。

由庄周言之，天一任万物之自由，在天为无所用心也。在庄子心中之天，固无所谓仁，然亦更无所谓不仁。刍狗之自由，乃天地之大自在。天地只是放任全不管，何尝是存心不仁，而始放任不管乎？庄子书中之圣人，亦是淡其心，漠其气，以观察天道者，由于圣人之心之淡漠，而遂见天道之淡漠。然淡漠可称为无心，却不是不仁。更非存心有所去取欲有得。老子书中之圣人便不然，彼乃心下有私，静观天道以有所去取而善有所得者。故老子书中之圣人，则更非淡漠，而是不仁。以不仁之圣人来观察天道，则将自见天道之不仁。此实庄周老聃两人本身一绝大相异点也。

老子又曰：

> 天之道，不争而善胜，不言而善应，不召而自来，繟然而善谋。天网恢恢，疏而不失。

老子心中所想象之天道，则不仅是不仁，抑且甚可怕。老子之所谓天道者，乃善胜善谋。你不叫它，它自会来。它像似不在防你，你却逃不掉。此其可怕为何如乎？老子又曰：

> 天之道，其犹张弓与。高者抑之，下者举之。有余者损之，不足者补之。

则此高高在上之天，大小事都爱管，都不肯放松。在天所临之下，将感到高不得，低不得。多不得，少不得。高了些，天将把你压下。多了些，天将把你削去。宇宙一切物，实非自由自在。在庄子书中，则宇宙一切物，自然平等。但在老子书中，却像有一个天道隐隐管制着，不许不平等。但这些天道，却给一位怀着私心的圣人窥破了。于是此怀私之圣人，却转过身来，利用这些天道以完成其一己之计谋，而天道终亦莫奈何得他。因此，老子曰：

> 将欲翕之，必固张之。将欲弱之，必固强之。

> 将欲废之,必固兴之。将欲夺之,必固与之。

此乃圣人之权谋,亦即是圣人之不仁与可怕也,《老子》书中圣人之可怕,首在其存心之不仁,又在其窥破了天道,于是有圣人之权术。圣人者,凭其所窥破之天道,而善为运成以默成其不仁之私,而即此以为政于天下也。

抑且《老子》书中之圣人,其不仁与可怕,犹不止于此。彼既窥破了天道,善为运用,以成为圣人之权术,而又恐有人焉,同样能窥破此天道,同样能运用,同样有此一套权术,以与圣人相争利。故《老子》书中之圣人,乃独擅其智,默运其智,而不使人知者。故老子曰:

> 古之善为道者,非以明民,将以愚之。民之难治,以其智之多。

又曰:

> 鱼不可以脱于渊。国之利器,不可以示人。

此一种独擅其智,默运其智的做法,至于炉火纯青,十分成熟之阶段,则有如下之描写。老子曰:

> 圣人无常心，以百姓心为心。善者吾善之，不善者吾亦善之。德善。信者吾信之，不信者吾亦信之。德信。圣人在天下，歙歙然为天下浑其心，圣人皆孩之。

天无心，以万物之心为心，故圣人亦无心，以百姓之心为心。此其为说，若与庄周持论甚相似。然在老子心中，则实与庄周有甚不同之处。盖彼所意想之圣人，实欲玩弄天下人皆如小孩，使天下人心皆浑沌，而彼圣者自己，则微妙玄通，深不可识，一些也不浑沌。此实一愚民之圣也。

（七）

故庄周在政治上，实际是绝无办法者。而庄周之意，亦不必要办法。老子不然，彼之论政，必得有办法。而且在彼之意，亦尽多办法可使。今试略举老子论政之有关各项实际办法者如次。

首及于经济。老子曰：

> 小国寡民，使有什佰之器而不用，使民重死而不远徙。虽有舟舆，无所乘之。虽有甲兵，无所陈之。使人复结绳而用之。甘其食，美其服，安其居，乐其俗。邻国相望，鸡犬之声相闻，民

至老死不相往来。

此乃由于老子之政治思想而实际运用到经济问题上之一套办法也。

老子又曰：

是以圣人之治，虚其心，实其腹，弱其志，强其骨，常使民无知无欲。使夫智者不敢为也。

王弼曰：

骨无知以干，志生事以乱，心虚则志弱也。

观此注，知老子正文四其字，皆指下文民言字。何以使民皆得实其腹，则必使民皆能强其骨。此《大学》所谓"生财有大道，生之者众，食之者寡，为之者疾，用之者舒，则财恒足"也。何以使民皆能强其骨，则必使民虚其心而弱其志。虚其心则无知，弱其志则无欲。而尚复有智者出其间，又必使之有所不敢为，夫而后乃得成其圣人之治。老子之政治理想，夫亦曰如何以善尽吾使民无知无欲之法术而已。然老子亦知必先以实民之腹为为政之首务，此则老子之智也。厥后韩非书论五蠹六反，凡所深切愤慨而道者，夫亦曰求使民虚心实腹，弱志强骨，无知无欲，一切不敢为，以听上之所使命，如是而已。余尝以老子荀卿韩非，三家同出晚周，而此三家论政，则莫不侧重经济。惟老子归本于道术，荀卿归本于礼乐，而韩非归本于刑法，此则其异也。

再言及军事。老子曰：

> 吾不敢为主而为客，不敢进寸而退尺。是谓行无行，攘无臂，扔无敌，执无兵。祸莫大于轻敌。轻敌几丧吾宝。故抗兵相加，哀者胜矣。

盖老子在经济问题上，则主运用人之知足心，并使民无知无欲，以求社会之安定。若在军事问题上，则主运用人之哀心，以求对敌之胜利也。故老子又曰：

> 兵者，不祥之器，不得已而用之，恬淡为上。乐杀人者，则不可得志于天下。杀人之众，以哀悲泣之。战胜，以丧礼处之。

此乃老子善为运用人类心理，期于杀人场合中求胜之高明处也。王弼之注，却把老子原意曲解了。王注云：

> 言吾哀慈谦退，非欲以取强，无敌于天下也，不得已而卒至于无敌，斯乃吾之所以为大祸也。

此乃以儒义解《老子》书。其实老子心中则何尝如王弼之所想。老子之所最戒，端在于轻敌。老子之所期求，则正在能无敌于天下。彼盖以不轻敌之手段，求能达成其无敌于天下之想望者。此通观于《老子》五千言之全文而可见，而乌有如王弼之所注释乎？抑且《老子》书中之圣人，既为一不仁之圣人，则未必怕多杀人。然老子又曰：

> 常有司杀者杀。

则杀人可以不经其手，即凭不仁之天道来司杀也。此乃由于老子之政治思想而实际运用到军事问题上之一套办法也。则请再言及外交。

老子曰：

> 大国者下流，天下之交，天下之牝。牝常以静胜牡。以静为下。故大国以下小国，则取小国。小国以下大国，则取大国。或以下取上，或下而取。大国不过欲兼畜人，小国不过欲入事人。夫两者各得其所欲，大者宜为下。

经济求知足，兵争求用哀，外交则取下，此皆《老子》书中圣人政治手腕之高明处。但小国下大国，依然还是一小国，《老子》书中之圣人，似乎并不即此为满足，故又必申言之，曰：大者宜为下。是老子心中所重，毕竟在大国也。大国之君若能懂得此诀窍，则可以取天下。故老子又曰：

> 以正治国，以奇用兵，以无事取天下。

上述之经济安足，此以正治国之一例也。上述之用兵无敌，此以奇用兵之一例也。外交运用，则贵能以下取小国，此则以无事取天下之一例也。此乃《老子》书中之圣人，运用政治之三部曲。惟以正治国，并不尽在经济问题，其他如法制，如教育，在《老子》书，各有其微妙玄通，深不可测之一套。好在《老子》书仅五千言，读者循此求之自可见，不烦一一详引也。

（八）

如上所述，庄周与老子书，显然甚不同。庄周乃一玄想家，彼乃凭彼所见之纯真理立论，一切功利权术漫不经心，而老子则务实际，多祈求，其内心实充满了功利与权术。故庄周之所重在天道，而老子之所用则尽属人谋也。庄子思想实颇有与儒术相近处。《论语》已言之："为政以德，譬如北辰，居其所，而众星拱之。"又曰："大哉尧之为君也，巍巍乎唯天为大，唯尧则之。荡荡乎民无能名焉。"又曰："巍巍乎，舜禹之有天下也而不与焉。"儒家政治思想主德化，所理想之政治领袖，乃居敬行简以临其民，恭己南面而已矣。此皆颇近于庄周。庄周著书，似极欣赏孔门之颜渊，彼殆即以彼所想象颜渊之私人生活，配合上儒家理想中政治领袖之无为而凭德化者，而认为惟有此一类人物，才始有应为帝王之资格也。儒家承继古经籍之传统，复有大畏民志，天视自吾民视，天听自吾民听之说，庄周论政治，亦时有此等意向。惟在庄周之宇宙论中，则与儒家有大相违异处。盖至庄周而始对古人相传之天的观念大经改变，于是彼所想象中之帝王，遂成为如接舆口中藐姑射山神人一样的人物，不复肯弊弊焉以天下为事矣。今若仅就其粗迹观之，则庄周所持之政治理想，若与孔门儒家相距绝远，但若观之于深微，则庄周思想之于孔门儒家，实有其一番蜕化之痕迹，犹可推寻而得也。

至于《老子》书中之圣人，乃始与庄周书中之圣人截然为异相。在老子，亦不承认有如古代观念，有一高高在上之天，惟此与庄周为同调。老子亦知社会民众之不可轻视，不当轻犯，此亦可谓是老子之高明。然老子心中之圣人，却决不肯退隐无为，又不能淡漠无私，如庄周之所称道。故曰：

  无为而无不为。
  后其身而身先。

又曰：

> 夫惟弗居，是以不去。

此乃完全在人事利害得失上着眼，完全在应付权谋上打算也。故老子教人知其雄而守其雌，知其白而守其黑，知其荣而守其辱。彼所想象之圣人，在其心中。对于世俗间一切雌雄黑白荣辱，不仅照样分辨得极清楚，抑且计较得极认真。彼乃常求为一世俗中之雄者白者荣者，而只以雌以黑以辱作姿态，当作一种手段之运使而已。

再另换一方面言之，庄周书中论政，固尚以下面民众为主体，故可谓其意态犹近于儒家也。而老子论政，则完全以在上之圣人为主体，彼乃专为在上之圣人着想，而非为在下之民众着想者。于是遂开启了此下之法家。故庄子论政，乃承接儒家思想而特将之玄理化。老子论政，则承接着庄周思想而又将之实际化。故谓庄周上近儒，老子下启法，此亦先秦思想史上一承递转变之大关捩也。

然不论庄周与老子，两人间毕竟自成为一思想系统，毕竟不免与儒家孔孟持义，即专就政治思想言，亦发生了不可弥缝之大裂缝，此层当再约略拈出，而阐述之如次。

（九）

在于孔孟，天固高高在人之上。然圣人亦人也，故圣人亦在天之下，人之中，圣人固不高出于一切人。孔子曰："十室之邑，必有忠信如丘者焉，不如丘之好学也。"孟子则曰："人皆可以为尧舜。"故儒家言圣人，必为与人同类者。而至庄子则不然。盖儒家重视人性，人性既禀赋自天，故人性善恶，不能有甚大之不同。庄周书则不言性而转言知，智慧则显见有高下，不能人人同等一类。而庄子之言知，又无阶梯层累，若不由学问修为而得。遂使具大知高出于人人者，使人有无可追踪之概。故庄子书中之圣人，乃常与真人神人至人并称，而若显然与众人有不同。盖就庄子思想言，天与人之界隔，固近泯灭，而人与人之距离，则反而加远矣。

所幸者，庄周书中所想象之真人神人至人圣人者，皆无意于人世，皆不愿在人间世之一切俗务上沾手。即或不得已沾了手，仍是心神不属，仅见为一种不得已。故论人与人之本质，就庄子思想言，实已有不同。圣人显见为高出于人人之上。而此尚不致有大病。何者？此高出乎人人之上之圣人，彼固无意于人世，不大高兴干预人间事，则圣人可以忘世，而世亦可以忘圣人，乃至不知有圣人之在人间也。

此一意态，至《老子》书而又有变。就《老子》书言之，彼其高出于人世之圣人，在其内心，则并无意于超世脱俗。抑且圣人者，实乃一十分世俗之人。只是在同一世情中，而圣人乃有其甚不同之法术，以独出于世人而已。试观《老子》书，彼岂不时时以圣人与百姓作对列，圣人既无意于远离尘俗，而又复高高绝出于尘俗之上，圣人之于人，就其本质论，亦既有绝大之鸿沟矣。而同在此一世间，营同一之世务，同争此利害得失，此其为病，盖有必至，自可想见也。明白言之，则《老子》书中之圣人，实太过聪明，而《老子》书中之众人，又太过愚蠢。于是此辈太过聪明之圣人，乃能运用手段，行使法术，以玩弄此同世愚蠢之平民。故《老子》书中之政治理想，换辞言之，乃是聪明人玩弄愚人之一套把戏而已，外此更无有也。故在庄周之政治理想中，主要者，实为对一般平民之解放，其意态虽近消极，而大体实落在光明之阳面。而《老子》书中之政治，则成为权谋术数，为一套高明手法之玩弄，政治成为统御，其意态已转积极，而实际意味，则落在黑暗之阴面。此一分别，尤不可不深加辨析也。

由于此一分别，乃可以继续论及内圣外王之一语。内圣外王，此语始见于《庄子》之《天下》篇。《天下》篇决非出于庄子之手笔，而且此篇更尤晚出于《老子》。然内圣外王一观念，则实自道家创始，为庄老两家所同有。而后之儒家，亦复喜沿用之。在庄周，仅谓此辈内怀圣人之德之智者，才始应帝王。然圣人内心，则并不想当帝王之位，而帝王高位，亦每不及于此辈，则在庄周书中之内圣外王，乃徒成为一种慨然之想望而止。至老子书则不然。似乎能为帝王者，必属于圣人。苟非其人内抱圣人之德之智，将不足以成帝王之业。此其间，乃有一绝大之区分。盖庄子乃从理论之立场，谓非内圣不足以外王也。而老子书则转从实际人事之功利观点着眼，变成真为帝王者必然是圣人。是乃即以其外王之业而即证其为负有内圣之德也。故老子曰：

> 道大天大地大，王亦大。域中有四大，而王居一焉。

此处之所谓王，乃与天地与道，同为域中之四大，则宜其必为圣人而更无可疑矣。老子又曰：

> 人法地，地法天，天法道，道法自然。

当知此处之所谓人，亦指圣人言，亦即是指王者言。苟非圣人，亦不能法天法道也。于此遂使老子书论内圣外王，与庄周原义生出绝大之分歧，而其后起之影响则更大。

荀子乃一大儒，其著书成学，当较老子略晚，而荀子书中，亦复有内圣外王之想。故荀子乃常以圣王混为一谈。孟子尝言："天下有达尊三，德一，齿一，爵一。"又曰："彼以其贵，我以我德。"是孟子固举圣与王而分别言之也。盖王者不必是圣，圣者亦不必为王，孟子与庄周，在此观点上，则实尚相似。此说骤视诚若平常，然观荀子书，则于此区别乃颇漫然。荀子常言法后王，其实无异于法后圣。王者地位，遂于内圣外王之观念下，骤见提高。德位之分，遂于老子荀卿圣王混言之观念下，骤被抹杀。老子视社会大众，莫非愚昧，而荀子则谓人性皆恶。盖儒家重言性，道家重言智，故老子荀卿，其立说虽不同，而其蔑视下层群众之内心傲态则一。又荀子亦不认有高高在上之天，于是以王者之位而具圣人之德，遂成为世间独一无二之至尊，其崇高乃无可比伦。故惟圣王乃能制礼乐，定法度，人世间一切管制教导胥赖焉。今若专就此点言，则庄周犹较近孟子，而荀卿则转反似老聃，此由时代不同，而学者意态亦随之而变，此又可微辨而知，固不当专从儒道分疆之一面立论也。

至于《中庸》与《易传》，其成书犹出荀子后，而其书皆不免有内圣外王之想法。循至汉儒，尤著者如春秋公羊家，乃谓孔子为素王，汉室之兴，亦为新圣人之受命。于是圣人而不居王位，遂成为一大缺憾，此犹可也。而遂若王者不具圣德，亦不成其为王。此亦未尝不可。而循此推衍，遂于无意中抱有王者必具圣德之推论，此则不得不谓是内圣外王说之遗祸留毒也。

惟在汉儒意想中，尚保留一高高在上之天，此为与荀卿异。然汉儒既赋王者以圣德，乃谓其上应天德，受命而王。是所谓天人合一者，乃集会于王者之一身，应帝王变为应符瑞，此又内圣外王之说演变出一新支，而较之庄周之初意，则固逖乎其远矣。

抑尤不止此，内圣外王之论之演变，复另有一新支，则为李斯与韩非。此两人皆从学于荀卿，得其师法后王之说而不能通，乃索性只重外王，再不论内圣。社会下层群众，固已非愚即恶，又无一高高在上之天临之，而王者真成为独尊。于是王者之为政，既不复需有所谓德化之一面，而又不能如老子之谨慎躲藏，深微玄默，以善用其权谋术数。于是此高高在上之王者，乃仅凭其高位大权，刑赏在握，若一切群众，尽可以宰割管制以惟我之所欲焉。

此一支，骤视若与内圣外王之说并不近，然在思想线索之承递转接上，则显然有关系。就儒家早期思想言，人类总还是平等，而惟有一高高在上之天临之。庄周始把此高高在上之天排除了，但却有一辈至人真人神人圣人者，其智其德，超然越出于普通常人之上。然此辈则常不沾染于世俗。至老子与荀卿，乃把此高出人上之圣人与王者相结合，德智与权位联想在一起，遂若有权位者必有德智，而又无一高高在上之天临于上，于是王者遂不期而成为人世之至尊。法家则更偏落在此一点上，故遂单看重了王位，而更不论于圣德也。

此其说，司马迁颇知之，故曰：

> 老子所贵道，虚无因应，变化于无为。故著书辞，称微妙难识。庄子散道德，放论，要亦归之于自然。申子卑卑，施之于名实。韩子引绳墨，切事情，明是非，其极惨礉少恩，皆原于道德之意，而老子深远矣。

其实所谓施之于名实，切事情，惨礉而少恩者，其意趣指归，皆已见于老子书。故谓申韩原于道德，其说确有见。至老子所以较韩非深远者，只在老子之犹知有所畏，有所不敢，社会下层民众，虽愚而可欺，犹必有待于我之权谋术数之能达于深微难测之境，固非可以慢肆我之欺侮而惟意所欲也。而韩非则并此而忽之。然韩非之轻视民众，其端不可不谓乃渊源于老子与荀卿。彼老子荀卿者，既不认有一高高在上之天。又其视民众，谓非愚即恶，而为之王者，又必内具圣德，高深难测，越出于众人之上，则无怪其流衍而有韩非法家那一套。

然谓韩非原于老子则可，谓法家原于道家，则尚犹有辨。因韩非断断不能从庄周书中引出也。此因庄周仅一玄想家，重自然，重无为，意态萧然于物外。必至老子，乃始转尚实际功利，重权术，迹近欺诈，彼乃把握自然而玩弄之于股掌之上，伪装若无为，而其内心蓄意，则欲无不为。韩非则揭破此伪装，放胆破脸，以逞其所无不为而已。

（一〇）

今再综括言之，在庄周意中所想象，天无为，而芸芸众生则无不为。在老子，则无为而无不为者是一圣。然此圣者，又不许芸芸众生之无不为，而驾驭之以一套权谋与术数。下至韩非，则既不许芸芸众生之无不为，而此王者又放意肆志，更懂不得无为之旨。于是乃只让此一王者立法创制，以为其所欲为。秦始皇帝一朝政制，则大体建基在此一意态之上也。

西汉初年，后世论者，群认为其崇奉黄老，以无为为治。其实如曹参之徒，若果以《老子》书绳之，亦仅是素朴农村中一愚者，乌足以当《老子》书中之圣人？故汉初之治，实并非真能运用老子心中之权谋与术数。惟文帝比较似懂得老子，但文帝天性厚，其早年亦出生成长于社会群众间，彼尚能对下层民众有同情，因此文帝尚不能为《老子》书中圣人之不仁，以百姓为刍狗也。故汉初之治，乃并不能如老子所想象。换言之，汉初一朝君臣，亦胥无足以当老子书中所描绘之圣人也。

下至魏晋之际，其时学者，不讲黄老而转言老庄。若言黄老，则内圣外王之气氛较重，因黄帝即由战国晚世所造托，为一内圣外王之理想人物也。若言老庄，则内圣外王之气氛已较冲淡，因庄周书中之内圣外王，则仅是玄想，无当实际也。故魏晋间人，亦遂轻视了政治上之最高领袖，那时的政治，遂亦不期而成为一种群龙无首之象。然当时人物，求其真能代表庄周意想中之典型者，仅有一阮籍。向秀郭象，皆是伪庄子，此皆热情世俗，又不能如老子之深远，则岂不进退皆无据。故就当时现身政治舞台之人物言，彼辈既不能运用《老子》书中之权谋与术数，又不能师法庄周之淡漠与隐退，更复不懂得庄老两家不轻视民众之深微心情，则如何能在政治上站稳？于是彼辈乃酿乱有余，酝治不足，并把自己的私人生命亦同此葬送了。

若我们纵眼放观全部中国政治史，果照庄周理想，该来一个无政府的新社会，而此事距情实太远，实渺茫无实现之望。若如《老子》书，说之似易，行之亦难。在外交上，在军事上，在经济措施上，在刑法运用上，在驾驭人物应付事变上，一枝一节，未尝无暗中袭取老子法术而小获成功者。然在总揽全局、渐移默化中，真能接近老子书中所想象之圣人于依稀仿佛间者，遍览史籍，尚少其人。就此言之，则庄周固是玄想，即老子，亦何尝能摆脱庄周玄想之范围？然则就大体言之，庄周与老聃，夫亦同为是一玄想人物而已耳。

老子曰：

> 天下神器，不可为也。为者败之，执者失之。

此语可谓是《老子》五千言对政治认识最深微最透彻之语，惜乎老子智及之，而仁不能守之，故在老子意中，总想能无为而无不为。然求无不为，亦非真不可能，此惟有放任社会大众，一任其所为，则自集群众之所为而成为无不为，而不幸老子乃予智自雄，彼其意，乃在运用群众以造成彼一人在上者之无不为，而独成其私，此又何可能者。

然老子要为深远矣，至少彼尚懂得智者之不敢为，至少彼尚懂得为者败之，执者失之的那一面。后人不能学老子，便自然会追踪荀卿与韩非。苟我们从此回头，再一看孔孟庄周，岂不诚如峨眉之在天半乎？然苟昧失于庄老两家成书年代之先后，则如我此篇之所分析，亦将使读者有无从捉摸之感也。

庄老的宇宙论

一、论庄周思想之渊源

二、庄周之万物一体论

三、庄周论真论神

四、庄周论造物者

五、庄周论宇宙原始

六、庄周论道论化论命

七、《老子》书与庄周思想之歧异点

八、老子论宇宙原始

九、老子论常道

一〇、老子论化

一一、老子论象

一二、老子论朴

一三、从朴与真之分别论庄老两家对德的观念之歧趋

一四、《庄子》外杂篇言道德

一五、老子论精

一六、《天下》篇对庄老两家之评判

一七、荀子对庄老两家之评判

一八、略论当时各家学说思想流布之情况

一　论庄周思想之渊源

老子书之晚出，应尤后于庄子，作者已屡有论列，本文则专就老庄关于宇宙论观点，再加阐发。

思想演进，显然有其先后之线索。今就关涉于宇宙论一端者而言，若谓老先于庄，即感有难通处。若谓老出庄后，则其先后递嬗，承接转变之迹，始得条贯秩然，脉络分明，俱可指说。惟有一问题当连带而生，即果谓庄在前而老在后，则庄子思想，渊源何自？此一问题，自为读者所急求探究也。

试就庄子书细加研寻，当知庄子思想，实仍沿续孔门儒家，纵多改变，然有不掩其为大体承续之痕迹者。故《庄子》内篇，屡称孔子，并甚推崇。《齐物论》于儒墨是非，兼所不取。然内篇引孔不引墨，则庄子心中，对此两家之轻重，岂不已居可见乎？

韩非称儒分为八，盖自孔子卒后，其门弟子讲学，已多分歧矣。孟子常引曾子子思，此为孔门一大宗。荀子极推仲弓，此当为又一宗。子游子夏，各有传统，而《庄子》内篇则时述颜渊。若谓庄子思想，诚有所袭于孔门，则殆与颜氏一宗为尤近。韩非八儒，即有颜氏，此证下逮晚周末叶，儒家仍有传述颜氏说而自成一宗派者。《易·系传》成书，尤较《老子》为晚出，故其陈义多汇通老庄，殆可为晚周末叶后起之新儒学，而《易·系传》于孔门，亦独称引颜渊。此证颜渊于庄学有相通也。下逮东汉，道家思想渐盛，而颜渊乃独为东汉诸儒所尊推。北宋理学兴起，必溯源于周濂溪，而濂溪《太极图说》，上本《易·系》，其论宇宙观点，显然近于道家，而其《易通书》，亦盛尊颜渊。此又证孔门诸贤，独颜渊最与后起道家义有其精神之相通也。今欲详论颜氏思想，虽憾书阙有间，然谓庄周之学，乃颇有闻于孔门颜氏之风而起，则殊约略可推信也。

今试专就先秦儒道两家，观其对于宇宙论方面之思想演变，则大致可分为两阶段。自孔子至庄周为第一阶段，而《老子》书与《易·系传》则为第二阶段。此两阶段思想，显然有一甚大之区别。在第一阶段中，一切思想观点，大体从人生界出发，而推演引申及于宇宙界。换言之，在第一阶段中，常认为人生界虽可知，而复寄慨于宇宙界之终极不可知，此实为自孔子至庄周一种共同的态度。至第二阶段则不然。在第二阶段中，一切思想观点，乃大体改从宇宙界出发，然后再落实归宿到人生界。换言之，彼辈乃认为宇宙界亦可知，彼辈对于检讨宇宙之创始，及其运行趋向，莫不有一套极深之自信。彼辈认为关于宇宙界一切轨律意向，莫不可以洞若观火。然后就其所知于宇宙界者，返而决定人生界之一切从违与趋避，此乃《老子》书与《易·系传》之共同精神，所由与孔子庄周异其宗趣也。

今先就《庄子》内篇，逐一举例。《养生主》有云：

> 吾生也有涯，而知也无涯。以有涯随无涯，殆已。已而为知者，殆而已矣。

此所谓有涯之知，即属人生界，无涯之知，则属宇宙界。人生有涯，而宇宙则无涯，若从有涯之生以求知此无涯，再求本其对于无涯之所知，转以决定有涯之人生，则必属一危险事。故《大宗师》又云：

> 知天之所为，知人之所为者，至矣。知天之所为者，天而生也。知人之所为者，以其知之所知，以养其知之所不知，终其天年，而不中道夭者，是知之盛也。

人何由生，此属天，属宇宙界，为人所不可知。人惟有就其可知，以善养其所不可知，所谓善吾生，即所以善吾死也。盖吾之生，属人生界，此犹可知。故人当运用吾之所可知以求人生之达至于尽善。至于吾之

死,则属宇宙界,乃非吾知所及,我更无奈之何也。故《德充符》有云:

> 知其不可奈何而安之若命,唯有德者能之。

庄子此等语,乃极似《论语》。

> 季路问事鬼神。子曰:未能事人,焉能事鬼?曰:敢问死。曰:未知生,焉知死。

是亦谓鬼与死,皆属宇宙界,为吾所不可知。人与生,则属人生界,为吾所可知。故人惟当求其所可知以养其所不可知而已也。故孔子又告子路曰:

> 由!诲汝知之乎?知之为知之,不知为不知,是知也。

人之所为,属于人之自身,此为可知者。天之所为,不属于人,此为人所不可知。孔子每总合此人之所为者曰仁,又总合此天之所为者曰命。故孔子与命与仁,然孔子仅教人用力于为仁。又常教人知天命,所谓知天知命者,则亦知其为不可知而止耳。孟子兼言仁义。仁义皆属人生界,为人生所能知,亦为人生所能尽力。故曰:"尽心知性,尽性知天。"即是自尽人事以上测天心也。此皆与庄周以其所知养其所不知意近。庄周特不喜言仁义,此则庄子思想之所由异于儒。而庄子亦好言知天知命,则是庄子思想之承续儒家处也。

庄周又引述孔子一节话,见于《德充符》。

> 仲尼曰:死生存亡,穷达贫富,贤与不肖毁誉,饥渴寒暑,是事之变,命之行也。日夜相代乎前,而知不能规乎其始者也。故不足以滑和,不可入于灵府。

此即《论语》所谓死生有命,富贵在天也。孔子又常云:

> 知者不惑,仁者不忧,勇者不惧。
> 不知命,无以为君子。

此在孔子意,亦惟有知命,始能不惑不忧不惧,所谓尽其在我也。而庄子之意,甚与相近。故《庄子·德充符》屡引仲尼遗言,大抵庄子理想中一个德充于内之人,其大体段则仍是承袭孔子思想而来。

又内篇《人间世》,为庄子思想中关涉于处世哲学方面之详细发挥,此为庄子人生哲学中最主要部门。而庄子此篇,即多引孔子颜渊语立论。凡此所引,是否庄子确有所受,是否孔子颜渊确曾有如庄周之所称述，抑或尽属庄子之寓言，此俱可不论。要之庄子关于人生哲学之理想，必有与孔子颜渊一脉相通之处。故庄子关于人生哲学方面之种种寓言，亦多喜托之于孔颜也。

二　庄周之万物一体论

然庄子思想，毕竟与孔子颜渊有不同。孔子曰：

> 志于道，据于德，依于仁，游于艺。

孔子虽亦时时推广其理趣意境及于天与命，然孔子讲学精神，究是侧重在人生界。颜渊宜无大殊，而庄周则不同。庄周思想，盖已大部侧重在向外窥探宇宙界。在此宇宙界中，则人与物并生。自来孔门儒家讲学精神，均是重于人而忽于物。至庄子始人与物并重，此为庄周思想在先秦诸子中一大创辟，一大贡献，在庄周以前，固无此意境也。

《德充符》引孔子告常季曰：

> 审乎无假，而不与物迁，命物之化，而守其宗也。

又曰：

> 自其异者视之，肝胆楚越也。自其同者视之，万物皆一也。

庄子乃开始提出其万物一体之主张。此惟庄周同时好友惠施，与周为同调，亦主天地一体，兼爱万物。而庄惠两人在万物一体之大前提之下，其所从证入之种种意见则互不同。但在庄惠以前，儒家思想，则显未涉及此境，即墨家亦尚不重此。儒墨两家早期思想，其所偏重，皆在人生界，则断可知也。今不论此种万物一体论，或天地一体论，首创自惠施，抑始创自庄周。要知此乃初期道家思想中重要一观点，而庄周之宇宙论，即建基于此。继此再有发展，则有待于后起之老子。此先秦思想转变一大脉络也。

三　庄子论真论神

内篇《大宗师》又云：

> 假于异物，托于同体。

大抵庄子认为宇宙间万物，只是一气之化。所谓"合则成体，散则成始"（外篇《达生》），故一切物体，皆从别处他物移借，而暂成为此一物之体。庄子乃本此见解而主张其万物一体论，因此又主齐物，所谓"万物一齐，孰短孰长"（外篇《秋水》）。但万物既尽由异物假借成体，则试问除其所假于外，而物之自身，尚复何有乎？此即庄子之所谓无假也。必此无假者始是物之真。此真字，后世用作真实义，在庄子则指其非假于外，而为物之内充自有义。然则宇宙万物，除其假于异物而成体者之外，是否尚有此所谓真者之存在乎？在庄子似承认有此真，故《齐物论》又云：

> 若有真宰，而特不得其朕。

又云：

> 其有真君存焉。如求得其情与不得，无益损乎其真。

《大宗师》亦云：

> 彼特以天为父，而身犹爱之，而况其卓乎？人特以有君为愈乎己，而身犹死之，而况其卓乎？

郭象注："卓者，独化之谓。"就字形言，卓与真皆从匕，盖皆指此物之内充自有之化言也。盖万物形体，既皆假于外而暂成，而惟其物自身之成毁存亡之一段经历，即所谓此物之化者，乃始为此物之所独擅。故确然成其为一物，以见异于他物者，实不在其物之体，而转在其物之化。因惟物之化，乃始为此物之所独，此即其物之卓与真也。故庄子之所谓真，即指其物之独化之历程言。宇宙间固无异物而经同一之历程以为化者。庄子之所谓独化，即指此一段化之历程，乃为此一物之所独有也。换言之，亦因化之必独，乃有以见物之相异耳。故亦惟此独化之真，乃可谓是此物之所受乎天，而非可假于外物而有也。

　　庄周乃本此见解而落实及于人生界，其由天言之则曰道，其由人言之则曰神，由其确有诸己而言之则曰德。此三者，皆可谓之真。形者其体，生则其神，在天曰道，在人曰德，此其所由言之异也。庄子又本此而推演及其对于人生论之主张。故庄子书屡称神人，真人，又称至人。真字在儒家古经典中未前见，至庄子始创用之。神字虽屡见于儒家之古经典，但庄子书用此神字，则并非旧谊。儒家古经典中之神字，皆指鬼神言，或指天神言，至庄子书始称神人。神人则为人而非神矣。在庄子之宇宙观中，殆无外在于人之神之存在。万物一体，乃尽由一气之化，则化外更无所谓神。庄子乃转以此一气之化为神，由于一气之化而有人生界，故人生亦禀得有此神。故庄子之所谓神人，其内实涵义，则仍是一真人也。而庄子所理想之真人，则亦仅是能随顺大化而不失其独化之真者。

庄子真字即指化，不指由化所成之物，物则仅是由此独特之化而见若有物耳。而此独化之真则非物也，故不可见，而亦不与物为俱尽。庄子理想中之人生，其主要即在知有此真而能保守之勿失，故既曰见独，又曰葆真，葆真即是保有此神。故庄子既谓之真人，又谓之神人，而又称此种人为至人者，盖此即到达于庄子理想人生中之一种终极境界也。

四　庄周论造物者

庄子宇宙论中，另有一新创而常用之名词，曰造物者。《大宗师》云：

> 伟哉夫造物者，将以予为此拘拘也。

又曰：

> 嗟乎！夫造物者，又将以予为此拘拘也。

又曰：

> 庸讵知夫造物者之不息我黥而补我劓？

此造物者又称造化，或造化者。《大宗师》又云：

> 伟哉造化,又将奚以汝为?

又曰:

> 夫大块载我以形,劳我以生,佚我以老,息我以死。故善吾生者,乃所以善吾死也。……今大冶铸金,金踊跃曰:我且必为镆铘,大冶必以为不祥之金。今一犯人之形,而曰人耳人耳,夫造化者必以为不祥之人。今一以天地为大炉,以造化为大冶,乌往而不可哉?

是庄子言宇宙创物,不再称之为天或帝或神,而必独创一新词,而称之曰造物者,或造化者。此又何义乎?盖庄子已不认为有一创造此宇宙之天或帝或神,外于宇宙万物而存在,故不愿依随旧谊,称之曰天帝,而必另辟新词,而称之曰造化也。故庄子书中虽屡说此造物者或造化者,而庄子心中,实不认有此造物者与造化者之真实存在。盖即就于物之造与化而指称之云耳。故庄子心中之此一造化者,乃仅如一大冶,一大垆,虽若万物由此而出,然大冶大垆,本身亦即是一物,决非一近似于有人格性之天与帝,异于万物外于万物而存在,而其力又能创出此万物。故万物在此宇宙中之创生,正犹其创生于一大冶大垆中。大冶大垆,则实非能创生出万物,乃万物在此中创生也。庄子又常连文称天地，庄子明以天地为大垆。地有体，属形而下，天地连称并举，则天地为同类，天亦近于形而下，故天地犹垆冶，非谓在此大垆熔铸万物之外，别有一熔铸万物之天或帝之存在，此其义，即就庄子原文，已甚显。故曰大块载我以形，劳我以生，大块即指地，实亦可兼指天地，以今语代之，亦可即称为宇宙。庄子意，在此宇宙之内，则惟有一气，因于此一气之化而成万形，故曰万物一体。万物各占此大化之一分，而自有其化之独，此即其物之真。故《大宗师》又曰：

  彼方且与造物者为人，而游乎天地之一气。

可见庄子之所谓造物者，即指此天地之一气。游乎此天地之一气，此已是游乎方之外，而非是超乎此宇宙，超乎此一气，而别有一上帝或天者可与为游也。此实为庄子由于其万物一体论之宇宙观所引申而出之第二新创义也。

五　庄周论宇宙原始

宇宙何由始，此在庄子，不加重视，故颇少论及。《齐物论》有云：

> 古之人，其知有所至矣。恶乎至，有以为未始有物者，至矣尽矣，不可以加矣。

此因庄子主张万物一体，故谓未始有物。因凡称为物者，皆是假于异物，托于同体，则此宇宙间，实非确有一物或万物之存在，故曰未始有物也。庄子又曰：

> 其次以为有物矣，而未始有封也。其次以为有封焉，而未始有是非也。

当知庄子意，非谓宇宙间先有一未始有物之时期，稍后乃演化出有物，又演化出物与物之封。封者，即物物所各自有之封限也。庄子特谓宇宙间根本无物，仅有此一化。然此惟知之至者乃知之。其次，知有所不至，始谓宇宙有物，又谓物与物间各有封，即谓物与物间各有其固定之界划与分限也。而庄子则认为宇宙间根本无物，既是根本无物，故物与物间，更无有封。然试问既是根本无物，则又何来有所谓造物者乎？故就《齐物论》与《大宗师》两文会合互阐，自知庄子之所谓造物者，实非真有一造物者存在也。

《齐物论》又云：

> 有始也者，有未始有始也者，有未始有夫未始有始也者。有有也者，有无也者，有未始有夫

未始有无也者。

庄子此处之所谓始，乃指某一物之始，即所谓散则成始之始也。若兼论万物，则根本未始有一始。因物各有始，而宇宙总体则无始也。故曰未始有始，此即不认有造物主始创此宇宙也。宇宙既是未始有始，则根本亦无所谓未始有始，故曰未始有夫未始有始。故知庄子之所谓有，乃指某一物之有而言。庄子之所谓无，乃指宇宙间之未始有物言。既是未始有物，即是根本无物，既是根本无物，则亦根本无所谓无，故曰未始有无。又曰未始有夫未始有无也。

如上所述，庄子宇宙论，可总括成两要义。一曰万物一体，一曰未始有物。此两义相足相成。正因万物一体，故曰未始有物也。世俗之言物，则必各有其一物之体，物必各有其个别相异自封之体，乃始得成为物。今既云万物一体，则物与物间，更无各自可以区分而独立之个别体之存在，故曰未始有物也。纵使世俗认为是有物，然有大知者，则决不认为是有物，故《逍遥游》描述藐姑山之神人，而曰：

孰肯弊弊焉以天下为事？

又曰：

孰肯以物为事？

当知凡庄子书中之所谓真人与神人，皆不肯弊弊焉以天下为事，及以物为事者也。既不肯弊弊焉以天下为事，又不肯以物为事，则自不喜儒家之言仁义矣。凡庄子之论人生，其所直承其独创之宇宙论见解而来者，大意具如此。

六　庄周论道论化论命

然庄子所谓宇宙未始有物，亦非谓宇宙即是一空虚。庄子特谓宇宙万物，皆一气之化，此一气之化，庄子书中特名之曰道。故庄子书中道字，亦与儒家古经典中道字涵义大有别。

《大宗师》又云：

> 夫道，有情有信，无为无形，可传而不可受，可得而不可见。自本自根，未有天地，自古以固存。神鬼神帝，生天生地。在太极之先而不为高，在六极之下而不为深。先天地生而不为久，长于上古而不为老。

此节余已屡疑其伪羼，非真出庄子手，然仍不妨姑据以说庄子之本意。盖此宇宙间虽未始有物，而固有

道。天地鬼神，亦皆属一气之化，故曰皆由道生。若谓宇宙间有神，则此道即是神。于此道外则更无神。而此所谓道者，庄子又谓是

> 万物之所系，一化之所待。

盖天地之化，皆待于道。万物之有，皆系于道。而此道之化，究依循于何种规律而为化乎？在庄子则认为不可知。故《大宗师》又云：

> 方将化，恶知不化哉？方将不化，恶知已化哉？

又云：

> 化则无常也。

化既无常，故不可知。在此无常而不可知之大化中，庄子理想中之人生，则只有

> 若化为物，以待其所不知之化已乎。

若化，即顺化，即不违化，庄子又称曰乘化。《逍遥游》所谓

> 乘天地之正，御六气之辩，以游无穷。

此即是乘化也。又曰：

> 乘云气，御飞龙，而游乎四海之外，其神凝。

所谓乘云气，御飞龙，亦是乘化耳。乘化者，无所用心，一切皆安待其所不知之化而随之为化而已，故曰其神凝。此乃庄子理想中神人与真人之心理境界，其神凝即真也。后人不瞭庄子寓言宗旨，因此遂演化出神仙思想。若论庄子本意，则只如《人间世》所云：

> 乘物以游心，托不得已以养中，至矣。

乘物亦只是乘化，化是一种不可知之不得已，人生则只有托于此种不可知之不得已，而一乘之以游，苏东坡所谓"纵一叶之扁舟，凌万顷之茫然"。人若能深识此理，则神不外驰而内凝，此即庄子之所谓养中葆真也。

《大宗师》又云：

> 求其为之者而不得也，然而至此极者，命也夫。

凡宇宙间，一切不得已而不可知者皆是命。实则即是大道之化。此大道之化，则是不得已而又不可知者，此仍是庄子思想与儒家孔门知天知命之学若相异而仍相通之处。惟庄子特拈出一道字新谊，来替代孔门之天字，此则是庄子思想由儒家孔门之转手处也。

七 《老子》书与庄周思想之歧异点

若就上所分析，转读《老子》书，则可见老子思想，显然又从庄子转手，有其相异，而其先后递承之迹，亦有可得而指说者。第一，《老子》书不再涉及于万物一体及未始有物之一面。第二，《老子》书少论物化，故虽重言道，而亦少言化。第三，于是《老子》书中道字，乃不复为一种不得已与不可知。《老子》书中之道，乃转为一种常道，常道则可知。第四，《老子》书不再提及真人与神人，而重仍旧贯，一称圣人。盖《庄子》书中之所谓真人神人者，均不以天下为事，而《老子》书中之圣人，则仍是有事于天下民物者。此因道既有常而可知，则天下民物仍有可着手处，于是老子思想又转入于积极。故《老子》书必当在庄子后，此即其思想先后递嬗转变一线索也。否则老子既主道有常，确可知，庄子承袭老子，何以又说化无常，不可知？是非承袭，而系翻驳矣。且又不见其所据以为翻驳之痕迹，则何也？且《老子》书中道字，其思想路线又何由而来乎？若非籀绎庄子，当漫不得《老子》书中道字来历。盖庄子言化无常，而老子则认为化有常，两书言道字不同者在此。故即就此而言，已足证庄老两书之先后也。后人习于陈说，必谓老先庄后，于是以老解庄，而转多失于庄书之原意矣。

八　老子论宇宙原始

兹姑拈《老子》书中首章申论之。老子云：

> 道可道，非常道。名可名，非常名。无，名天地之始。有，名万物之母。故常无，欲以观其妙，常有，欲以观其徼。此两者，同出而异名。同谓之玄，玄之又玄，众妙之门。

当知当时主张万物一体论者有两家。一为庄周，主气化言，谓万物假于异物，托于同体，故谓万物一体。又一为惠施，《庄子·天下》篇引惠施历物之意，曰：

> 至大无外，谓之大一。至小无内，谓之小一。……大同而与小同异，此之谓小同异。万物毕同毕异，此之谓大同异。……泛爱万物，天地一体也。

此乃就名言称谓之大小异同言。如曰马,则马之百体实一体也。如曰天地,则天地间万物皆一体也。故后世特称惠施为名家。惠施此等说法,乃深为庄周所不取。今《老子》书开端即云,"道可道,非常道。名可名,非常名。"道名并举,显然并承庄惠两家,而总合以为说。王弼注:

> 未形无名之时,则为万物之始。及其有形有名之时,则为其母也。

弼之此注,乃以未形有形释老子之无名有名,此在《老子》原书亦有据。《老子》曰:

> 视之不见名曰夷,听之不闻名曰希,抟之不得名曰微,此三者,不可致诘,故混而为一。其上不皦,其下不昧,绳绳不可名,复归于无物,是谓无状之状,无物之象,是谓惚恍。

然则老子意,似谓天地原始,先有一气混茫,未形无名之一境。老子又承认万物有随时解体,复归混同之一境。然老子于当前宇宙万象万物,则确切承认其有个别真实之存在。故《老子》书于利害祸福荣辱成败种种比对,极为认真。决不似庄子齐物,以傲忽之态度视之也。故《老子》书中,绝未有如庄周所谓未始有物之一观点，此为庄老两家一绝大相异处。而就老子思路，则其势必讨论及宇宙原始，此问题亦在《庄子》外杂篇始畅论之。如外篇《天地》云：

> 泰初有无，无有无名，一之所起，有一而未形。

是也。此等皆承老子，而庄周实未尝如此说。则庄在前，老在后，《庄子》外杂诸篇犹在后，即此一端，亦显可见矣。

又按：惠施之后有公孙龙，亦名家。龙承施说而益变，于是遂有离坚白之新说。何以谓之离坚白？公孙龙曰：

> 视不得其所坚而得其所白者，无坚也。拊不得其所白而得其所坚者，无白也。

是谓目视石，得其白，不得其坚。手拊石，得其坚，不得其白。故两者皆离而止。是谓坚与白各是一实，相离而各止其所也。今老子谓视之不见，听之不闻，抟之不得，三者皆离，特因不可致诘，故混而为一。是不仅主视与拊离，抑且主听之与视拊亦离。公孙龙尚具体指坚与白为说，而《老子》书又特创夷希微三个抽象名词，谓天地间万物，皆由此夷希微三者混合

庄老的宇宙论

而为一。读者试平心思之,岂非《老子》此章,乃汇合庄惠公孙三氏之说以为说乎?亦岂有老子远在孔子以前,已有夷希微三别之论,而必远至公孙龙,始又独承其说,而再为离坚白之新说乎?则《老子》书不仅晚出于庄周,抑犹晚出于公孙龙,亦可见矣。

九　老子论常道

其次老子于道之运行,又认为有其一定所遵循之规律,而决然为可知者。故曰:

> 有物混成,先天地生。寂兮寥兮,独立不改,周行而不殆,可以为天下母。吾不知其名,字之曰道,强为之名曰大。大曰逝,逝曰远,远曰反。

庄子仅言道化无常,而老子则曰道必逝,逝必远,远必反,此为大道运行之一种必然规律也。又曰:

> 反者道之动,弱者道之用。

道之动,往而必反。道之用,柔弱常胜于刚强。老子即本此而推籀出其人生之新哲理。故曰:

> 物或损之而益,或益之而损。……强梁者不

得其死，吾将以为教父。

又曰：

> 天下之至柔，驰骋天下之至坚。

又曰：

> 天之道，其犹张弓与。高者抑之，下者举之，有余者损之，不足者补之。天之道，损有余而补不足。

故老子乃始知天道之必如此而不如彼，乃始知天道之有常。亦惟圣人为知此道之有常，故圣人乃得为域中之王。故老子曰：

> 夫物芸芸，各复归其根。归根曰静，是谓复命。复命曰常，知常曰明。不知常，妄作凶。知常容，容乃公，公乃王，王乃天，天乃道，道乃久，没身不殆。

又曰：

> 域中有四大，而王居其一焉。人法地，地法

天，天法道，道法自然。

老子乃始以人地天道并称为域中之四大，而万物不与焉。人与万物之在宇宙间，其地位乃迥异。此又与庄周齐物显不同。此后《易传》天地人三才之说，即从《老子》书转出。盖庄周乃主物化即天道，而人生亦物化中一事，故人与物齐。老子始谓天道有常，而圣人法天，则人道可以求合于天道，而物化一项乃非所重。至《庄子》外杂篇，又始增出物理一新观点，此非本篇范围，不详论。

老子又曰：

> 立天子，置三公，虽有拱璧，不如坐进此道。古之所以贵此道者，岂不曰，以求，得。有罪，以免邪？故为天下贵。

故《老子》书中之圣人，其可贵在知道，在知道之有常，而《庄子》书中之真人与神人，其可贵在知命，在乘化。庄老两家人生理想之不同，显由于其对宇宙知识之不同而来。唯其道有常，故知此常者乃得运用以有求而必得也。老子曰：

> 绵绵若存，用之不勤。

又曰：

> 道之出口，淡乎其无味，视之不足见，听之不足闻，用之不足既。

又曰：

> 大成若缺，其用不弊，大盈若冲，其用不穷。

故《老子》书特重在知此道之常，而因运用之以求有所得。庄子则谓化无常，不可知，生有涯，知无涯，以有涯随无涯则殆，故主无用之用。主不用而寓诸庸。老子则谓：

> 不出户，知天下。不窥牖，见天道。其出弥远，其知弥少。

若以《老子》书旨评骘庄子，如内篇《逍遥游》、《齐物论》，殆亦犹如庄周之所讥于惠施者，实亦是"散于万物而不厌，逐万物而不反"，亦可谓"出弥远而知弥少"矣。此尤显见《老子》书当出庄子后，其意乃承袭庄旨而转深一层说之也。若谓庄本于老，则试问庄子神人，何于《老子》书乃如此其愤愤然？

一〇 老子论化

老子既知道有常,又知道之逝而必反,道之必归复其本始,故《老子》书乃不喜言化。因化无常而不可知,化日新而不反,不再归复其故始,而仅以成其独,故为老子所不喜言也。故庄子喜言观化,而老子则转而言观复。复者,即化之复归于常也。今试问就思想线索言,固当由观化而后知化之必复乎?抑固当先观其复而后始知复之为化乎?此则不待言而可决矣。而《老子》书中偶言及化字,亦与庄周异趣。老子曰:

> 道常无为而无不为,侯王若能守之,万物将自化。化而欲作,吾将镇之以无名之朴。

又曰:

> 圣人云:我无为而民自化,我好静而民自正,我无事而民自富,我无欲而民自朴。

然则《老子》书中言化字,乃近化民成俗义,非如庄周,乃指天地间一种不可知之大化言也。故庄子曰:化则无常,而老子主有常。盖庄子言化无常,则人生只有安命而乘化,此则与万物无大异。若人之知能知此大化之有常，则人事自有主，固可不下侪于物化。故老子书乃不再重言物，重言化，而回就人事，多所主张，此又是庄老两家之极大相异处也。

一一 老子论象

今问老子又何以知道之有常而化可知，老子乃特创其一套独有的法象观。老子曰：

> 道之为物，惟恍惟惚。惚兮恍兮，其中有象。恍兮惚兮，其中有物。窈兮冥兮，其中有精。其精甚真，其中有信。自古及今，其名不去，以阅众甫。吾何以知众甫之状哉，以此。

老子意，大道化成万物，其间必先经过成象之一阶段。物有形而象非形。形者，具体可指。象非具体，因亦不可确指。故曰：

> 大象无形，道隐无名。

然象虽无形，究已在惚恍之中而有象。既有象，便可名。象有常，斯名亦有常。故曰：自古及今，其名不去。当知此名即指象，不指道。因道隐无名，若强而为之名，则曰大，曰逝，曰远，曰反。凡此诸名，其实则皆指道之成象者言之也。道之可名，即在名其象。道之可知，亦由知其象。今《老子》书中常用诸名，如美恶难易长短得失强弱雌雄白黑荣辱之类，皆非物名，皆无形体可指，亦皆象名也。物屡变而象有常，故知象则可以知常，知常乃可以知变。即如生之与死，亦一切生物之两象。宇宙生物繁变，而有生者必有死，则为生物之大象。老子曰：

> 人之生也柔弱，其死也坚强。

此又为生死两途之大象。凡生之途皆显柔弱象，凡死之属皆显坚强象。大道之有常而可知正如此。若就各物之具体个别言，则庄生观化之所得已尽之。万物之化，若驰若骤，方生方死，方死方生，如是则岂不化无常而不可知？故庄子曰："言未始有常"，又曰："大辩不言。"如是则大道将永远只见其为惚恍不可知，而又何以能阅众甫而知其状？故由庄周之观化，演进而有老子之观复，正因老子在大道与形物之间加进了一象的新观念。此则为庄书所未有也。故老子曰：

> 执大象，天下往。

此因宇宙间万事万物，皆无所逃于道之外，亦即无所逃于此大象之外也。当知此象的一观念，乃老子所新创，此层特具关系，而庄周若未之前知。故《齐物论》仅言不见其形，又曰："有情而无形。"然庄周不知无形者固可有象，形虽万变而象则有常。庄子知不及此，遂永远陷于认道为惚恍不可知。可知者，则仅此大化之无常而已。庄子书中亦曾言及有象字，如《德充符》有云："寓六骸，象耳目"，然此处寓象二字，仅如今用偶像义，并非《老子》书中之所谓象也。自《老子》书用象字，荀子书亦屡有之，至韩非《解老》又特为之说。《解老》云：

> 人希见生象也，而得死象之骨，案其图以想其生也。故诸人之所意想者，皆谓之象也。今道虽不可得闻见，圣人执其见功以处见其形，故曰无状之状，无物之象。

此谓道不可见，而道之成物之功则可见。道虽无形，而道之成物之象则若有形。故圣人大智，由于此道之所已见之功，而想象以得道之形，因知道之大而必逝，远而必反。此虽出于推测想象，而天地大道，则实确有此象也。今试问若庄周在老子后，推本于老子而成学著书，何得于老子所深重认识如象之一观念而转忽略之？故庄周虽知有道化，而终不知此道化之有象可寻，又不知此道化之逝而必反，远而必复。是庄周虽宗老，实可谓不知老之尤也。今若于庄老两书比较深论，亦可谓庄子乃仅知于具体处言道言化，乃不知从抽象中明道知化耳。

在老子后，对老子此一象字观念特加发挥阐述者，乃在《周易》之《系辞传》。故知《系辞传》乃晚周后出书，决非出于孔子之时也。若谓老子洵在孔子前，《易传》洵出孔子手，老孔两家，均已提出此象字，作为观化一要点，庄周更不应忽略于此，仅知观化，不知观象，必待韩非《解老》，始重对此层，加以阐述。则庄周何其愚，何其孤陋而寡闻？又何足以谓其有得于老子之传统乎？故就思想线索定书出之先后，其事虽若渺茫，而实有其确可寻究之痕迹，可以推论者，如此类是也。

老子因于此象字的一观念，而始为宇宙大道之化，籀出几条所必然遵循之大规律。以今语言之，此乃一种抽象的规律也。宇宙一切变化，则尽无逃于此等规律之外，故老子曰：

> 执古之道，以御今之有，能知古始，是谓道纪。

执古之道，即犹执此大象也。故在庄周，因于认为道化之无常而不可知，乃仅求个人之随物乘化以葆光而全真。而老子则认为道化有常而可知，乃转而重为治国平天下提出一番新意见与新方法，于是遂有老子所想象之新圣人。故庄周始终对宇宙实际事务抱消极之意态，而至老子又转而为积极，此又两人之异趣也。

一二　老子论朴

故《老子》书中之圣人，乃与《庄子》书中所想象之真人神人，其处世之意态大不同。《庄子·杂篇·外物》谓："圣人之所以駴天下，神人未尝过而问焉。"此语承庄子意。郭象之注则谓："神人即圣人也"，乃混老子释庄书，实非庄书本意也。《老子》书亦极少言真字。老子曰：

窈兮冥兮，其中有精。其精甚真，其中有信。

又曰：

质真若渝。

此两真字，皆非《老子》书要义所在。若求《老子》书中有略相当于庄子所提出之真字者，则为《老子》书所用之朴字。老子曰：

敦兮其若朴。

又曰:

　　见素抱朴,少私寡欲。

又曰:

　　常德乃足,复归于朴。朴散则为器,圣人用之则为官长。

又曰:

　　道常无名朴。虽小,天下不能臣。
　　万物将自化,化而欲作,吾将镇之以无名之朴。无名之朴,夫亦将无欲。

又曰:

　　我无欲而民自朴。

朴乃未成器前之一名,乃一种无名之名也。由人生界言之,朴之前于器,犹由宇宙界言之,象之前于物也。老子曰:"复归于朴",即犹谓复归于无物。朴亦即是一种无状之状,无物之象也。故归朴亦即是归根。老子曰:

> 夫物芸芸，各复归其根。归根曰静，是谓复命，复命曰常。

盖宇宙间一切物，变化不居，而总必归复其根，此根者，即犹一切成器以前之朴。而此朴字，又为《庄子》内篇所未及。有之，则惟《应帝王》"雕琢复朴"一见。此朴字乃常用义，与《老子》书中朴字之为特用义者自不同，此则又不待微辨而可见者。故曰象曰朴，皆《老子》书中精义所萃，而庄周皆不知，则毋怪于老子之屡言于道之有常与可知，而庄子犹亟叹于化之无常与不可知矣。

一三 从朴与真之分别论庄老两家对德的观念之歧趋

今试再论朴与真之分别。就庄子意，所谓真人，乃属常人之所不可企及者。虽曰人各有真宰，虽曰求得其情与不得，无益损乎其真。然《大宗师》有云：

> 有真人而后有真知。

则真人固不常有。若非真人，则特如《齐物论》所云：

> 一受其成形，不亡以待尽，与物相刃相靡，其行尽如驰，而莫之能止，不亦悲乎！终身役役，而不见其成功，苶然疲役，而不知其所归，可不哀邪！

此皆一辈无知之常人，不能善保其独化之真者。然由《老子》书言之，则正在此辈无知常人身上，转保守得此一分无名之朴。朴为人人所本有，亦人人所易保。故曰我无欲而民自朴。后之学老庄者，常曰归真反朴，又曰守真抱朴，不知学老之反朴抱朴则易，而学庄之归真守真则难。后人混而言之，则殊未辨庄老两家之异趣也。

依于庄言真，老言朴，此两观点之不同，而遂发生庄周与老子关于德字观念之异向。《庄子·应帝王》有云：

> 其德甚真。

此德即指真言。故有德者，极为庄子所推崇，盖德亦非人人之所能具也。如《逍遥游》：

> 之人也，之德也，将旁礴万物以为一。

《齐物论》：

昔者十日并出，万物皆照，而况德之进乎日者乎？

《人间世》：

名之曰日渐之德不成，而况大德乎？
若成若不成，而后无患者，惟有德者能之。
知其不可奈何而安之若命，德之至也。
支离其形者，犹足以养其身，终其天年，又况支离其德者乎？
凤兮凤兮，何如德之衰也！
临人以德，殆乎殆乎！

《德充符》：

游心于德之和。
是必才全而德不形者也。德不形者，物不能离也。
德有所长，形有所忘。

《大宗师》：

与乎止，我德也。
以德为循者，言其与有足者至于丘也。

凡内篇七篇所用德字,殆皆指修行之德言。此皆非常人所易企。然此实德字之常义,毋宁与儒家孔门言德,大义犹相近。而《老子》书中德字,则涵义殊不同。如曰:

> 生而不有,为而不恃,长而不宰,是谓玄德。

王弼注:

> 凡言玄德,皆有德而不知其主,出乎幽冥。

据王注,此德字,乃指仁恩言。然王之此注,实失老子本义。《庄子·外篇·马蹄》有云:

> 彼民有常性,织而衣,耕而食,是谓同德。

又外篇《胠箧》:

> 削曾史之行,钳杨墨之口,攘弃仁义,而天下之德玄同矣。

又外篇《在宥》:

> 大德不同,而性命烂漫矣。

又外篇《天地》：

> 是谓玄德，同乎大顺。

是玄德即同德也。惟同德乃始是大德。此乃言人人本所具有之德也。故老子又曰：

> 大德不德，是以有德。下德不失德，是以无德。

又曰：

> 失道而后德，失德而后仁。

又曰：

> 道者同于道，德者同于德。
> 常德不离，复归于婴儿。常德不忒，复归与无极。
> 圣人无常心，以百姓心为心。善者吾善之，不善者吾亦善之，德善。信者吾信之，不信者吾亦信之，德信。
> 道生之，德畜之，物形之，势成之。是以万物莫不尊道而贵德。道之尊，德之贵，夫莫之命

而常自然。

含德之厚，比于赤子。

治人事天莫若啬。夫唯啬，是谓早服，早服谓之重积德。

凡《老子》书中言德字，则皆指一种自然之德言，此乃指人之禀赋而谓之德，其义略近儒家所言之性字。故《马蹄》篇亦以常性言同德。后世言道家德字，乃多偏据老子，即后世儒家言德字，亦多袭取老子义以为言。而不知庄周言德字，其涵义实与老子有不同，而转近孔孟儒家之初义也。据老子，则人人全属有德。据庄周，则非真人神人，具大知确有修行者，不得谓有德。盖庄子言德，犹其言真，得于真，始可言德，而真则非人人可知，故亦非人人可葆。而老子书中德字则指朴言，朴属原始本然，一经人为而反失之，此又两家之异趣也。今若谓庄后于老，则是庄周乃转采孔门儒家义，而特以反老子之本旨，此又无说可通也。

一四 《庄子》外杂篇言道

根据上所分析，试读《庄子》外杂篇，则有可以确证其书之出老子之后者。何以知之？因其用字，多本《老子》，而与庄周违异，故知其必出《老子》后也。

如外杂篇颇多沿用《老子》德字义，而又以绾合之于儒家之言性命者。在庄周同时，孟子始昌言性善，而《庄子》内篇七篇固绝不一言及性。至外杂篇始常言性命，此即外杂篇较庄子晚出一显证。而外杂篇之言道德，则其义犹即言性命也。此皆与老子近，与庄子远，则老出庄后，岂不甚显？如《骈拇》云：

> 骈拇枝指，出乎性哉，而侈于德。

此言德性，皆指其禀受之本然言，与老子义近。如孟子则特以扩充与可然者言性，此大不同也。

又《天地》云：

> 物得以生谓之德。

又曰：

> 性脩反德，德至同于初。

如此言德，皆为《老子》义。

又《骈拇》曰：

> 天下有常然。常然者，曲者不以钩，直者不以绳，圆者不以规，方者不以矩，附离不以胶

庄老的宇宙论　195

漆，约束不以纆索。故天下诱然皆生而不知其所以生，同焉皆得而不知其所以得。故古今不二，不可亏也。则仁义又奚连连如胶漆纆索而游乎道德之间为哉？

此以常然者言道德，又谓其不二不亏。德不可亏，其义显本《老子》。

又《马蹄》云：

> 至德之世，其行填填，其视颠颠。……至德之世，……同乎无知，其德不离。同乎无欲，是谓素朴。素朴而民性得矣。

又《胠箧》云：

> 子独不知至德之世乎？……当是时也，民结绳而用之，甘其食，美其服，乐其俗。……

又《天地》云：

> 至德之世，不尚贤，不使能。

又《缮性》云：

>   古之人，在混芒之中，与一世而得澹漠焉。……当是时也，莫之为而常自然。逮德下衰，及燧人伏羲。……德又下衰，及神农黄帝。……德又下衰，及唐虞。

凡此诸条，皆以自然观点释道德，盖即以禀受于天者为道德也。而又加以一种历史之演进观，于是遂成为世愈古，德愈高，世愈后，德愈衰。此所谓德，皆指一种同德言。此乃一种本始之朴也。愈经人为，则愈失其本始。故世愈后，则德愈衰。当知此等意识，皆袭自《老子》，实为《庄子》内篇所未有也。然则老子思想之于世事人为，虽若较庄周为积极，而其道德观，文化观，其历史演进观，则实较庄周尤为消极。则无怪于治老子学者之于世事人为，乃转更趋重于权谋术数，转更轻鄙于德教文化，而一切转更于以己私功利为权衡，为向往矣。故庄周颇重个人修养，而老子转向处世权术，此又两家之异趋也。

一五　老子论精

《老子》书言朴字，为《庄子》内篇所未及，已如上述。而《老子》书又屡言精字，亦《庄子》内篇所未有也。《庄子》内篇言真言神，而精字惟《德充符》一见，曰："外女之神，劳女之精。"仅此而已。《人间世》又云:"鼓筴播精。"此精字作米粒解,乃精字之本始常义,可勿论。至《老子》书始重言精字。

如曰:

> 窈兮冥兮,其中有精。其精甚真,其中有信。

此处精字为一具体名词,而真字则为一形容词。精字之涵义与其地位,显为超出于真字之上。此谓精者,乃谓是道中有精。大道之化,虽若不可知,而若果能认出此道中之精,则精属不可化,而大道之化,于是亦为有常而可知矣。又老子曰:

> 含德之厚,比于赤子。蜂虿虺蛇不螫,猛兽不据,攫鸟不搏,体弱筋柔而握固,未知牝牡之化而全作,精之至也。

故知《老子》书中言精,犹之其言朴也。太古之世为至朴,而赤子之德为至精,此皆指其禀赋之德之原始最先状态言,愈原始则愈可贵。故《老子》书中言赤子,即犹《庄子》外杂篇之言至德之世也。当知老子所言之赤子,亦与庄周内篇所想象之真人神人大不同。盖庄子理想中之真人神人,皆由极深修养来,而赤子则自然含德,不待修养也。

后世道家,常喜言精气。盖庄子言道,特指此一气之化。而《老子》书中言精，则指此一气之分析之至于极微相似处，此如米粒之精，一一无别。盖气虽万化各异，而就其最先原始处，为万化各异之大本者，则实至微相似，因此而谓之精，故气至于精则不复可化。若其犹可化，则犹是其粗，仍不得谓之精也。惟其气之有至精不可化处，故化亦必有常，德亦必有同。故庄子言真，乃指其气之独化言。而老子言精，则指其化之同归言。此又两家之异趣也。

推老子之意，亦可谓气化成形之前，先有精之一阶段，此犹如道之在成物之前，有象之一阶段也。此证《老子》书较庄子为晚出，故就庄子一气化成万物之粗略观念而更深更细求之，于是在成形之前有象，在成物之前有精，而即于此象与精之中而籀求此大化之万变无常中之不可变而有常者以为知。此等皆思想之递嬗推演，有其先后线索之可明白指证者。若谓庄在老后，则庄子既师承老子，不应如此心粗，于老子此等层次细密处，漫不经心，而仅摭拾其粗浅皮毛，轻为汗漫放荡，而大肆其缪悠之谈也。

又按：《庄子·外篇·刻意》有云：

一之精通，合于天伦。

郭象注：

> 精者，物之真也。

此处郭注，亦以老子释庄书。在郭象之意，认为《老子》书中精字，即相当于《庄子》之真字，而不知其间实有辨。庄子只谓万物皆假于异物以成体，独其所不假于异物者，乃确然成为此物之真，此惟物本身之独自演化之此一经历过程为然耳。故庄子书中之真字，乃指化而言。乃指万化之各自有其单独而互不相似之过程言。乃指此种过程之为各一物所特有而不可相移借言。而《老子》则谓万物"抱阴而负阳，冲气以为和"。万物皆成于气，此意承庄子。惟老子又进一层而指出此气之可经分析而至于其终极，达于一种极微相似之点始曰精。此气之精者，乃气之最先状态，此则更不化。宇宙一切万物，则皆必有得于此气之精而始成其为物焉。故《庄子》书中言真，乃指万异之化之各具一段独特之经历与过程，此一段独特之经历与过程，乃专成其为此物之化，而更不重见于他物者，惟此亦即是此物之所以成其为此物者，故特名之曰此乃其物之真也。故庄子真字之内涵义，为化，为卓，为独。而《老子》书中精字之内涵义则为同，为德，为不化，为有常，为可信。故真则无常，精则不变，此则又庄老两家之意趣大异处也。

故庄子书每以真与神并言。真则神矣，神即化之独特而不可知者也。而道家自老子以后，则每以精与神并言。然则《庄子》内篇之所言神，亦自不得不与老子以后所用神字之涵义有分别。盖庄子乃以乘化葆真者为神，而老子则以守精袭常者为神，此又其相异也。凡此必会通并观于《庄子》内篇七篇与《老子》五千言之立言大旨，而始可以微辨而得之。幸而此两书具在，好学深思之士，就吾说以求之，将自见其分别之判然耳。

至《庄子》外杂篇屡屡言精神字，则大率本诸《老子》，与《庄子》内篇不同，即此可证《庄子》外杂篇之更属晚出。此一论题，当另为专篇阐释之，而特粗发其大较如上述焉。

一六 《天下》篇对庄老两家之评判

上之所论，因于庄老两家对于宇宙观念之不同，而牵连及于人生态度之相异。若粗略言之，亦可谓庄子乃重体而忽用，老子则主明体以达用者。亦可谓庄子乃主无用之用，而老子则主无为而无不为。此之分别，余前论庄老两家政治思想，已粗及之。惟此义古人知者甚多，故汉人常言黄老，少言老庄，及魏晋以下人，始兼言老庄，而亦不再言黄老。此证古人之确知有此分别也。实则庄老之有别，《庄子·天下》篇早已明白举出，兹再略加申释，以终我篇。

《老子》书既晚出于庄周，则《天下》篇决非出于庄子亲笔,此层可不论。此篇盖出晚周以下,百家纷歧,已臻烂熟衰败之象。故《天下》篇作者,乃颇向往于古昔王官之学一统之盛,而深慨于后起百家之各持一端,所谓"道术将为天下裂"也。其言曰:

> 古之所谓道术者,果恶乎在?曰:无乎不在。曰:神何由降,明何由出。圣有所生,王有所成,皆原于一。不离于宗,谓之天人。不离于精,谓之神人。不离于真,谓之至人。以天为宗,以德为本,以道为门,兆于变化,谓之圣人。

又曰:

> 古之人其备乎!配神明,醇天地,育万物,和天下,泽及百姓,明于本数,系于末度,六通四辟,大小精粗,其运无乎不在。

是谓古之所谓道术者,乃通天人,兼本末,内圣外王,一以贯之也。其称庄周则曰:

> 芴漠无形,变化无常,死与生与,天地并与,神明往与。芒乎何之,忽乎何适。万物毕罗,莫足以归。古之道术有在于是者,庄周闻其风而悦之。

又曰：

> 独与天地精神往来，而不傲倪于万物。……彼其充实不可以已，上与造物者游，而下与外生死无终始者为友。其于本也，弘大而辟，深闳而肆。其于宗也，可谓调适而上遂矣。虽然，其应于化而解于物也，其理不竭，其来不蜕，芒乎昧乎，未之尽者。

细籀此节之文，盖谓庄周之学，已得其宗本，内圣之道已备。而应化外王，其道虽自内圣出，而其理不竭，其来不蜕，故若芒昧犹未之尽。则尚有待于后起者之得其旨而善为推阐引申以运用之。此即吾所谓庄子之学，乃重于明体而略于达用也。

至其论老聃关尹，则曰：

> 以本为精，以物为粗，以有积为不足，淡然独与神明居。古之道术有在于是者，关尹老聃闻其风而悦之。建之以常无有，主之以太一，以濡弱谦下为表，以空虚不毁万物为实。……关尹老聃乎？古之博大真人哉！

是《天下》篇作者之意，乃特深赏于关尹老聃之善于为用，而其于本宗之上达，则独若有所不足焉。故王船山曰："赞之曰真人，谓其未至于天。"又曰："庄子之学，盖以不离于宗之天人自命。谓内圣外王之道，皆自此出。于此殿诸家，为物论之归墟，而犹自以为未尽。盖望解人于后世，遇其言外之旨焉。"王氏此解，可谓妙得《天下》篇之作意，惟谓此出庄子亲笔，则微误耳。

盖庄周意尚尊天，至《老子》书始解析天道，一以归于法象与术数。故《天下》篇作者，不免于老有微辞也。然则就《天下》篇作者之意，关尹老聃，虽于百家为杰出，要亦仍在百家之范围，此亦无当于"备天地之美，称神明之容"，而惟庄周为始足以当之也。

或疑《天下》篇独称关尹老聃为古之博大真人，即证老子年世之早。然就《天下》篇全文通观，先叙王官之学在前，即所谓古之道术也。次叙邹鲁之士，缙绅先生，不以与此下诸家为伍，则以儒术犹守王官旧统，而庄周之学，则本承儒起也。又其次乃列述百家，而先墨翟禽滑厘，则墨家本系紧承儒家而起也。叙关尹老聃于庄周之前，此未必即谓庄周后起于尹聃。即如其前举宋钘尹文彭蒙田骈慎到，凡此诸家，亦何尝皆出庄周前？诸人中，惟彭蒙年世无可详稽，大略当略前于庄周。余诸人，皆与庄周略同时，而卒年且均在庄后。则《天下》篇作者，固不谓老先于庄，显矣。又于庄周之后独举惠施，施之年辈，较庄尚略前，且又早达，若依时序，固当惠先庄后。所以特序于篇末，则因施周同时，又同为主张万物一体，两人持义最相近，亦最见其相违。故独承于周而论之也。然则所谓古之博大真人，仍亦有闻于古之道术而起，又乌得拘泥此一字，而谓其年世之必远越夫百家之前乎？

盖《天下》篇作者，既不满于晚周百家之纷歧，而上希古之道术，乃主内圣外王，绾百家于一统，而独举儒术，谓其犹守前榘，而自墨以下，始开百家之新局。则其于古代学术衍变递传之大体，固犹心知其意，不似后代人，昧失本真，乃转谓老子开诸子百家之先河，而谓其书犹远出孔墨之前也。

一七　荀子对庄老两家之评判

《荀子》犹前于《天下》篇，而且评判庄老两家，亦较《天下》篇为明彻。《解蔽》篇曰："庄子蔽于天而不知人。"盖庄子谓天不可知，则惟有乘化随顺也。其《天论》篇则曰："老子有见于诎，无见于信。"盖老子主天有常道，为可知。故老子转重人事。在老子意，天道虽若循环，逝而必反，往而必复。而人力实可斡旋。使有圣人者善处之，则可以常得而弗失，常成而无败。常居福利，而避祸害焉。杨倞曰："老子著五千言，其意多以屈为伸，以柔胜刚。故曰见诎而不见伸也。"此说得之矣。而荀子犹不以老子为足，故有《天论》篇，曰："错人而思天，则失万物之情。"又曰："百王之无变，足以为道贯。"盖老子犹曰"王法天，天法道"。荀子承老子而益进，乃仅主法王，不主法天。道贯即在圣王，故法王遵道，乃可以胜天也。读者试就孟庄两家比观之，又就老荀两家比观之，自见时代相近，则其议论意见，有相似而相通者。固不当专一于儒道两家之分别以为观也。

一八　略论当时各家学说思想流布之情况

继此有一义犹当略说者，即当时各家学说思想流布之情况，其事盖有远出于后代人之所想象，而骤难明指确说者。即如《老子》书，论其成书年代，既当在庄周后，荀况前，然庄周之与荀况，虽其先后辈行显然可序，然亦固可谓之为并世，盖其年世相隔，殊不甚远。然则《庄子》成书，必当即刻流布，《老子》书之作者，殆已见《庄子》之内篇，而《老子》成书，亦必即刻流布，而已为荀子所见。故荀子之批评庄老，精审不苟。而荀子弟子韩非亦已见及《老子》书，其同时吕不韦宾客著书，亦均见及《老子》书，而《庄子》外杂篇作者，殆亦必见及《老子》书无疑。而论其时间，相隔皆甚近。然则虽在先秦，其时著作之流布，学说思想之传达，必甚便利，其情况实无异于后代。抑且又可推想者，此等著书立说之士，其平日生活，殆必甚优裕，并各有许多弟子门徒。各家各派间，必各有其自己之学术集团。又其相互间，声气极相流通，其言辨往复，必甚活泼畅遂。此事所涉既甚广，当博搜自孔墨以下各家各派之成书立说及其相互影响之事实而细心推论之，始可显出当时学术社会情况之一斑，此则已非本文范围所能包。然若谓老子乃一隐君子，骑青牛，度函谷，关尹强之著书，乃始成此五千言，而其书隐晦不彰，历孔墨以下，迄于庄周，时逾二百年，乃始获睹其书而传述之，此则必非当时之真相，此乃自各方面推论而可知其必不如此也。窃恐读余此文者，或将疑及如我此文之所述，则当时各学派思想流布及其相互影响之情况，何以得如此畅遂活泼，息息相通，若更有过于后代之所见，此层只可更端另论，而姑先发其大意于此。

释道家精神义

精神二字，自先秦沿用迄于近代，成为中国一惯常习用语。近人至谓中国为精神文明，欧西为物质文明。盖分精神与物质为对立之两观念，在中国思想界，确有渊源，非出晚近世而始有也。本文特就精神二字，考究其来历，分别阐释其最先之涵义，又约略踪迹其演变，此亦中国思想史上一特有观念，为治中国思想者所必当注意也。

考使用精神二字，其事实始于道家，而犹晚出于庄周与老聃。今先就庄周老聃书考之，则最先精神二字，乃分别使用之，其涵义亦不同。兹仍鄙见，先庄周，次老子，惟庄书则仅据内篇七篇言。

一 《庄子》内篇言精字义

《庄子》内篇精字仅两见，一见于《人间世》，曰：

"鼓筴播精。"司马彪曰："简米曰精。"许氏《说文解字》亦曰："精，择也。"简即简择义，简择米粒之完整而洁白者，故引申有精白义，有精明义。如拨云雾而见青天亦曰精，韩诗于定之方中云"星精"，《史记·天官书》，"天精而见景星"，《汉书·李寻传》，"日月光精"，皆是也。又引申为精粹义。《汉书·刑法志》，"聪明精粹，有生之最灵。"又精洁义。简择米粒，使一一皆完整，洁白，大小既略相等，故又引申为精一义，精专义。《管子·心术》，"中不精者心不治。"于是此精字乃应用及于对心理状态之形容。而求其语源，则皆由简择米粒之本义而引申也。

《庄子·内篇·德充符》又云："外乎子之神，劳乎子之精"，此处精神二字对文互用，若近以后所常用之精神义。然就《庄子》原文言，精即指用心之专一。故庄书所谓劳精，亦犹孟子所谓劳心耳。

此一精字之用法，稍后见于荀子之《解蔽》篇。其文曰：

> 空石之中，有人焉，其名曰觙。其为人也，善射以好思。耳目之欲接，则败其思。蚊虻之声闻，则挫其精。是以辟耳目之欲，而远蚊虻之声，闲居静思则通。思仁若是，可谓微乎？

此处精字，显见为精思义。精思即用思专一也。故下文又曰：

> 辟耳目之欲，可谓能自强矣，未及思也。蚊虻之声闻则挫其精，可谓危矣，未可谓微也。夫微者，至人也。

此处精字，显指精思，即用思之专一。可见荀子此文用精字，实与《庄子·德充符》语意相通。庄子之讥惠施曰："天选子之形，子以坚白鸣"，即指惠施之精思专一于坚白异同一问题也。

而荀子此文，有更可注意者两点：一则此文用至人二字，显为承袭庄周。二则此文用危微二字，亦皆指用心工夫。上文论舜之治天下有云：

> 处一危之，其荣满侧。养一之微，荣矣而未知。故道经曰：人心之危，道心之微。危微之几，惟明君子而后能之。

王念孙曰：

> 舜身行人事，而处以专壹，且时加戒惧之心，所谓危之也。惟其危之，所以满侧皆获安荣，此人所知也。舜心见道，而养以专壹，在于几微，其心安荣，则他人未知也。

证以下文，蚊虻之声闻则挫其精，可谓危矣，未可谓微也，是谓用心于处人事，虽其心常警动，所谓朝惕夕厉，故曰危。孟子曰："孤臣孽子，其操心也危，其虑事也深。"可见用心能危，亦为孟子所赞许。然亦仅止于处人事而已耳。至于能用其心于处道，则不仅危，而抑且微。因其用心工夫，乃为人所不易见。如思仁即是用心于道，此即所谓道心也。惟无论其用心之危或微，无论其用心之在人事或道，要必闲居静思乃通，因闲静乃易使心专壹也。然则荀子此文用精字，乃指其用思专壹言，更无可疑。东晋梅赜伪《古文尚书》采用《道经》"人心惟危，道心惟微"二语，而增之曰："惟精惟一，允执厥中。"惟其危与微，故必精与一。下及宋儒，特喜此四语，称为尧舜传心十六字诀。而分别人心谓指人欲，道心谓指天理，此在《荀子》原书，并无此意。抑且危字之训，亦非原义，较之《道经》本旨，相距殊远矣。

上释精字义，又可以《庄子·外篇·达生》为证。《达生》篇云：

仲尼适楚，出于林中，见痀偻者承蜩，犹掇之也。仲尼曰：子巧乎？有道邪？曰：我有道也。五六月累丸二而不坠，则失者锱铢。累三而不坠，则失者十一。累五而不坠，犹掇之也。吾处身也若厥株拘，吾执臂也若槁木之枝。虽天地之大，万物之多，而唯蜩翼之知。吾不反不侧，不以万物易蜩之翼。何为而不得？孔子顾谓弟子曰：用志不分，乃凝于神，其痀瘘丈人之谓乎？

此所谓天地之大，万物之多，而惟蜩翼之知者，即荀子所谓辟耳目之欲，远蚊虻之声，亦指其用心之专壹也。用心专壹，即是用心之精，惟其用心精，乃得凝于神。此神字亦指心知作用言。凝于神，即是使心知凝聚，则仍谓是用心专壹也。用心专壹，使心知凝聚，而人心功用乃可达至于一种最高境界，此即谓之神矣。故《荀子·解蔽》篇亦曰："心者，神明之主也。"下至宋儒，常喜言敬，其实敬亦是用心专壹耳。惟《达生》篇用意，所由异于荀卿者，《达生》篇即以痀瘘丈人之专壹用心于承蜩而谓此亦是道，荀子则不认空石之人之专壹用思于射者而谓其即是道，乃谓此等用心，仅属人事小技，故亦仅可谓之是人心。人心之运用，虽其极达于警惕悚动，亦仅可谓之危，而不得谓之微。用心危者，其事显见，尚为人所易知，因其就于事而动其心，尚有迹可寻，有隙可窥，故曰危矣而不得曰微也。惟能用心于道，如思仁，乃与思射异。思仁不因事而转动，既无迹可寻，亦无隙可窥，《中庸》之所谓"无声无臭，纯亦不已"，庶乎近之。故不仅是危，又且是微。因其事隐，为别人所不知。故《中庸》又云："是以君子慎其独。"慎独之独，即道心之微也。盖独者人所不知，故独始微矣。《易大传》亦曰："思之思之，鬼神通之。"鬼神通之，即犹《庄子》外篇之所谓凝于神。惟一则以思射思承蜩者皆为道，而一则必以思仁思义者始是道。一则以此等用心工夫为圣人，而一则以此等用心工夫为神人。此后宋儒始改言主敬，又曰"主敬即是主一工夫"，然必主一在天理上。主一在天理上，始是主一在道上，而非主一在事上。此即道心人心之所由判。此亦是儒道疆界一分别所在也。

《庄子·外篇·达生》之说，又颇似承袭内篇《养生主》之义而来。《养生主》庖丁为文惠君解牛，其对文惠君之言曰：

> 臣之所好者，道也。进乎技矣。始臣之解牛之时，所见无非牛者。三年之后，未尝见全牛也。方今之时，臣以神遇，而不以目视。官知止而神欲行。依乎天理，批大郤，导大窾，因其固然。

此处庖丁自认其解牛为有道，即犹如痀瘘丈人之自认其承蜩为有道也。荀子乃儒家，固不认此等为道。此犹如后代禅宗祖师，即以运水搬柴为道，而宋儒不加认可。是其分别所争，前后如一辙。今若专以其用心之专壹言，则庖丁之解牛，亦可谓之用心专壹矣。惟其用心之专壹，故能官知止而神欲行。所谓以神遇，即是用志不分，乃凝于神也。其曰官知止，即是辟耳目之欲也。庄子之所谓官知，即犹如宋儒之言人欲矣。孟子曰："耳目之官不思而蔽于物，物交物，则引之而已矣。心之官则思，思则得之，不思则不得也。"庄子之不重耳目官知，与孟荀同。惟孟荀皆重思，而庄子则贵能以神遇，又称之曰神欲。惟能以神遇，以神欲行，如此始得依乎天理，而不出于人欲。在庄子之意，不仅不凭于官知，抑且不凭于思。故惠施之精思，乃为庄子所不满。至于孟荀论用心，则必重思，抑且惟心为能思，耳目之官则不能思。庄子曰，官知止，则并心之思而不用，并心官之能思者而亦停止其作用。至此境界，乃可曰以神遇。在庄子之意，惟能以神遇者始可得天理。天理二字，其实亦始见于庄子之此文。孟荀则重言道。其于心知，重思不重神。下至宋儒，明道言识仁，又曰："识得此理，以诚敬存之"，此亦嫌如不重思。至伊川乃始补出一思字，而晦庵承之，其言格物穷理，皆贵思。然则贵思之与贵神，又是儒道一疆界矣。

二 《庄子》内篇言神字义

根据上述，阐释精字，而已连带涉及于神字。惟能用心专一即是神。然用心专一，非是用思专一，此则庄子荀卿两家之分歧点，所当明辨者。故庄子神字，亦指一种内心状态言，亦为心理状态之一种形容词。亦可谓是心理境界之一种名号称谓。人之用心，能达此境界，有此状态，则亦可谓之曰神人。兹请继此稍加以申述。

盖庄子之所谓神人者，如内篇《养生主》外篇《达生》，上之所称引，实皆本于求为养生之道，故庄子之言神人，其实亦为能养生而得道者言也。故内篇《逍遥游》有云：

> 藐姑射之山，有神人居焉，肌肤若冰雪，绰约若处子。不食五谷，吸风饮露，乘云气，御飞龙，而游乎四海之外，其神凝。……之人也，之德也，将旁礴万物以为一，世蕲乎乱，孰弊弊焉以天下为事？之人也，物莫之伤，大浸稽天而不溺，大旱，金石流，土山焦，而不热。……孰肯以物为事？

据此，则庄子之所谓神人，实即不用心于人事者。故曰：孰弊弊焉以天下为事，又曰：孰肯以物为事。惟其能不用心于人事，故神人者，即用志不分，而得心知凝聚。故曰其神凝，故谓之为神人也。亦惟其心知凝聚，即其神之凝，故外物莫之能伤。甚至大浸不溺，大旱不热，乃至于无须食五谷，仅吸风饮露而已得养其生。后世神仙思想，皆从庄子此等意见来。而庄子

释道家精神义 *215*

之初意，则在教人能用心专壹，不分驰于外物，而保全其神知，故亦不凭人身五官之知为聪明耳。故庄子意，苟其人能用心专壹，即已是专壹于道也。故在孟荀儒家，心知之最高作用厥为思，惟思乃能达道。道者，超于事物，而亦不离于事物。至于庄周，其理想中心知之最高境界，并不有思，而独知孤明，此即谓之神。惟神乃能与天遇。与天遇，则无事无物，而莫为之害矣。此最为儒道两家言心知之相歧处。

庄生之意，仍可证之于外篇之《达生》。其言曰：

> 子列子问关尹曰：至人潜行不窒，蹈火不热，行乎万物之上而不栗，请问何以至于此？关尹曰：是纯气之守也，非知巧果敢之列。居，予语女。凡有貌象声色者，皆物也，物与物何以相远？夫奚足以至乎先？是色而已。则物之造乎不形，而止乎无所化，夫得是而穷之者，物焉得而止焉？彼将处乎不淫之度，而藏乎无端之纪，游乎万物之所终始。壹其性，养其气，合其德，以通乎物之所造。夫若是者，其天守全，其神无郤，物奚自入焉。夫醉者之坠车，虽疾不死。骨节与人同，而犯害与人异，其神全也。乘亦不知也，坠亦不知也，死生惊惧，不入乎其胸中，是故遻物而不慑。彼得全于酒而犹若是，而况得全于天乎？圣人藏于天，故莫之能伤也。

是庄子理想中之圣人，实即是神人也。所谓圣人藏于天，其效则为物莫能伤。何以使物莫能伤？庄子之意，谓人能心不在物，斯物莫之能伤矣。此事于何证之？即证之于醉者之坠车而不死，因醉者心不在坠也。醉者乘不知乘，坠不知坠，此谓之其神无郤，郤犹隙也。乘车之与坠车，其事变之间必有隙，惟醉者不知其有变，故其心知亦若无间隙焉，故曰其神无隙。故知庄子此处所用神字，即指人之心知言。心知无隙，即后来禅宗所谓"前后际断"，又即宋儒之所谓"打成一片"也。目知视，耳知听，此皆官知，官知则止乎物，孟子所谓物交物，则引之而已。《管子·宙合》篇亦云："方明者，察于事故，不官于物而旁通于道。"不官于物，即是不凭官知，不止于物以为知也。方明即是旁通于道，不以一曲知，而以大方知，故曰方明。是即神知也。惟有神知则能不止乎物。心不在物，故物亦莫能加之以伤害。今试问：人又何以能使其心不在物，而达于神知无隙，而不止于物乎？庄子则曰：此须"游乎万物之所终始"，"通乎物之所造"，此即庄子之所谓用心专一于道也。今试问：人又何以能用心专一于道？就其浅显可指导人者，其先则莫若能使之用心专壹，系于一物，如痀偻丈人之承蜩，牢系吾心于承蜩之一事，而遂能忘却其他之万物，是亦足以使其心知凝于神而得近乎道矣。庄子之以承蜩为有道，亦犹后世禅宗之即以运水搬柴为有道也。实则此皆系心一物之道耳。惟其系心一物，故能尽忘万物。惟其专心一知，故能尽弃余知。然则人心之至于神，不仅无思，亦且无知，乃始谓之神耳。

《庄子》内篇曾屡言神人之物莫之伤，如《齐物论》：

> 王倪曰：至人神矣，大泽焚而不能热，河汉冱而不能寒，疾雷破山，风振海，而不能惊。若然者，乘云气，骑日月，而游乎四海之外，死生无变于己，而况利害之端乎？

死生无变于己，是亦指其神知之无隙也。神知无隙，其实则犹如无知耳。惟内篇就其游心于道言，外篇如《达生》，则退就其系心一物言，此其异。

《庄子》内篇言神人，又言真人，真人则亦犹神人也。《大宗师》云：

> 且有真人而后有真知。何谓真人？古之真人，不逆寡，不雄成，不谟士（谋事）。若然者，过而弗悔，当而不自得也。若然者，登高不栗，入水不濡，入火不热，是知之能登假于道也若此。

可见庄子理想中之所谓真人与神人者，顾在其运用心知之如何耳。若能不凭官知，不止于物以运用其心知，使知不止于物，乃始所谓真知。故能登高不栗，入火不热也。登高而不知其高，入火而不知其热，知不在物，而非无知，是谓其能登假于道矣。此之谓神人，即真人矣。故又曰：

> 古之真人，其寝不梦，其觉无忧，其食不甘。

此无他，皆能不止于物以用心耳。不止于物之知，乃成为孤明独照，斯乃庄子之所谓神，所谓真知也。

惟《庄子》内篇，殊不言心系一物。盖心系一物者，犹之佛家之所谓方便法门，而非究竟法门也。若论究竟法门，则必心无所止，心不系物，尽忘万物而后可。何以能尽忘万物，则必游乎万物之所终始，通乎物之所造，此即尽忘万物而达乎道矣。凡《庄子》内篇之所言，大率皆属此等境界，则皆究竟法门也。《德充符》有云：

> ……而况官天地，府万物，直寓六骸，象耳目，一知之所知，而心未尝死者乎？彼且择日而登假，人则从是也。彼且何肯以物为事乎？

所谓择日而登假，登假即登遐，是即为神人矣。故此条虽不言神人，而仍是言神人也。神人之用心，在能

释道家精神义

一知之所知。何谓一知之所知？此即知不止于物，不加分别，而心未尝死，则仍非一无所知，非真无分别也。此犹佛家所谓"无分别心，有分别用"。有分别用，故有知。无分别心，故其所知若一。此等之知，乃所谓神知。庄子曰：有真知，而后为真人，亦可谓是有神知而后为神人也。则神人之所以异于常人者，岂不亦在其心知乎？

故凡《庄子》内篇言神字，皆异乎原始所谓鬼神之旧义，庄子特赋神字以新解。庄子之所谓神人，其人则仍在人间世，其生活仍属人生界，惟在人生界中而有其理想中之所谓神人者。神人之异于常人，则特在其用心运知之不同。内篇《人间世》又曰：

> 夫徇耳目内通，而外于心知，鬼神将来舍，而况人乎？是万物之化也。

夫曰徇耳目内通，则外面事象物态，一一经历耳目之官而通入于内心，其心固未尝无知也。耳知听，目知视，视知色，听知声，既徇耳目内通，故曰未尝无知。然又谓外于心知，则何也？此谓视听不止于视听，声色不止于声色。有所知而不加分别，如此则能一知之所知，而鬼神来舍矣。此处鬼神字，似是援用原始鬼神之旧义，谓鬼神来舍于其心，即犹谓其心知如神也。其心知如神，乃始是真知。凡神知之所知者，则知合于万物之化，而能不止于物物间。此其义，庄子又深阐之于其所谓心斋之说。《人间世》又云：

> 若一志，无听之以耳，而听之以心。无听之以心，而听之以气。听止于耳，心止于符。气也者，虚而待物者也。唯道集虚。虚者，心斋也。

此文不见神字，其实亦仍是言神。人苟能虚其心而听之以气，即其心自神而为道所集也。后来宋儒言敬，亦谓"心中无一事"。心中无一事，即是虚，此犹庄子之所谓惟道集虚也。惟宋儒必曰"主一之谓敬，主一是主在天理上"，然则宋儒与庄周之所异，仍异在其对于道字之观点上，故在庄周仅主主一，而宋儒必主此一是天理。至于其所以运使心知之方法，则宋儒之与庄周，实无大异也。

在庄周之意，何以能使其心虚而待物？则必先能外忘万物而后可。内篇《大宗师》女偶之答南伯子葵，告其所以告于卜梁倚以学道之方者，其言曰：

> 卜梁倚有圣人之才，而无圣人之道。我有圣人之道，而无圣人之才。……以圣人之道告圣人之才，亦易矣，吾犹守而告之。参日而后能外天下。已外天下矣，吾又守之七日，而后能外物。

> 已外物矣，吾又守之九日，而后能外生。已外生矣，而后能朝彻。朝彻而后能见独，见独而后能无古今。无古今而后能入于不死不生。

此所谓外天下，外物，外生，易言之，即是将此天下万物生死，一切外于心知也。凡所谓天下，与物，与生，此皆必呈现于人之心知而后始见其为有。人若能使此一切外于心知，即能不见有天下有物有生。然此特不见其有此诸分别耳，非真若土块然，而其心一切无知无见也。人心能外于此诸见，乃始能见独。能见独，即是只见有天，有化，而不见有物。既有见，故曰心未尝死。能见独，故谓之神人也。

庄子之所谓独者，盖庄子谓万物尽在一大化中，此一大化，形成万化，万化各独，而同是此一大化。人心之知，未必能外知此大化之全，却能内知此万化之独。庄子称此曰独化，独化即其物之真，亦即其物之天，亦即其物之神也。故化与天，就《庄子》书论之，皆指此大化之体之外在者而言也。独与真与神，则亦指此大化之体之内在而呈现于心知者言。故《大宗师》又曰：

> 彼特以天为父，而身犹爱之，而况其卓乎？人特以君为愈乎己，而身犹死之，而况其真乎？

郭象注："卓者，独化之谓。"今按：真字卓字皆从匕，皆指化。此化体，虽若在外，而实亦得之于己，而可以内在心证者。《齐物论》所谓"若有真宰"，又曰"其有真君存焉"，此真宰真君，则皆指此独化之体，即所谓"卓"者之内在于吾身者也。所谓见独，即指见此卓，见此真。人心之有知，常以知外在之物。人若能外于心知而知，知于其内在己身之独化，斯能见于此内在之真君与真宰，如是始谓之见独，始得谓之真人与神人也。人若能精于用心，外忘一切，而惟此真君真宰之为见，惟此独与卓之化体之内在于吾身者之为见，则所见无内无外，惟此一化，惟此一独。既已浑忘内外，而所知达于此惟一之独体，则所知亦即是此大化也。如此则自然不见有所谓外物之害己。用心工夫至此，则可谓精而达于神矣。大凡《庄子》内篇精字与神字义，当分别说之，具如上所述。

三 《庄子》书言精神二字与
儒家言齐圣二字之比较义

而余考《庄子》书言精神二字义，有可与儒家古经典之言齐圣二字义，比较阐说者。《国语·周语》："其君齐明衷正"，注："齐，一也。"精训精一，齐训齐一，两字义训，正可相通。人能用心齐一则明，故连文曰齐明。《荀子·脩身》篇："齐明而不竭"，《戴记·中庸》："齐明盛服"，皆齐明二字连用。又《戴记·祭统》："齐者，精明之至也。"又《北堂书钞》九十引《白虎通》："齐者，言己之意念专一精明也。"则儒书之用齐字，岂不正犹庄周书中之用精字乎？

《诗·小宛》："人之齐圣。"左文二年传："子虽齐圣，不先父食。"左文十八年传："齐圣广渊，明允笃诚。"皆齐圣连文。盖圣有通义，有明义，古训心智通明为圣。惟其能用心齐一，故能使其心智达于通明之境。故儒书言齐圣，虽亦两字连文，实有齐故能圣之涵义，即犹庄周书之精而达于神也。惟庄周不喜用圣人字，而特言神人，此则与儒家异耳。

又按：古不用斋字，凡斋祭字即作齐。齐者先祭之名，亦指当祭之时。凡人遇祭，必用心专一，乃可当神意，乃可与神通。故孔子亦曰："出门如见大宾，使民如承大祭。"盖此等心境，尚可人神相通，则宜可人与人相通，故孔子以之说仁也。而《庄子》书亦屡言齐。《应帝王》，"季咸语列子，子之先生不齐，吾无得而相焉。试齐，且复相之。"《人间世》，"孔子语颜回，齐，吾将语若。颜回曰：回之家贫，惟不饮酒，不茹荤者数月矣。曰：此祭祀之齐，非心齐也。回曰：敢问心齐？孔子曰：一若志"云云。此庄子亦喜言心齐之证也。故庄子虽不如儒家之重祭祀，而实深有会于孔子如承大祭之旨。故庄子虽言虚不言敬，言精不言诚，而要其渊旨，则亦远承孔门而来。《人间世》之寓言于孔子颜回之问答者，在庄周固非苟为荒唐之辞也。昔宋儒吕与叔有诗云："独立孔门无一事，只输颜氏得心斋。"清儒陈兰甫讥之，谓其误以庄子寓言，为孔颜之学。自今论之，庄周与孔颜不同道，此无足辨者。然若谓两家言思，绝无相涉，此亦决非当时实况也。

惟其齐之心境，其最初所指，乃为先祭当祭时之一种心境，故古人常以诚敬训齐。《礼记·祭义》："齐齐乎其敬也。"《国语·楚语》："齐敬之勤。"《诗·洞酌》："齐絜之诚。"《诗·采蘋》："有齐季女。"传："齐，敬也。"凡此，皆古人以齐训诚敬之心情之证也。又《汉书·郊祀志》："齐肃聪明。"注："齐肃，庄敬也。"此言人心能庄敬，则自聪明，犹言人能用心齐一精一，则自聪明也。聪明则乃圣乃神矣。凡古人言圣与神，则莫不举其聪明而言之也。又《礼记·孔子闲居》："圣敬日齐。"凡此所言齐敬与圣，亦可谓皆指一种诚敬明通之心境言也。

然则儒家言齐，庄子言精，其同指一种用志专壹，必敬必诚之心境可见矣。惟儒家由此以希达于圣，庄周由此以希近乎神，此则其异耳。又儒家常本祭祀言之，而庄周特转以言日常，此则又其异。故庄子虽言虚不言敬，言静不言诚，而庄周之学，无害其与儒学有渊源，而又从儒学一转手，其痕迹固宛尔可指矣。至宋儒言敬字，尊以为进德入圣之门，此亦所谓没九重渊下，探骊龙颔，而得其明珠也。而清儒以门户之见，并此而求树异，则安在其为能深通于古训乎？

四 《老子》书精字义

今请继此而言《老子》书。《老子》书中言精字，乃与《庄子》内篇所言绝相异。《老子》曰：

> 道之为物，惟恍惟惚。惚兮恍兮，其中有象。恍兮惚兮，其中有物。窈兮冥兮，其中有精。其精甚真，其中有信。自古及今，其名不去，以阅众甫。吾可以知众甫之状哉？以此。

盖《庄子》内篇言精字，特指其内在于人之心知言。乃为心知状态之一种形容词。粗略言之，则仅指一种心志之专一运用尔。至《老子》书言精字，乃始引而外之，不指心知，而指此大化之精气。虽就道家言，内外固可以合一，而老庄两家之所从言之者，则显然有异矣。夫老庄所谓道，亦指此天地万物一气之化之运行不息者而言之耳。此乃为老庄之所同。然即就气言，其间亦有别。故在《庄子》内篇，有言一气者，有言六气者。《老子》书始言及气之精。彼所谓其中有精者，精即一也。天地万物皆属一气，而此气则亦已在大化中，而不胜其万殊之致矣。惟其一气之最先，当其在成化之始，则有其大相同合一而更不可分别者在，是即老子所谓之"其中有精"也。是知《老子》书中精字，仍作一义解，惟已不指用心之一，而改指气体之一，即此大气之内质之一，因谓其引而外之也。庄子重言心，老子重言气，亦可谓庄子所重在人生界，老子所重在自然界，故庄子精字多应用于人生论，而老子精字则应用于宇宙论。即老子之言其精甚真，其中有信云云，此真与信二字，亦改以指自然界。此则老子之所由异于庄周也。

《老子》书中精字，若再以之移入于人身，则亦不为精心精思，而仍为精气。《老子》又曰：

> 含德之厚，比于赤子。蜂虿虺蛇不螫，猛兽不据，攫鸟不搏，骨弱筋柔而握固，未知牝牡之合而全作，精之至也。

此精字即指精气言。赤子之所最先呈现者，多属行动，不属心知，故为精气，而非精心。此种精气，则乃指人之最先所禀受于大化者，故又谓之德也。《荀子·赋》篇有云：

> 血气之精也，志意之荣也。

所谓血气之精，即承《老子》书中精字义。《易大传》亦云：

> 精气为物。

又曰：

> 天地絪缊，万物化醇，男女构精，万物化生。

亦皆承此精字义也。此等精字之用法，皆属后起，当与《老子》书相先后，在《庄子》内篇，则并不见此精字之用法也。下至宋儒，又言心属气，则会通老庄，而承袭老子之意为多矣。

《庄子》书中之外杂篇，当尤晚出于《老子》，故其承用《老子》此精字义者乃极多。如《胠箧》云：

> 上悖日月之明，下烁山川之精。

《天运》同有此语。《在宥》云：

> 吾欲取天地之精，以佐五谷，以养民人。

此皆谓精气也。又云：

> 至道之精，窈窈冥冥。

此语显然袭自《老子》，所谓窈兮冥兮，其中有精也。又曰：

> 愿合六气之精以育群生。

六气之精，即天地之精也。天地万物皆由此精生。此一精字，后人又谓之元气，盖指气之最先，所谓混元一气者是也。又《秋水》：

> 可以言论者，物之粗也。可以意致者，物之精也。

又《刻意》：

> 形劳而不休则弊，精用而不已则劳。

此处形精对文，形即指物之粗，精即指物之精。则此精字所指，亦属气，不属心。《达生》云：

> 弃事则形不劳，遗生则精不亏。形全精复，与天为一。

形全精复之精，亦指气，不指心。《庄子》外杂篇之承自《老子》而所为异于庄周者，亦据此可见矣。

《达生》又曰：

> 形精不亏，是谓能移。精而又精，反以相天。

凡言形精，皆分指气之精粗，与分言形神，乃指形体与心神者不同。《知北游》有云：

> 形本生于精。

《天下》篇亦云：

> 以本为精，以物为粗。

凡以上所引诸精字，皆本原于《老子》书，故皆指精气言，皆非《庄子》内篇所有。而所谓精者，乃指一种太始混元之气，为万化之所本，亦可据文而自显矣。

五 《老子》书言神字义

今再继续述及《老子》书中之神字。今按：《庄子》内篇言精，仅旧谊，仅常训，而其言神字义，则多庄子所新创。至老子则正相反。《老子》书中言精字，皆新创，非旧义。而《老子》书中言神字，则转属旧谊，均是旧传鬼神之常解。故在其书中，并不见鬼神义之重要。此因老子思想，主要用意，在为此宇宙界自然现象籀出一运行变化之大例，而使人生得循此大例为法则。既有大例可寻，即无可谓之神。故无论于自然界，于人生界，就老子思想言之，皆不重视一种所谓神的境界也。

老子曰：

> 天得一以清，地得一以宁，神得一以灵，谷得一以盈，万物得一以生。

此神字明属鬼神之旧谊。老子意，谓天地间神之所以灵，亦由于得此一，一即道也，亦可谓即是此精气也。故老子宇宙论中之所重在此道，即在此精气运行变化之大例，而并不重在神。天地之间固为有神，抑无神乎，在老子意，固可勿深论。故老子又曰：

> 谷神不死，是谓玄牝。玄牝之门，是谓天地根。绵绵若存，用之不勤。

此处谷神二字，据上引一条证之，则谷训川谷，常动不竭，神训鬼神，灵变无方。天地间万事万物，可一语而尽之者，亦曰常动不竭，灵变无方而已。故曰谷神不死也。后人误解此谷神二字作一义，则失之矣。今试问：谷与神何以能不死？则因其皆有得于此一也。此所谓一者，即是生化万物之本也。故谓之玄牝。牝是物所由生，玄者，远而无所至极义。玄字又作元，元者，原始最先义。原始最先，即远而无所至极也。最先万物之所由生，则谓之元牝也。故又谓之天地根。天地根亦即谓天地之所由生。天地之所由生，即犹谓万物之所由生耳。故知此处神字，亦属旧谊。惟老子以谷与神并称，则老子心中之神，已异乎相传鬼神之神矣。此犹之乎老子以天与地并称，知老子心中之天，亦异乎相传天帝之天也。要之，《老子》书中神字，决不指心知言，而特以指精气言。天地间惟此最先之混元一气，最为神变无方，可以化生万物，故谓之为神也。

老子曰：

> 以道莅天下，其鬼不神。非其鬼不神，其神不伤人。非其神不伤人，圣人亦不伤人。

此处鬼神字仍是旧谊。因老子所重只是道，惟道始能神鬼神帝，生天生地，则帝鬼天地，仅皆循于道而始得为帝鬼天地者。故帝鬼天地，自亦无所谓神之可言矣。

老子又曰：

>　天下神器，不可为也。

此处神字仅是活用，乃一形容词，更无重要意义可说。故知在老子思想中，实无神之重要地位存在。

六　《庄子》外杂篇中精字神字及精神字连用义

继此再论《庄子》外杂篇中之神字。《庄子》外杂篇，尤晚出于《老子》，故多糅杂老庄以为言，而犹有可以分别指出者。如《在宥》云：

>　故君子苟能无解其五藏，无擢其聪明，尸居而龙见，渊默而雷声，神动而天随，从容无为，而万物炊累焉。

此处神字，即指人之心知而谓之神也。又曰：

>　无视无听，抱神以静，形将自正。必静必清，无劳女形，无摇女精，乃可以长生。目无所见，耳无所闻，心无所知，女神将守形，形乃长生。

此处神形对文，形属外，神属内。显见神指人之心知。惟人能不用其心知者，始谓之神。而谓心无所知,则实不如内篇云"一知之所知而心未尝死"之明白的当。凡外杂篇下语,较之内篇,细密允惬皆不如,可以此为例。又此处形精对文,此精字则承袭于老子,形指人身之粗迹言,精则是此粗迹之所由形之最先本质也。本节显然为一种长生之说,而糅杂会合于老庄两家之说而成者。又曰:

> 堕尔形体,吐尔聪明,伦与物忘,大同乎涬溟。解心释神,莫然无魂。

此处心神互用,又神魂互用,是又显然以神指人之心知者。惟人心之用,每见其能视听,有聪明,而神则指此能视听有聪明之体,而又能妙乎视听聪明之用者。

又《天地》云:

> 视乎冥冥,听乎无声。冥冥之中,独见晓焉。无声之中,独闻和焉。故深之又深,而能物焉。神之又神,而能精焉。

此一节显然与本文上所阐述之庄子意,由于人之能精一其心知而达于神之境界者,语意正相反。此文乃谓神之又神而能精,此神字即指视乎冥冥,听乎无声,见晓闻和之一种心知境界而言也。必其心知能达此境界,而后能与天地之精气相诉合,此精字乃承袭《老子》书，指气言，不指心言。神之又神而能精，乃由人生之心知修养而诉合于大自然，与深之又深而能物对文。郭象曰："穷其原而后能物物。"能精者，乃能物物之更深一层，因精即是物之原也。故知此处精字乃承袭《老子》，《庄子》内篇则并无此精字义，而《庄子》外杂篇之尤必晚出于《老子》书，其为会通老庄两家之说以为说之明证，亦即由此可见矣。

《天地》篇又云：

> 物生成理谓之形。形体保神，各有仪则，谓之性。

寻此条之义，神者，即指人之心知，乃物生成形以后而始有。惟其心知之各有其仪则，乃成为物物各具之个性。则就大自然之演化进程言，必先有精，乃后见有神，亦可知矣。

《天地》篇又曰：

> 有机械者必有机事，有机事者必有机心。机心存于胸中，则纯白不备。纯白不备，则神生不定。神生不定者，道之所不载也。

此处神字，亦显指人心之纯白之体言。而人心纯白之体，则由其用心之精一而显。用心精一，心体纯白，而后乃可以载道,此一层则已于上文阐述之。

又曰:

> 汝方将忘汝神气,堕汝形骸,而庶几乎?

此处神形对文,神仍指心知。然心知可忘,神气则不可忘,此亦外杂篇下语未尽精圆之又一例也。又曰:

> 执道者德全,德全者形全,形全者神全,神全者,圣人之道也。

此处列德于形之前,列神于形之后,此德与神之分别也。若勉强为之作一比方,则犹如宋儒言性与心之分别也。宋儒意,谓性赋于成形之前,而心则见于成形之后。犹此处指德在于见形之前,而神则在于成形之后也。故知此处神字,仍指人之心知言,显然为承袭《庄子》内篇七篇义而来,与《老子》书无涉。惟德字义则袭自《老子》。

《天地》篇又曰:

> 明白入素,无为复朴,体性抱神,以游世俗之间者,汝固将惊耶?

外杂篇常以性与神互言之,亦见神之所指属于心知矣。此犹如宋儒，虽心性分言，亦常心性并言也。又曰：

> 愿闻德人。曰：德人者，居无思，行无虑，不藏是非美恶，……此谓德人之容。愿闻神人。曰：上神乘光，与形灭亡，此谓照旷。致命尽情，天地乐而万事销亡。万物复情，此之谓混冥。

此条神人，若又越出于德人之上。与前条所引，列德于形前，列神于形后者正相反。外杂篇中多有文理相乖背，其精粹不能与内篇相比并者，遇此等处，可无烦一一强说以求通。故唐韩愈氏谓贵于能识古书之真伪也。

《天道》云：

> 圣人之静也，……万物无足以挠心，故静也。……水静，犹明，而况精神，圣人之心静乎？天地之鉴也，万物之镜也。

此条始见以精神连文。然精神二字，若论其最先使用，则固各有所指，不当混并为一以说也。先秦各家思想，其间自有浅深高下，《庄子》外杂诸篇，断不能与老庄两家平等同视，而《天道》篇尤后出，清儒姚鼐谓此篇中有汉人语，是也。学者遇此等处，当分别而观，不得见此有精神连文，遂疑我上所辨析，以为古人固有精神二字连用作一义者，而转疑我所分别解释之非也。抑此条明以精神为圣人之心。则此处精神二字，尚犹指人之心知言。用心精一，而使心知达于神明，斯为圣人矣。此种心知境界，分析言之，不外曰虚，曰静，曰壹，曰清明。《荀子·解蔽》篇有云：

> 人何以知道？曰心。心何以知？曰虚壹而静。……虚壹而静，谓之大清明。
>
> 心者，形之君也，而神明之主也。
>
> 人心譬如槃水，正错而勿动，则湛浊在下，而清明在上，则足以见须眉而察理矣。微风过之，湛浊动乎下，清明乱乎上，则不可以得大形之正也。

此亦显以神明属心知之证也。《大学》致知格物之说，正从荀子此文来。格物者，格，正也。即此处所谓得大形之正也。《大学》说知止与正心，即此文所谓正错而勿动也。此为秦汉间儒道两家论内心修养工夫之共同相似处，正犹孟庄同时，其言内心修养工夫，亦复有许多共同相似处也。而此文"精神圣人之心"一语，乃更为此后晚明儒家所乐道。即所谓"心之精神是为圣"是也。然则儒道两家论内心修养工夫，正不断有许多相通处，此一层，甚值得吾人之细为研讨，惟非本文范围，暂置不深论，而姑为揭示其纲要焉。

《天道》篇又云：

> 此五末者，须精神之运，心术之动，然后从之者也。

此亦精神连文，亦明以精神指心术。大抵如此精神连文，正可只当作一神字看。此因中国文字，本多用单字，沿用不慎，便往往变成两字连文。如性命二字，本亦所指各异，而《庄子》外杂篇亦多以性命连文，混作一词矣。

《天道》篇又云：

> 形德仁义，神之末也。非至人孰能定之？

此谓仁义诸行，皆由人心之神明而有，故神明是本，仁义是末也，然谓形德仁义，并是神之末，则又为不辞。依老子，形德当先在。依庄子，神当属后起。当知外杂诸篇，本不可逐字逐句仔细推求。读者能深通《庄子》内篇与《老子》书，则自能鉴别外杂篇下语之高下深浅得失矣。若一一死于句下，又于各书皆平等视之，认为处处可以合一相通，则决非善读书者。又按：《大学》开首即言明明德，明德二字，显亦采用及道家义。德指人生之最先所得。明形容德字，却涵有心知神明之义。故可谓明德者，亦即指人心之神。明明德，即是由于人心之神而益明之也。《大学》一篇，疑兼庄荀之学而成书，而《庄子》外杂篇，则有出《大学》成书之前者。

《天地》篇又云：

> 外天地，遗万物，而神未尝有所困。通乎道，合乎德，退仁义，宾礼乐，至人之心，有所定矣。

此显以神为至人之心，犹是沿袭《庄子》内篇之原意也。《大学》云：

> 知止而后有定，定而后能静，静而后能虑，虑而后能得。

止与定与静，此等用心工夫，实皆本诸道家。而《天地》篇此条，所用神字，即是其心之能达于知止知定知静后之一种境界也。惟儒家不言神，又不主宾退仁义与礼乐，此为儒道两家思想一大分歧。然论其所以运使心知以达于精一神明之境者，则两家固有其相通，即后来宋明儒，亦莫能自外，而其大体则可谓多有远承庄周而来者。故余谓庄周之学亦有得于孔门颜氏之传，学者当于此等处深阐之。若必尊《大学》为圣经，斥《庄子》为外道，此则拘缚于一家之旧说，实为未能开廓心胸，与议夫古者学术思想交互影响之大体也。

《天运》篇又云：

> 涂却守神。

此即《达生》篇所云其神无却义。《刻意》云：

> 平易恬惔，则忧患不能入，邪气不能袭，故其德全而神不亏。

忧患不入，邪气不袭，即无却也。此处亦德与神分言，德属先天，神属后天，保持先天故曰全，善养后天故曰不亏也。故曰：

> 其寝不梦，其觉无忧，其神纯粹，其魂不罢。

此处神字亦显指心知言。今俗犹云神魂颠倒，犹之云心知之错乱不定也。故曰：

> 纯粹而不杂，静一而不变，淡而无为，动而以天行，此养神之道也。

此所谓养神，亦显指养心神言。亦可谓是养其心知之

明白纯粹之体也。故又曰:

> 夫有干越之剑者,柙而藏之,不敢用也,宝之至也。精神四达并流,无所不极,上际于天,下蟠于地,化育万物,不可为象,其名为同帝。纯素之道,唯神是守。守而弗失,与神为一。一之精通,合于天伦。

此处又是精神二字连用,然亦显指心知言。孟子曰:"尽心知性,尽性知天",后代宋明儒陆王一派主心即理,又曰"良知即天理",此篇所谓精神乃同帝,亦谓以心之精神上合于天也。此篇或兼言精神,或单言神,可见精神连文,亦犹如单用一神字。至《中庸》之书,则不用精神字,而转用鬼神字。其言曰:"鬼神之为德,其盛矣乎? 视之而弗见,听之而弗闻,体物而不可遗。洋洋乎如在其上,如在其左右。"犹即此文所谓精神四达并流,无所不极,上际天,下蟠地,化育万物,不可为象也。然此文精神字,若诚指人之心知言,则心知流通,固可以无所不极,然又何以能化育万物乎? 孟子只言尽心知性而知天,亦未尝谓心即同天也。若谓心能化育万物,求之中国古代思想,固无此义。当知《刻意》篇此节,已羼入老子意,此处精神连文之精字,所指者,不仅是心知之纯粹而精一,乃兼指《老子》书其中有精,其精甚真意。若详说之,亦可谓人心之明与神，本由此大气之元精而来，故曰，一之精通，合于天伦。郭象注："精者，物之真也。"《淮南》一之精通作"太一之精"，是谓太一之精为物之真，语意更显。亦可见此处精字，已兼涵《老子》书中精字义言之也。然若如此而言，则不仅人心有精神，即天地大自然一切万物，亦复莫不有精神，而人心之精神，即由天地大自然一切万物之精神来。此一转变，则尤所谓引而外之之尤者。而晚周儒家，每喜言此。《荀子·赋》篇："广大精神，请归之云。"杨倞注："至精至神，通于变化，唯云乃可当此。"杨注甚得当，此虽精神二字连用，实为两个形容词，尚不谓天地间有此精神存在也。至《小戴记·聘义》乃曰："精神见于山川"，则真若天地间有此一种精神之存在矣。《祭法》亦云："山陵川谷，能出云，为风雨，皆曰神。"此等神字，亦转成实用。《老子》书本不重言神，《庄子》内篇神字，仅指人生界，而歧趋所极，遂以宇宙为至神，遂谓宇宙间乃有一种精神存在，此在《庄子》外杂篇，始见此歧趋，而晚周儒家言，亦同有此歧趋矣。

《刻意》篇又曰：

> 贤士尚志，圣人贵精。故素也者，谓其无所与杂也。纯也者，谓其不亏其神也。能体纯素，谓之真人。

此处所谓纯素,即精一也。圣人贵精,即贵此纯素,故能不亏其神。此所谓纯气之守也。则本篇上文所谓守神,即是守此纯素之气。然则此篇言神字,显亦有歧义。所谓歧义者,谓其转移所指,转以神字指天地自然耳。姚鼐亦谓《刻意》篇乃汉人之文,殆信。而《中庸》之言鬼神,显已杂有老庄道家之说,亦由此可证。

《田子方》有云:

> 夫至人者,上窥青天,下潜黄泉,挥斥八极,神气不变。

此处以神气连文,不仅《老子》书未有,亦《庄子》所不言也。惟外篇《天地》有之,曰:"忘汝神气。"神与气连文,是神亦指气言矣。然孟子曰:"志一则动气,气一则动志",则气定可使神定,神定亦可使气定。此神气神字仍可指属心,惟断不指心之明知言。此等皆是外杂篇中用字有歧义,治老庄思想者,不可不于此等处细辨之也。

《田子方》又云:

> 古之真人,……死生亦大矣,而无变乎己。……若然者,其神经乎大山而无介,入乎渊泉而不濡,处卑细而不惫,充满天地,既以与人己愈有。

此处神字与上条同，可谓是指神气，然亦可谓仍是指心知。由于用字涵义之歧，即可证思想观念之变，则《庄子》杂篇，虽有失庄老之原旨，而治道家思想者，于此实不可不深细注意矣。

《知北游》：

> 今彼神明至精，与彼百化。

此以神明连至精字，亦袭《老子》，我所谓引而外之，即人心之神明亦在外，即上文所阐天地亦有精神之说也。又被衣之告啮缺曰：

> 若正汝形，一汝视，天和将至。摄汝知，一汝度，神将来舍。

此谓神将来舍，犹内篇《人间世》之鬼神将来舍也。然此文上言天和将至，是亦可谓天地间纯和之气，神明之精，将来入汝心，则此亦引而外之也。又老聃之告孔子曰：

> 汝斋戒疏瀹而心，澡雪而精神，掊击而知，夫道，窅然难言哉！

此条又是精神连文，而与心知并言，则此所谓精神者，仍指人之心知也。一篇之中，所指忽内忽外，此皆晚出之篇之自涵歧义，不能即据庄老原书为说也。又曰：

> 夫昭昭生于冥冥，有伦生于无形，精神生于道，形本生于精。

此条又以精神与精字分别言之。陆长庚曰："精神之精，即道家所谓先天之精，清通而无象者也。形本之精，即易系所谓男女构精之精，有气而有质者也。"今按：陆氏此辨，亦似未的。形本所由生之精，即先天之精也。然则所谓精神生于道者，此精神又何指乎？凡此皆后起之说，殆以《知北游》作者当时，已多以精神字连用，此非由思想上之确有所见来，实由文字上之沿用歧误来也。若必确切言之，似当谓精气生于道，形本生于精，始为得之。然纵谓精气生于道，亦已非庄老之原旨矣。

《庚桑楚》：

> 欲静则平气，欲神则顺心。

此尤见神之出乎心。故郭象曰"顺心则神功至"也。

《徐无鬼》篇，无鬼见武侯，曰：

> 劳君之神与形。

神形连文对称，神指心言。故曰：

> 君独为万乘之主，以苦一国之民，以养耳目鼻口，夫神者不自许也。夫神者，好和而恶奸。

此犹谓心不自许也。故又曰：

> 杀人之士民，兼人之土地，以养吾私与吾神者，其战不知孰善，胜之恶乎在。

此私犹谓欲，神犹谓心。《外物》：

> 知有所困，神有所不及。

此亦神知连文互举，神即知也。《列御寇》：

> 小夫之知，不离苞苴竿牍，敝精神乎蹇浅。

此尤显然即以精神指心知也。故又曰：

> 彼至人者，归精神乎无始，而甘冥乎无何有之乡。

归精神乎无始，犹云游心于物之初也。故又曰：

释道家精神义　247

> 受乎心，宰乎神，夫何足以上民。

此处神字，特亦心字之异文耳。故又曰：

> 明者惟为之使，神者征之。夫明之不胜神也久矣。而愚者恃其所见，入于人，其功外也，不亦悲乎！

此处乃辨析明与神之异。明者，指心之有所照见，神者，指其所照见之无不征，即其心所照见之必有征验应效于外也。今试问人心之明何以能如此？则正因其有神者以为之主宰耳。儒家重思重知，为由人以达天。道家重神重明，为由天以达人。而将此神明二字，连文比说，其事尤晚出于庄老，而始见于《庄子》之杂篇。若就后起之体用观念言，则是神为体而明为之用也。故知外杂篇思想，亦有承庄老而益进益细焉者，不得谓外杂篇语皆于庄老之说仅有承袭而无所推进也。

《天下》篇有云：

> 神何由降？明何由出？圣有所生，王有所成，皆原于一。不离于宗，谓之天人。不离于精，谓之神人。不离于真，谓之至人。

此问明何由出，人心之明，乃出乎人心之有神，人心之至明至灵者，是即人心之神也。又问神何由降，此降字犹降衷之降。是谓人心神明皆降由于天也。而曰不离于精，谓之神人，是乃谓由于天地之精气而始有此人心之神明也。又曰：

> 古之人其备乎！配神明，醇天地，育万物，和天下。

此则引而外之，似谓天地间先有此神明之存在矣。谓天地间先有此精气，与谓天地间先有此神明，此其意想又有别。庄老本意，实未及此。又曰：

> 一曲之士，判天地之美，析万物之理，察古人之全，寡能备于天地之美，称神明之容。

此神明之容，即天地之美也。然则此非谓天地间本有此一神明之存在乎？《天下》篇作者，其意盖似以神属天，明属地。引神明而外之，谓神明在于自然界，先人生而有，庄老原义，非有此也。又曰：

> 以本为精，以物为粗。

此精字则仍袭《老子》书。其言关尹老聃，则曰：

释道家精神义

>天地并与，神明往与！

此皆显以神明属外在，分配天地，并以神属天，明属地，盖晚周《小戴记》诸儒已有说天地为神者，此乃后起儒家，会通老庄之自然义，而特以神明说自然。今《天下》篇作者，又据儒义会通于道家言，故所说转后转歧，则显见《天下》篇之更为晚出也。

凡《庄子》外杂篇言精字，言神字，乃及精神二字连用为一名词者，本文已一一为之分疏。其间有承袭《庄子》内篇而来者，亦有承袭《老子》书而来者，亦有会通老庄之说以为说者，复有会通后起儒家言而转以之说老庄者。其为说不一，其间有高下，有深浅，有得失，殆未可混并合一而确然认其为是一家之言也。外杂各篇之作者，既难分别详考，其各篇成书时代之先后，亦无法分别详定。姑分疏其大概，以待治道家思想之异同演变者细辨焉。

上论《庄子》外杂诸篇言精神字，有两义当特别提示者。一为精神两字之连用，此在《庄子》内篇与《老子》书皆无有。庄老书中，精神两字，义各有指，不混并合用也。二则为精神两字之所指，始益引而向外，渐以指天地外在之自然界，此在《老子》书已开其端，而外杂篇则尤显，至《庄子》内篇则并无此义。故就精神两字之使用言，即可知《庄子》内篇成书最在前，老子较晚出，而《庄子》外杂篇更晚出，思想演变之条贯，决当如此说之，更无可疑也。

七 《管子》书《内业》《心术》言精神义

《庄子》外杂篇而外，《管子》书亦多道家言。《汉书·艺文志》即以管子列道家。宋儒黄震有言："管子书，似不出一人之手，《心术》《内业》等篇，皆影附道家。"黄氏此辨，其识卓矣。或以《白心》篇与《心术》《内业》齐称并举，则非其伦也。大抵《内业》最粹美，《心术》上下次之，而《白心》最下，语多歧杂，不足深究。兹再节引《内业》篇述及精神字者略说之。

《内业》曰：

> 凡物之精，化则为生。下生五谷，上为列星，流于天地之间，谓之鬼神。藏于胸中，谓之圣人。

此以鬼神为天地间之精气，与《小戴记·中庸》诸篇陈义略同。其曰藏于胸中谓之圣人，则仍近庄子义。

> 是故，此气也，不可止以力，而可安以德。……敬守勿失，是谓成德。德成而智出。

此处用德字，较近庄子义，而与《老子》书为远。至曰德成智出，则犹云德全而神全也。又曰：

> 天主正，地主平，人主安静。……是故圣人与时变而不化，从物迁而不移，（迁字从许维遹校增。）能正能静，然后能定。定心在中，耳目聪明，四肢坚固，可以为精舍。精也者，气之精者也。

此用精字义，承袭老子。其曰定心在中，可以为精舍，略与庄子所谓纯气之守相似。惟庄子仅用气字，而老子始改用精字，故知《管子·内业》，尤出老子后也。至其用定字，亦晚出之证。又曰：

> 凡心之形，过知失生。一物能化谓之神，一事能变谓之智。化不易气，变不易智，惟执一之君子能为此。形不正，德不来。中不静，心不治。正形摄德，天仁地义，则淫然而自至。神明之极，照知万物。……

此亦以神属气，盖心智不即是神，必能刳心智而达于纯气之守，其心智乃跻于神也。又曰：形不正，德不来，此又引德而外之，与老子之言德复异矣。庄老之谓成家之言，此之谓杂引之说，此治先秦思想者所必当明辨也。又曰：

> 不以物乱官，不以官乱心，……神自在身。

孟子曰："心之官，则思。"是心亦官也。荀子始以耳目为天官，心为天君。此云不以官乱心，出荀卿后。至神自在身之语，则神仍指心知言。又曰：

> 敬除其舍，精将自来。精想思之，宁念治之，严容畏敬，精将自定。……定心在中（定字从陶鸿庆校改，本作正），万物得度。
>
> 精存自生，其外安荣，内藏以为泉源，浩然和平，以为气渊。

此处又改用精字，可见其混并老庄以立说。此即见家言与杂说之不同也。学者若不深究老庄，明其本原，而即据本文以为解，则鲜不有歧途忘羊之苦矣。又曰：

> 心全于中，形全于外……谓之圣人。人能正静，皮肤裕宽，耳目聪明。……鉴于大清，视于大明，敬慎无忒，日新其德，遍知天下，穷于四极。
>
> 搏气如神，万物备存。……思之思之，又重思之，思之而不通，鬼神将通之。非鬼神之力也，精气之极也。四体既正，血气既静，一意搏心，耳目不淫，虽远若近，思索生知。

释道家精神义

观此知《内业》作者仍重思，则是会通儒义，而非专本于道家言也。《心术》篇亦云：

> 意以先言，意然后形，形然后思，思然后知。

此亦言思索生知也。其重思，与内业略似，此皆会通儒道以为言也。《内业》又曰：

> 凡人之生也，天出其精，地出其形，合此以为人，和乃生。充摄之间，此谓和成。精之所舍，而知之所生。

此二精字明承《老子》。今试总述上引之要旨，则大体不越三端。一曰形本生于精，此《老子》义。二曰敬守此气之精而弗失，则心知自神明，此近庄周内篇义。三曰心知神明，则物理天则皆于以见，此则旁采荀子儒家义耳。

《心术》篇亦云：

> 世人之所职者精也。去欲则宣，宣则静矣。静则精，精则独立矣。独则明，明则神矣。

此处尚是精神分言。人生由于禀怀此天地之精气，此承老子义，故曰世人之所职者精也。职，守也。得而守之之谓也。由精见独，由独生明，由明达神，此皆庄周内篇义，是此条精字义可两歧，一指精气言，一指精心言。要之则精在先，神在后。精属天，神属人。沿及后世，尚言精明神明，可见所谓精神者，皆言人心之明知。而心神之用本由形体而立，形体则由精气而生，《心术》篇此条，可谓会通老庄，犹未失道家本义也。

八 《吕氏春秋》言精神义

晚周之季，吕不韦入秦，招宾客著书，荟萃百家，故其书亦多道家精义。其《知人》篇有曰：

> 无以害其天，则知精。知精则知神。知神之谓得一。凡彼万形，得一后成。

此亦以精属天，神属人。凡人能无害其天，则知其精矣。此处知精，略犹如庄子之所谓见独。是精字亦可谓属人。凡此皆混并老庄，故有歧义存在也。知精然后知神，知神者，心知神明，亦犹庄子之所谓朝彻也。朝彻而见独则得一，一指道言。万形得道以成也。

《吕氏》又特有《精通》《精谕》两篇，其言精字，皆袭道家义。《精通》之言曰：

> 人或谓兔丝无根，非无根也，其根不属，伏苓是也。慈石引铁，或引之也。……圣人……以爱利民为心，号令未出，而天下皆延颈举踵矣，则精通乎民也。攻者砥厉五兵，……发有日矣，所被攻者不乐，非或闻之也，神者先告也。身在乎秦，所亲爱在乎齐，死而志气不安，精或往来也。

此处用精神字，皆显指心知言。心知属于气，有气之精者为之根，故虽心知之见于人者有分隔，而仍可以相通。此精气则知根也。此知根之呈见于心知之分别体者曰神。故精神字虽时可互用，而遇分举，则涵义各别，必当明辨，不可相移易。如神者先告也，精或往来也，若精神字互易用之，云精者先告，神或往来，虽亦未尝不可，而究不如原语之恰当贴切矣。

《精通》篇又曰：

> 养由基射兕中石，矢乃饮羽，诚乎先也。伯乐学相马，所见无非马者，诚乎马也。

此言养由基之射，伯乐之相马，皆艺也。此犹《庄子》书中言庖丁之解牛，痀瘘丈人之承蜩也。凡用心专一者，精之至，即诚之至。《庄子》始用精字，《荀子》《中庸》承其意而转用诚字。《荀子》成书，固已稍后于《老子》，而《中庸》之成书，亦必晚出于《老子》可知矣。故《中庸》曰："诚者天之道。"即犹《老子》书之以精属天也。精一诚一，若指人事，则皆指用心专一也。故后人亦合言精诚。然则《中庸》之言诚与明，犹之老庄道家之言精与神。精则神矣，神则精矣，此犹《中庸》所谓诚则明，明则诚也。吕氏宾客深知儒道两家在此之相通，故乃以诚说精。诚乎马，即精心一意于马也。诚之能尽性，即精之能通天也。诚之能成物，即精之能生化也。则《中庸》之书，乃由道家转手而来，更何疑乎？观乎吕氏宾客《精通》之篇，而可悟《中庸》之言诚明。凡治先秦杂说者，必一一明其词语来源，而会通以说之，此亦治先秦思想一要术也。

《精通》篇又曰：

> 君子诚乎此而谕乎彼，感乎己而发乎人，岂必强说哉？……故父母之于子也，子之于父母也，一体而分形，同气而异息。若草莽之有华实也，若树木之有根心也。虽异处而相通。隐志相及，痛疾相救，忧思相感，生则相欢，死则相哀，此之谓骨肉之亲。神出于忠，而应乎心，两精相得，岂待言哉？

此谓神出于忠，忠犹中也，衷也。则忠犹诚也。心之忠诚为神之所出，则神指心知，复亦何疑？又曰：两精相得，此不得谓两神相得也。其曰神出于忠，又不得谓精出于忠也。可见精先在，属气，而禀乎天，神后见，属心，而存乎人，吕氏之书，显犹守老庄原义也。

又其《精谕》篇则曰：

> 圣人相谕不待言，有先言者言也。海上之人，有好蜻者，每居海上，从蜻游。蜻之至者百数而不止，前后左右尽蜻也。终日玩之而不去。其父告之曰：闻蜻皆从女居，取而来，吾将玩之。明日之海上，而蜻无至者矣。

此言人与蜻之精诚相通也。盖人与蜻亦皆由天地间之一气相化而成。形属粗，故外若相异。气有至精，故内实相通。谓蜻亦有得于此气之精而生，可也。然若谓蜻亦有神，则失实矣。盖神者，惟人心有之，物不能有。故心属气，而气不即是心，精生神，而精不遽是神也。此精与神之辨，吕氏宾客著书，盖犹知之。故谓其不失老庄原义也。

以上阐释先秦道家言精神义，大体略备。此其说，盖至汉人而变。先秦之与前汉，其间非无思想之相承续，谓中国古代学术思想，至先秦而绝，此乃言之过甚其辞。然谓先秦思想，其发展途辙，既已登峰造极，至汉代而转歧，此则较为得真，请姑举此精神之说以为之例。

九 《淮南王书》言精神义

西汉淮南王刘安，亦召宾客著书，曾专为《精神》篇，其言曰：

> 烦气为虫，精气为人。是故，精神，天之有也，而骨骸者，地之有也。精神入其门，骨骸反其根，我尚何存？

此乃以精神连文，若为一实有。又以精神属天，骨骸属地，此实大违于庄老之原意。如老子说，则精气属于天，由此生形。是形亦属天矣。如庄周说，则神明生于心，心知属人，则神亦属人矣。此义已详阐在前。庄老原书俱在，明证显白，岂有如淮南之所分别乎？若如淮南说，天地又有分别，精神属天，犹谓精气属天也。形骸属地，是精神之与形骸，犹如《易·系传》所谓形上形下之分也。故又曰：

> 夫精神者，所受于天也。而形体者，所禀于地也。
> 夫天地之道，至纮以大，尚犹节其章光，爱

> 其神明，人之耳目，曷能久薰劳而不息乎？精神何能久驰骋而不既乎？

此处用精神字又转属人，谓人之精神受于天，形体受于地，则不如先秦旧谊，谓形由精生，神由精出之允惬。淮南必以天地分言，此殆受易家思想之影响。可谓是汉以后之道家与先秦道家思想间一极大歧趋，此实不得不深辨也。又曰：

> 是故，血气者，人之华也，五藏者，人之精也。夫血气能专于五藏而不外越，则胸腹充而嗜欲省矣。胸腹充而嗜欲省，则耳目清，视听达矣。耳目清，视听达，谓之明。五藏能属于心而无乖，则勃志胜而行不辟矣。勃志胜而行不辟，则精神盛而气不散矣。精神盛而气不散则理，理则均，均则通，通则神。

此言心气得其修养而臻乎神明，用神明字本庄子义。惟以血气五藏分言，则承天地分言之义而来。以天统地，以乾主坤，是为易学与道家义之汇通，此实西汉人之后起义也。

又曰：

> 夫孔窍者，精神之户牖也。而气志者，五藏

之使候也。耳目淫于声色之乐，则五藏摇动而不定，……血气滔荡而不休，……精神驰骋于外而不守矣。精神驰骋于外而不守，则祸福之至，虽如丘山，无由识之矣。使……精神内守形骸而不外越，则望于往世之前，而视于来事之后，犹未足为也。

此亦精神连文，以言人之心知，又以精神与形骸对举，则仍是精神属天形骸属地之一贯义也。又曰：

精神澹然无极，不与物散，而天下自服。故心者，形之主也。神者，心之宝也。形劳而不休则蹶，精用而不已则竭。……夫精神之可宝也，非直夏后氏之璜也。魂魄处其宅，而精神守其根，死生无变于己，故曰至神。

此仍以精神混言人之心气也。在先秦旧籍，精与神有辨，心与气有辨，皆不相混。至《淮南》乃始并言之，如魂魄字本有辨，而此处所云魂魄，亦指魂，不指魄也。此固由中国文字，每易由单字增成复语，而始有此歧。然就《淮南》本书之大义言，则仍是天地分言，精神与形体分言之一贯义也。

又曰：

> 有精而不使，有神而不行……是故其寝不梦，其智不萌，其魄不抑，其魂不腾。……此精神之所以能登假于道也。
>
> 夫癞者趋不变，狂者形不亏，神将有所远徙，孰暇知其所为。故形有摩而神不化。……轻天下则神无累矣。生不足以挂志，死不足以幽神，……若此人者，抱素守精，蝉蜕蛇解，游于太清。

此处形神对言，神可离形远徙，形可磨灭而神可不化。后起之道家义，皆从《淮南》此等处来，不可不深切注意也。

又曰：

> 弃聪明而反太素，休精神而弃知，故觉而若昧，生而若死。终则反本，未生之时，而与化为一体。

心知乃人生以后所有事，弃知而反太素，却反其未生之时，而与化为一体，是仍谓精神可以离形体而独在也。《淮南王书》有外篇，专言神仙事，其实外篇之立论根据，已见于内篇，外篇殆只教人以修为神仙之方法耳。

今综观上引《淮南》此文，有当特别指出者两端：

一为精神二字之连用，二为精神成为天地间之一种先有是也。精神二字连用，在《庄子》外杂篇，如《天道》《天运》《知北游》《徐无鬼》诸篇始有之，而此诸篇皆晚出，或当与《淮南王书》约略相先后，此显然为道家后起之歧义。而《淮南王书》之连用此二字，其违失老庄原义者更甚。如谓精神天之有，骨骸地之有。又曰：精神受于天，形体禀于地。又曰：精神澹然无极，不与物散。寻此诸语，若宇宙间有精神，与形体判然划分而为二。并以精神属天，形体属地，此等分法，在先秦道家固绝无之，盖似受《易大传》之影响也。《易大传》成书，则由儒家受老庄影响而起。淮南宾客，本多治易，乃又援引《易传》，以发挥道家义，而又从此转出神仙思想，则与道家初义绝相背。就《老子》书言之，精属于气，就《庄子》内篇言之，神属于知，即在《庄子》外杂篇，犹多守此旧谊而弗失。则精当属于天地自然，而神则属于人文心知。若谓人文化成，亦当推本于自然，则神由精生，此在《管子·内业》，亦尚能承此宗旨，无大违越也。而《淮南王书》顾独不然。每混同精神为一词，此已不辨庄老著书之原义矣。至其以精神属天，形体属地，则形体似属形而下，精神似属形而上，而精神又若为天地间之一种实有，而继此乃不得不谓由精神引生出形体。此一变，遂以精神字转换了庄老本所使用之道字。今若谓道生万物，则道者即此万物大化之自体，故实无有生万物者。如谓精神生形体，一属形而上，一属形而下，形上者先有，形下者继起，即宇宙分成两重，此实非先秦老庄言道之本义也。后汉许慎用心《淮南王书》，特为作训注，而其所著《说文解字》，遂谓"神，天神，引出万物者也。"此一训释，不仅先秦道家无之，即先秦儒家初亦无此说。必求其原始，则《淮南王书》要为其显然之根据矣。此实考论中国古代思想演进史一极关重大之题目，所当深细研讨者，故特备明先后，而详引之如此。近人遂谓中国为精神文明，不悟其说之无异于为专据《淮南》也。又既谓是精神文明，以与物质相对立，而又并不确守《淮南》神生万物之说，是则近人之言精神，亦复是陷于杂说，非能成为家言也。

谓《淮南王书》主神生万物，其证即在《精神》篇。其开首即曰：

> 古未有天地之时，惟像无形。窈窈冥冥，芒芠漠闵，澒濛鸿洞，莫知其门。有二神混生，经天营地，孔乎莫知其所终极，滔乎莫知其所止息。于是乃别为阴阳，离为八极。刚柔相成，万物乃形。

高诱注：

> 二神，阴阳之神也。混生，俱生也。

谓万物形于一气之化，一气自判为阴阳，谓阴阳之气有其精，此先秦道家旧谊也。在庄周老聃，均不谓神生万物。即《易大传》亦仅谓"阴阳不测之谓神"，是阴阳二气乃宇宙之实有，非谓神是实有也。神者，仅以形容此二气变化不测之一种谓词耳。《说卦传》亦云："神者，妙万物而为言者也。"此妙字亦袭自《老子》，同谓之玄，玄之又玄，众妙之门。则神者乃众妙之谓词，仍非宇宙间所实有也。《大戴记·曾子天圆》篇有云："阳之精气曰神。"此神字仍可谓其属谓词。其形生万物者，乃阳之精气也。故知先秦思想界，均不主神生万物之说。今《淮南》叙二神在先，别阴阳在后，则是先有神，而后有阴阳矣。此一转变，乃适成其为汉人之思想，而所由大异于先秦者。且神既先形而在，则神亦可离形而存。神仙长生之说，必至此乃有其哲学上之根据。当秦始皇帝时，燕齐方士，竞言神仙长生，以歆动始皇帝之心。其说盖至汉而勿衰。淮南宾客中，必多有此辈人参入，尤可想也。汉武帝与淮南王同时，亦甚歆羡于神仙长生。其风盖下迄东汉，自王充以下，迄于王弼、郭象，乃不遵守，重有转变，此亦治中国道家思想者所宜注意也。

一〇　司马谈刘向言精神义

兹粗举《淮南王书》之影响，如司马谈《论六家要旨》云：

> 凡人所生者，神也。所托者，形也。神大用则竭，形大劳则弊。形神离则死。由是观之，神者，生之本也。形者，生之具也。

此与荀子《天论》所谓形具而神生，恰成先后倒置。人必先具形，后生神，此先秦旧谊也。形何以具？则曰形本生于精。精是气。则形气在先，神知在后。而司马谈之说顾反之。谓神者生之本，形者生之具。则形生于神，而且形神可以两离。寻司马谈之说，乃与《淮南王书》如符节之相合。谈固治道家言，然先秦道家实无此等义，有之，则始自《淮南王》。司马谈著论，其果有闻于淮南宾客之说乎，今虽无确证，要之此乃成其为前汉一代人之共同思想，则实不得不特为指出者。或是刘安、司马谈以前，已有此等思想之流布，要之成为文章，见之篇籍，为今之所可备引而确指者，则必举刘安、司马谈两家之说矣。

司马谈之后有刘向，其《说苑·修文》篇谓：

> 积恩为爱，积爱为仁，积仁为灵。灵台之所以为灵者，积仁也。神灵者，天地之本，而为万物之始也。

向修儒业，湛深经术，然其早年，亦深爱《淮南王书》，则其受淮南宾客思想之影响，事无足怪。此文以灵归之心，其称灵台，语本庄周，而曰积仁以为灵，则是混并儒道以为说也。其曰神灵者天地之本，万物之始，则显近淮南矣。又《反质》篇引杨王孙《倮葬遗令》，曰：

> 精神者，天之有也。形骸者，地之有也。精神离形，而各归其真，故谓之鬼，鬼之为言归也。

杨王孙此二语，直袭自《淮南》，而向特引之以入《说苑》，则向之同情此说亦可知，此可见《淮南》新说在当时之影响也。

一一 《春秋繁露》《白虎通》言精神义

然此亦非谓西汉人皆已昧失先秦精神二字之原义也。即如董仲舒《春秋繁露》，其书用精神字，颇承庄老旧谊，异乎二刘司马之说。兹再略引，以申上文之所释。

《立元神》云：

> 天积众精以自刚，……序日月星辰以自光。……天所以刚者，非一精之力。……故天道务盛

其精。……盛其精而壹其阳，……然后可以致其神。……阴道尚形而露情，阳道无端而贵神。

此以精属天，积精盛而后可以致其神，则精先神后矣。又曰：阴道尚形，阳道贵神，若以通之《周易》，易曰阴阳，亦先阴而后阳，是亦先形而后神也。且苟既不离阴阳之气以言神，则亦不能离精以致神矣。

《通国身》又云：

> 气之清者为精，……治身者以积精为宝。……积精于其本，则血气相承。……夫欲致精者，必虚静其形。……形静志虚者，气精之所趣也。……能致精，则合明而寿。

此以精属气，能致精则明，亦犹云致精而神也。

《循天之道》又云：

> 是故身精，明难衰，而坚固寿考无忒，此天地之道也。天气先盛牡而后施精，故其精固。
> ……故惟天地之气而精，出入无形，而物莫不应。是故物生皆贵气。……故养生之大者，乃在爱气。气从神而成，神从意而出。心之所之谓意。意劳者神扰，神扰者气少，气少者难久矣。故君子闲欲止恶以平意，平意以静神，静神以养

气，气多而治，则养身之大者得矣。古之道士有言曰：将欲无陵，固守一德。此言神无离形，则气多内充。……和乐者，生之外泰也。精神者，生之内充也。外泰不若内充。

此谓物生贵气，因生由气化，所谓形本生于精也。又谓神从意而出，意劳扰神，此以神属心志也。神扰气少，神静气多，此犹孟子之所谓志动气。其曰精神者，生之内充。虽亦精神连文，而显然二字各有所指，异乎如《淮南》之言精神矣。

《同类相动》又云：

气同则会，声比则应，……非有神，其数然也。……明于此者，欲致雨则动阴以起阴，欲止雨则动阳以起阳，故致雨非神也。而疑于神者，其理微妙也。……相动无形，则谓之自然，其实非自然也。有使之然者矣。

此于宇宙间一切变化，以同类相动之理说之，既不认其有神，亦不认为一切皆出于自然。彼曰其数然，又曰理微妙。既变化中有数理可求，可见变化必有致此之理。既有致此变化之理可求，则变化不得谓之自然矣。以此较之《淮南》神生万物之说，所胜实远。此后王弼以理说易，殆可谓实启于江都也。近人多讥仲舒治阴阳家言，至斥之为大巫，又谓汉儒学术皆坏于仲舒，如此等处，乃议论大节目，仲舒又何可轻议乎？

越至东汉，有《白虎通》，此乃当时朝廷儒者，集体撰述，亦汉代儒学一经典也。其书亦言及精神字，而大义仍守先秦旧谊，无大走作。兹再举其说。

《白虎通·天地》篇有云：

> 始起之天，先有太初，后有太始。形兆既成，名曰太素。混沌相连，视之不见，听之不闻。然后剖判，清浊既分，精出曜布，度物施生。精者为三光，号者为五行。五行生情，情生汁中，汁中生神明，神明生道德，道德生文章。故乾凿度曰：太初者，气之始也。太始者，形兆之始也。太素者，质之始也。

此谓天地始于气，气有形而始有质，于是始有精。有精然后有物，物生始有情，由是而始有神。此以神属情知可知。有情知始有道德，有道德始有文章，此所谓人文化成也。此亦以精属天，神属人，精先而神后，亦不谓神生万物也。

其《情性》篇又云：

> 精神者，何谓也？精者静也，太阴施化之气也。……神者，恍惚太阳之气也。

此又以精神分属阴阳，言易者，必先阴而后阳，故言精神，亦必先精而后神。是《白虎通》说精神字，犹未失先秦道家初义也。然其曰精神者何谓也，则知其时精神字连用并称，已为流行习熟之语矣。

一二　王充《论衡》言精神义

《春秋繁露》与《白虎通》二书，皆出儒家，然言精神字，尚与先秦道家本谊无大违失，而王充著《论衡》，其立论号为一本道家，乃其书中言及精神字，转多歧义，兹再略举其要。

《论衡·论死》篇有云：

> 人之所以生者精气也。……能为精气者血脉也。人死，血脉竭，竭而精气灭。……人死，精神升天，骨骸归土，故谓之鬼，鬼者归也。……或说鬼神，阴阳之名也。阴气逆物而归，故谓之鬼。阳气导物而生，故谓之神。神者伸也，申复无已，终而复始。人用神气生，其死复归神气。……气之生人，犹水之为冰。水凝为冰，气凝为人，冰释为水，人死复神。其名为神也，犹冰释更名水也。人见名异，则谓有知，能为形，而害人，无据以论之也。人见鬼若生人之形，……故知非死人之精也。

充之此论，殆可谓甚近《淮南》，非先秦庄老道家言精神之本义矣。充虽谓人之所以生者精气，然又谓能为精气者血脉，此充之所谓精气，显与《老子》书其中有精之精异。若就《老子》书原义，则当云能为血脉者精气也。至云阳气导物而生，故谓之神，若承《繁露》《白虎通》以精神分属阴阳而来。然谓人死复神，又谓故知非死人之精，此则王充一人之歧义，既非老子义，亦非庄子义。至谓其名为神，犹冰释更名水，岂是人死专复为阳气，更不为阴气乎？故知其用字多歧义也。

> 为鬼者，人谓死人之精神，……则人见之，宜徒见裸袒之形。……何则，衣服无精神，人死与形体俱朽，何以得贯穿之乎？精神本以血气为主，血气常附形体，形体虽朽，精神尚能为鬼，可也。今衣服，丝絮布帛也。……自无血气，败朽遂已，与形体等。……由此言之，见鬼衣服，象之，则形体亦象之矣。象之，则知非死人之精神也。

充之此议，仅是驳正人所见鬼，非死人之精神，而充之用此精神二字，则显已受当时对精神二字之惯常习用，而不能加以辨析矣。古人只谓人死，其魂气归天，或谓其魂气尚能为鬼，然用魂气字，究与用精神字涵义有不同。因用魂气字，尚属后天，而用精神字，则可歧误如《淮南》，移指先天也。而充又云：

> 今人死，皮毛朽败，虽精气尚在，神安能复假此形而以行见乎？

是又明明混神与精气而一之也。又曰：

> 人之未死也智慧，精神定矣。病则惽乱，精神扰也。夫死，病之甚者。病犹惽乱，况其甚乎？精神扰，自无所知，况其散也？

此一节亦以精神连文，混并为一说之。若细就精神二字本义言，当云病则神惽乱，死则无神知。又当云人死则精散，精散因无神，不得云人病精神扰，人死精神散也。又曰：

> 蝉之未蜕也，为复育。已蜕也，去复育之体，更为蝉之形。使死人精神去形体，若蝉之去复育乎？则夫为蝉者，不能害为复育者。……死人之精神，何能害生人之身？

又曰：

> 梦用精神，精神，死之精神也。梦之精神不能害人，死之精神安能为害。

此亦皆精神连文。凡充之所加驳正，正见其时人多已如此云云也。而凡此云云，则显从《淮南》来，不从老庄来。凡后世言精神字，其义显近《淮南》《论衡》，而与老庄远歧。然则吾人读充之所驳正，正可见《淮南》新说之影响于当时后世者为何如矣。

又《论衡·订鬼》篇有云：

> 凡天地之间有鬼，非人死精神为之也。皆人思念存想之所致也。……伯乐学相马，顾玩所见，无非马者。宋之庖丁学解牛，三年不见生牛，……二者用精至矣。思念存想，自见异物也。人病见鬼，犹伯乐之见马，庖丁之见牛也。……觉见卧闻，俱用精神。畏惧存想，同一实也。

此文以思念存想畏惧为精神，后世言精神，多与充之此义近。此精神二字之用法，虽不尽同于《淮南》，然明是仍从《淮南》歧义来。故可谓后世用精神字，实始起于《淮南》，而成立于《论衡》也。

又其《顺鼓》篇，驳董仲舒说《春秋》，其言曰：

> 传又言，共工与颛顼争为天子，不胜，怒

而触不周之山，使天柱折，地维绝，女娲消炼五色石，以补苍天。断鳌之足，以立四极。仲舒之祭女娲，殆见此传也。本有补苍天立四极之神，天气不和，阳道不胜，仅女娲以精神助圣王止雨湛乎？

此所谓楚固失之，齐亦未得。仲舒说阴阳五行，诚多附会，然其用精神二字，如我上之所称举，则似远较王充《论衡》为得。故可谓精神二字使用之歧义，实生起于道家之内部也。

又其《道虚》篇有云：

> 世或以老子之道为可以度世，恬淡无欲，养精爱气。夫人以精神为寿命，精神不伤，则寿命长而不死。

此谓以养精爱气为道家长生之术，是也。若曰人以精神为寿命，此则仍是《淮南》后起之说，精神混用，不再分别。若依道家初义，殆无可有此语也。

又《感虚》篇有云：

> 以至孝与父母同气，体有疾病，精神辄感，曰：此虚也。夫孝悌之至，通于神明，乃谓德化至天地。俗人缘此而说，言孝悌之至，精气相

动。……考曾母先死，曾子不死矣。此精气能小相动，不能大相感也。

此文以神明归于天地，又若以精气相动与精神辄感二词为同义语，以此较之上引吕览《精通》篇云云，则知两汉时人用精神字，多混并无别，不如先秦时人用此两字，义各有指也。今果细为推求，纵《庄子》外杂诸篇亦间有此等歧义语之使用，而可谓大源盛于《淮南》，流趋滥及《论衡》，则例证显然，更无可疑也。

继此以往，不再细举。盖后世之用精神字，则大体不能越出于上举之范围也。

一三　附辨道家言神与儒家言心之区别

继此有当附辨者。上文释先秦道家言神字，谓其多指一种心知状态或心知作用言，此乃辜略言之则然耳。若深细辨之，则道家言神，实与孔孟言心有区别。

孟子曰："心之官则思"，又曰："养其大体为大人，养其小体为小人。"是心乃人身一官体，与耳目口鼻无甚大异也。而《庄子》书则不然。其言曰：

百骸九窍六藏，赅而存焉，吾谁与为亲？女皆说之乎？其有私焉？如是，皆有为臣妾乎？其

> 臣妾不足以相治乎？其递相为君臣乎？其有真君存焉。(《齐物论》)

当知孟子所谓心，在人身乃六藏之一，而庄子此处之所谓真君，则实不指心言。若必于道家书中另求一字释此庄子之真君，则惟有神字足以当之。近儒刘咸炘说此节，曰：

> 人身百节，皆神所在。神本一浑全之体，不属于一节。正如道在万物，风与众窍，实无所独私也。

此说大是。盖就后起道家义，道既散在万物，其存乎人身者为神，此即人之真宰也。

《老子》书有曰：

> 载营魄，抱一，能无离乎？

此处一字，散在宇宙则指道，其在人身，就后起道家言，则亦指神而言也。苏辙说之曰：

> 魄为物，故杂而止。魂为神，故一而变。道无所不在，其于人为性，而性之妙为神。言其纯而未杂，则谓之一。言其聚而未散，则谓之朴。

其归皆道也。圣人性定而神凝，不为物迁，虽以魄为舍，而神所欲行，魄无不从。则神常载魄矣。

今按：苏氏此节，语多未是，然其以神释一，则甚是也。苏氏谓道无所不在，其于人为性，而性之妙为神，此乃牵合儒家之说以为说。庄老原书初不言性，惟《庄子·外篇·天地》，已有体性抱神之语，此证《老子》书之抱一，后起道家即以抱神说之。而神与性互用，皆谓其原始赋禀于天，而与人之形体，若别为一物而先在矣。此等观念，与此神字之义用，虽尚不明见于庄老之书，然实可谓乃由庄老之书之引衍而来也。

苏氏又曰：

> 教之以抱神载魄，使两者不相离，此固圣人所以修身之要。至于古之真人，深根固蒂，长生久视，其道亦由是也。

神不离形，即得长生久视，此即《淮南》之说也。吕惠卿亦说之，曰：

> 古之人，以体合于心，心合于气，气合于神，神合于无。

此以心与神分言，极得道家言神字之微旨。盖心特人身一官体，心固不可离身而独在。道家言神则不然，神之于身，则可离。然神固何物乎？心可指，而神不可指，故心为有而神为无。此所谓名可名，非常名。道之与神，皆不可指，不可名，故强而名之曰一，又强而名之曰无也。后世道家言长生，必曰葆真守神，盖谓身不离道，神不离身，即可长生。是谓神可以离躯体而独在也。若如儒家义，养心固不足以冀长生，因心为人身之官体，心固不能离身自在，范缜之《神灭论》，其实乃指心知作用之息灭也。

故儒家言心知，而道家则改言神明。此为儒道两家一极大歧义。《庄子·天下》篇有曰：

神何由降？明何由出？

陆长庚曰：

神谓人之本性，降衷于天者。具有灵觉，谓之曰明。

此亦牵合儒家义说之。《中庸》言"天命之谓性"，《尚书·汤诰》："惟皇上帝，降衷于下民。"此皆后起儒家义。即就《中庸》言，此天命之性，已若先于形体而投入于形体矣。道家言神不言性，仅可谓人身之有神，乃降于天，人心之有明，乃出乎神，神形可以分立，不如孔孟儒家言身心，则不可分也。

荀子著书稍后于老子，其书多已杂采老子用语，然即就其主心知不主神明之一端言，则确然可见其犹守儒家矩矱矣。其言曰：

> 天职既立，天功既成，形具而神生，好恶喜怒哀乐藏焉，夫是之谓天情。(《天论》)

此言形具神生，神字义用显本道家。然曰：

> 耳目鼻口形态，各有接而不相能也，夫是之谓天官。心居中虚以治五官，夫是之谓天君。

此称心居中虚，又不曰心之官而改称天君，此亦受庄老道家影响也。然荀子实重心知而不重神明。故曰：

> 心生而有知。
> 心者，形之君也，而神明之主也。出令而无所受令。(《解蔽》)

又曰：

> 心也者，道之工宰也。(《正名》)

是谓由有人心，始有人心之神明。由有人心之神明，始得为道作主宰。此即孔子人能弘道，非道弘人之旨也。故谓荀子确然犹遵儒家之传统也。

西汉司马谈治道家言，其《论六家要旨》，曰：

> 凡人所生者神也。所托者形也。神大用则竭，形大劳则敝。形神离则死。

又曰：

> 神者生之本，形者生之具。

此等神字，显不当仅以心知作用言。盖道家言神字，虽可有心知作用之涵义，而神形之别，求其语源，实似于古人之言魂魄。故道家言神字，皆涵有精魂义，皆涵有魂气义。神形可以相离，而神若成为形而上之一体。至于孔孟言心，固无形而上而自成一体之意义存在。此一区别，则大堪注意也。

三国王弼亦治《老子》，故其《难何晏圣人无哀乐论》有曰：

> 圣人茂于人者，神明也。同于人者，五情也。神明茂，故能体冲和以通无。五情同，故不能无哀乐以应物。

观其言神明而不言心知，即确然知其为宗主于道家矣。

故道家言神字，与孔孟儒家言心字，有其相似，亦有其不相似。有其相通，而甚有其相违。若由此一区别深求之，则西汉淮南宾客著书，虽精神二字混用无别，渐失庄老之旧谊，要之其分别精神与形质而为二，溯其思想渊源，仍不得不谓由庄老传统所展衍而出也。

魂魄之说，既为春秋时人之恒说，先秦道家又易之以形神之说，其流传于此后中国社会，深入于人心，影响于思想界者，可谓至微妙，亦至广大。逮后宋儒言心性，言理气，乃亦颇有染渐于此，而违离于孔孟身心之旧说者，此亦当为治中国思想史者所必深知微辨而不可忽视之一要端。故为特发其大旨于此。

《庄子》书言长生

《庄子》书有神人而无长生。其言神人也，曰："藐姑射之山，有神人居焉，肌肤若冰雪，绰约若处子，不食五谷，吸风饮露，乘云气，御飞龙，而游乎四海之外。其神凝，使物不疵疠而年谷熟。"(《逍遥游》)此庄子之所谓神人也。《庄子》又言曰："之人也，物莫之伤。大浸稽天，而不溺。大旱，金石流，土山焦，而不热。"(同上)又或谓之至人，《庄子》曰："至人神矣。大泽焚，而不能热。河汉冱，而不能寒。疾雷破山，风振海，而不能惊。若然者，乘云气，骑日月，而游乎四海之外。死生无变于己，而况利害之端乎。"(《齐物论》)夫曰死生无变，则至人之有死生可知。又或谓之真人，曰："古之真人，登高不栗，入水不濡，入火不热。"又曰："古之真人，其寝不梦，其觉无忧，其食不甘，其息深深，真人之息以踵，众人之息以喉，屈服者其嗌言若哇，其嗜欲深者其天机浅。"又曰:"古之真人,不知悦生,不知恶死。其出不欣,其入不距。翛然而往,翛然而来而已矣。"(《大宗师》)然则真人亦复有死生,故曰不知悦生不知恶死。故知凡庄子所谓神人、至人、真人者,皆不能无死生。

子列子问关尹曰:"至人潜行不窒,蹈火不热,行乎万物之上而不栗。请问何以至于此?"关尹曰:"是纯气之守也,非知巧果敢之列。彼将处乎不淫之度,而藏乎无端之纪,游乎万物之所终始。壹其性,养其气,合其德,以通乎物之所造。夫若是者,其天守全,其神无郤。物奚自入焉。夫醉者之坠车,虽疾不死。骨节与人同,而犯害与人异,其神全也。乘亦不知也,坠亦不知也。死生惊惧,不入乎其胸中,是故遻物而不慴。彼得全于酒,而犹若是。而况得全于天乎?圣人藏于天,故莫之能伤也。"(《达生》)然则庄子所谓神人物莫之伤者,特谓其神全而气定,虽遻物而不慴,无所动于中,斯以谓之不伤也。

老聃之告孔子曰:"草食之兽,不疾易薮。水生之虫,不疾易水。行小变而不失其大常也。喜怒哀乐不入于胸次。夫天下也者,万物之所一也。得其所一而同焉,则四支百体,将为尘垢。而死生终始,将为昼夜。而莫之能滑。而况得丧祸福之所介乎。弃隶者若弃泥涂,知身贵于隶也。贵在于我,而不失于变,且万化而未始有极也。夫孰足以患心!已为道者解乎此。"(《田子方》)孔子亦曰："古之真人，死生亦大矣，而无变乎己，况爵禄乎？若然者，其神经乎大山而无介，入乎渊泉而不濡，处卑细不惫，充满天地，既以与人己愈有。"(同上)皆是义也。故"吾身非吾有，是天地之委形也。生，天地之委和也。性命，天地之委顺也。孙子，天地之委蜕也。故行不知所往，处不知所持，食不知所味，天地之强阳气也，又胡可得而有邪？"(《知北游》)一切不以为己有，斯"行不知所之，居不知所为，与物委蛇，而同其波，是卫生之经已。南荣趎曰：然，则是至人之德已乎。老子曰：非也。是乃所谓冰解冻释者。夫至人者，相与交食乎地，而交乐乎天。不以人物利害相撄。不相与为怪，不相与为谋，不相与为事。翛然而往，侗然而来，是谓卫生之经已。"(《庚桑楚》)然则至人有卫生之经，所谓"可以保身，可以全生，可以养亲，可以尽年"(《养生主》)。夫亦曰："依乎天理，因其固然"(同上)而已矣。故曰："列子御风而行，泠然善也，旬有五日而后反。……此虽免乎行，犹有所待者也。若夫乘天地之正，而御六气之辨以游无穷者，彼且乌乎待哉。"(《逍遥游》)此即神人之所谓乘云气御飞龙以游乎四海之外者也，其实则仍不过依乎天理，因其固然，翛然而往，翛然而来而已矣。外无待乎物，内无动于心，此其所以为神人也。"南伯子葵问乎女偊，曰：子之年长矣，而色若孺子，何也？曰：吾闻道矣。南伯子葵曰：道可得而学邪？曰：恶，恶可。子非其人也。夫卜梁倚有圣人之才而无圣人之道。我有圣人之道而无圣人之才，吾欲以教之，庶几其果为圣人乎？不然。以圣人之道告圣人之才，亦易矣，吾犹守而告之。三日而后能外天下。已外天下矣，吾又守之，七日而后能外物。已外物矣，吾又守之，九日而后能外生。已外生矣，而后能朝彻，朝彻而后能见独，见独而后能无古今，无古今而后能入于不死不生。……其为物也，无不将也，无不迎也，无不毁也，无不成也，其名为撄宁，撄宁也者，撄而后成者也。"（《大宗师》）凡庄子之所谓至人、神人、真人、圣人者率具备是矣。外生而入于不死不生，非固所谓长生也。

凡《庄子》书言长生，皆晚起，非诚庄生言。"黄帝问广成子，治身奈何而可以长久？广成子蹶然而起。曰：善哉，问乎。至道之精，窈窈冥冥。至道之极，昏昏默默。无视无听，抱神以静。形将自正。必静必清，无劳汝形，无摇汝精，乃可以长生。目无所见，耳无所闻，心无所知，汝神将守形，形乃长生。慎汝内，闭汝外，多知为败。天地有官，阴阳有藏。慎守汝身，物将自壮。我守其一，以处其和。故我修身千二百岁矣，吾形未常衰。"（《在宥》）此始为长生之说，本于清静无知，闭绝视听，此一术也。曰：

"吹呴呼吸，吐故纳新，熊经鸟申，为寿而已矣。此道引之士，养形之人，彭祖寿考者之所好也。"(《刻意》)此又一术也。又曰："无为则俞俞。俞俞者，忧患不能处，年寿长矣。"(《天道》)此则未见必为长生之术。要之其言长年寿，与庄子一死生之旨，尽天年之教，固已乖矣。故知皆非庄子之言也。

中卷之下

比论孟庄两家论人生修养

中国学术，原本先秦，而儒道墨三家为之宗。研究人生修养，尤为中国学术精华，顾墨家于此独缺，以此其流亦不畅。儒道两家，各擅胜场。孟轲庄周，俱臻绝诣。两人学术虽相异，而生世则同，故其议论意境，有相违，亦多相似。相合而观，殆可范围此后二千年论人生修养之大途辙，而莫能自外。爰为比列而并论之如次。

孟子道性善，而曰："尽心可以知性，尽性可以知天。"《庄子》内篇不言性，外杂篇偶及之，然此乃晚起学庄者之所为。惟庄子言天言自然，自然与性，皆上本于天。故庄之与孟，其学皆尊天。惟庄周混同人物，平等一视。其意境较孟子尤恢宏，而稍不切于人事矣。抑苟既尊天，则若无事于修养。而孟庄二子，乃皆特以言修养见长。此其所以为深至也。

倘有人焉，彼能一任其天，更不为外界事物所屈抑，所转移，而其心天行，得以彻底发展其自我内心自由之伸舒，独行吾心，上达天德，此又何需所谓修养者？不知此正最有待于修养工夫，非大智大勇，能战胜一切，超脱一切者不办。正惟此等人，乃最需修养，而所谓人生修养之最高境界，亦期能达至于此等境界而已。孟庄正同为此等人物，皆同抱此等意境，实同为孔墨以下，家言得势，游士奋兴之时代要求下产生，实同为此下二千年中国智识分子从事人生修养者，建树其最高之标的。而此二家论修养之终极意义则大有辨。今先论孟子。

《孟子》书中提及人生修养之至高人格，则曰大丈夫，亦曰大人，以与小人小丈夫对。《孟子》曰：

> 居天下之广居，立天下之正位，行天下之达道。得志，与民由之。不得志，独行其道。富贵不能淫，贫贱不能移，威武不能屈，此之谓大丈夫。

故孟子意想中之大丈夫，必确然具有大智大勇，能战胜一切，超脱一切，不为外界事物所屈抑，所转移，而其自我内心，乃获有一种极充分之自由伸舒者。而所以得跻此境界，言其工夫，要之不外两端。一曰"养心"，一曰"养气"。心指其内存者言，气指其外发者言。二者交相养，而中国儒家所理想之修养工夫，大体具是矣。

《孟子》曰：

> 我四十不动心。

又曰：

> 我善养吾浩然之气。

《孟子》此章，论养心养气工夫，最精最备。欲明养气，当知养勇。勇即气之征也。而养勇之至，亦即可以不动心。故知善养吾浩然之气之与不动心，特所由言之内外异其端，而同归于一诣，非截然为两事也。

孟子言养勇，举示两方式。一曰北宫黝之养勇，一曰孟施舍之养勇。而曰："北宫黝似子夏，孟施舍似曾子。"此由养勇工夫而上达会通于养气养心，再以归趋于人生修养之终极，则曰"孔子之大勇"。所谓浩然之气之与不动心，则皆大勇也。

> 北宫黝之养勇也，不肤挠，不目逃。思以一毫挫于人，若挞之于市朝。不受于褐宽博，亦不受于万乘之君。视刺万乘之君，若刺褐夫。无严诸侯，恶声至，必反之。孟施舍之养勇也，曰：视不胜，犹胜也。量敌而后进，虑胜而后会，是

畏三军者也。舍岂能为必胜哉？能无惧而已矣。

今观两人之异点，北宫黝盖以报复为主，乃一种不吃亏主义，不受辱主义，亦即一种争强主义也。而孟施舍则以内心无惧为主，此乃一种不怯弱主义，亦即一种不怕主义也。必求报复不吃亏，不受辱，则其权不尽在我。仅求无惧不怯弱，此只尽其在我而已足。故孟子赞孟施舍为守约也。盖北宫黝之所养，其支撑完成之点，犹微嫌于偏倾向外。孟施舍较侧重于我自心之内部，则其权操在己。故就其养勇工夫之表现在外者言，二人若无大不同。然就于工夫之透进向里言，则北宫黝仅止于气，孟施舍已触及于心，浅深之间，固有辨矣。至于孔子之大勇，则曰：

> 自反而不缩，虽褐宽博，吾不惴焉。自反而缩，虽千万人，吾往矣。

以此较之孟施舍，更为转入内心深处。孟施舍仅求对外能无惧，不怯弱，而尚未能把握到使吾心所以能对外无惧不怯弱之本原所在。故孟施舍之养勇工夫，其最高境界，亦仍仅止于养气，而固不足与语夫养心也。故孟子又曰：

> 孟施舍之守气，又不如曾子之守约。

盖守气仍属外边事。曾子知反身循理，工夫转向自心内层。故所养愈在内，则所守愈约也。

抑且北宫黝与孟施舍二子之养勇，其事乃为勇而养，究其极亦仅止于为一勇士。孔子曾子，则初不为勇而自勇。夫勇亦人生美德，然修德者，固不当仅限于有勇。若求大勇，则需集义。集义者，即自反而缩也。自反而缩，则行无不慊于己心。行无不慊于己心，则其气无馁。其气无馁，斯不期勇而勇自至。孟子所谓浩然之气，"其为气也，至大至刚以直。养而无害，则塞乎天地之间。"养气而至于是，斯为养气之极致。然其工夫则不尽在养气上。盖集义工夫尤贵知言。若处言论庞杂，思想纷歧之世，而我不能剖辨群言之是非，与其得失之所在，则吾心终不免有惶惑失主之患，有舍是从非之暗。苟如是，则"生于其心，害于其政，发于其政，害于其事"。于吾内心本原处，苟已受病，其病必暴露于外而不可掩。如是，又何义之能集？夫义者，即吾心之裁制。苟非辨析是非，明白晓畅，则吾心之裁制必有失。裁制有失，而谓其行事可以合道合义，无是理也。行事不合道，不合义，而谓吾心可以无慊，吾气可以无馁，此则最多仅为一守气不示弱之勇士而止，非所语于大丈夫也。故大勇必济之以大智，养气必本之于养心。故孟子自称："我知言，我善养吾浩然之气。"朱子曰："知言者，即尽心知性，于凡天下之言，莫不有以究极其理，而识其是非得失之所以然。"可见孟子论修养，乃由内以达外。心为主而气为副。故曰："志至焉，气次焉。"志即心之所至也。故孟子此章，开宗明义，提挈纲领，即曰"我四十不动心"。朱子曰："孔子四十而不惑，亦不动心之谓。"可见孟子之不动心，非可易企。否则告子亦不动心，养勇者亦可以不动心。然苟深透一层而直探其本原，则不动心由于不惑，由于知言养气，自非大智不能当。我故曰非大智大勇不办也。

孟子之论养心，又曰：

> 养心莫善于寡欲。其为人也寡欲，虽有不存焉者寡矣。

盖寡欲则自不易为外物所屈抑，所转移，而自我内心，始可获得其高度自由之伸舒，故曰虽有不存焉者寡矣。盖此心之存，即至大至刚以直之气之所由生也。必如是而后可以成为独行其道之大丈夫。亦必能独行其道者，乃始可以一旦得志而与民由之。否则，在己先已不能独行其道，而妄曰与民由之，此必为一阉然媚世之乡愿。乡愿则妾妇小人之流，一切以随顺世俗为主，又何事于人生之修养乎？

今问如何而能寡欲，孟子则教人以思，人必能思而后始可以知言。固未有其人不能思而谓其能知言者。孟子曰：

> 耳目之官不思，而蔽于物。物交物，则引之而已矣。心之官则思，思则得之，不思则不得也。此天之所以与我者。先立乎其大者，则小者弗能夺也。此为大人而已矣。

可见大人之事贵于能思，孟子教人养心，即教人以思耳。心能思，则卓然见有我，始不为外物所引蔽。不为外物引蔽，乃始见其大。孟子又曰：

> 大人者，不失其赤子之心者也。

赤子之心又何心乎？盖赤子之心，即一种未与外物相交时之心境也。赤子之心虽若不能思，然其良知良能，"不思而得，不虑而知"，以其尚未与物相交接，引蔽尚少，此心尚得自由伸舒。大人之用心，亦不过求复此未为外物引蔽，而能自由伸舒之心境而已。故孟子又常言朝气与平旦之气，又言夜气。夜气之与平旦之气，亦即一种未与物接时之境界也。换言之，此乃一种超然物外之境界。此乃与赤子之心，异形而同情。故孟子之言养心与养气，其主要亦不过求得此境界，使我心常有以超然卓立，而不为外物引蔽。此即所谓富贵不能淫，贫贱不能移，威武不能屈之大丈夫，而谓此非大智大勇而何哉？

人生修养达此境界，则自见有大乐。孟子曰：

> 君子有三乐，而王天下不与存焉。父母俱在，兄弟无故，一乐也。仰不愧于天，俯不怍于人，二乐也。得天下英才而教育之，三乐也。

盖王天下，则若所求于外者无不遂。然凡所求于外，则皆非人心真乐所存也。人心真乐所存，如孟子所举，首一则系乎天，此非人力所预。次二则存乎己，凡所以求知言集义，皆为此而尽力也。其三则在乎天人之际。所以为教育者，亦惟教之以知言集义，以求其亦能达夫次二之境界而已。而惟此三者，乃为吾人内心深处所可感到之真乐也。故孟子又曰：

> 舜视弃天下，若弃敝屣也。窃负而逃，遵海而处。终身欣然乐，而忘天下。

又曰：

> 说大人则藐之，勿视其巍巍然。在彼者，皆我所不为也。

曰弃天下如弃敝屣，曰欣然乐而忘天下，又曰在彼者，我得志不为，此皆王天下不与存焉之意。然此种境界，已极似道家，极似庄周，此即儒道两家共同精神之所在，亦即孟庄两家论人生修养所同有之倾向也。然此两家，毕竟有大异，不可不辨。则请再论庄周之言修养者以资比较。而此两家之精神血脉，乃可相映益显也。

庄子论人生修养，开宗明义，已见于其内篇首篇之《逍遥游》。悬举两字，曰大曰游。彼盖刻意求大其心胸，以遨游于尘俗之外。是亦有意于求其内心之无限自由伸舒，而不受任何之屈抑与移转也。故其言曰：

> 之人也，之德也，孰弊弊焉以天下为事。

又曰：

> 之人也，物莫之伤。大浸稽天而不溺，大旱，金石流，土山焦，而不热。是其尘垢秕糠，犹将陶铸尧舜者也，孰肯以物为事。

盖庄子之人生修养，主于不以物为事，而又必期夫物之莫能伤。何为而不以物为事？庄子曰：

> 古之人，其知有所至矣。恶乎至？有以为未始有物者，至矣，尽矣，不可以加矣。

夫既其知以为未始有物，则孰肯复弊弊焉以物为事乎？抑若诚为未始有物，则试问又孰为能伤之者乎？

此庄子论人生修养之最高理想境界也。

然而事固不若是其易企，于是于《逍遥游》之外，又继之以《养生主》与《人间世》。养生，处世，此为具体实际问题，固非大其心以遨游尘俗之外之一意所可尽。庄子论养生，则曰"依乎天理"，"以无厚入有间，恢恢乎其于游刃，必有余地矣。"庄子论处人间世，则曰："形莫若就，心莫若和。""求无所可用。"盖庄子之所谓未始有物者，非诚谓宇宙之无物，特谓物与物之无可分别，乃至我与物之无可分别，故以谓之未始有物也。故未始有物，亦即未始有我，于是而有丧我之教。内能丧我，斯吾心大。外能无物，斯能一一依乎天理，天理即自然之分理。昧者不察，则认此自然之天理为有物，为物与物有际，于是盈天地间皆物也。物与物相际，于是相闭塞，相排拒，遂使盈天地间无丝毫之间隙。以吾身处于此物际无间隙之中，乃无所往而不遭闭拒，若凡物皆足以伤吾，而吾心乃绝无迴翔之余地，乃绝无自由之伸舒。此庄生之所感以为至苦者。故必至于"目无全牛"，然后天地万物，乃豁然开解。外无物际，斯内有心游。凡其所见，则莫非天地间一种自然之分理，依乎其理以游吾心，斯庄子内心修养所企之最高智慧，亦即其最终极之理想所寄也。

尝试论之，外物之窒碍于我，有最难超脱，最难识破者，两大关。一曰生死，一曰是非。人莫不好生而恶死，又莫不好是而恶非。究其实，此二问题者实一问题，盖即我与非我之问题是也。我与非我之别，自一方面言之曰是非，又自另一方面言之，则为死生。死生之与是非，换言之，实即是一物之异同问题也。在庄生之意，苟能于此两关有解脱，是非可以两忘，死生可以一贯，物碍既灭，斯一切皆莫足为我害。心游既畅，斯无往而不自得。于是生亦可养，世亦可处。内篇《齐物论》《大宗师》，是即针对此是非与死生之两问题而试为之解脱也。由此论之，则庄生之论人生修养，实有智过于勇之嫌，与孟子之智勇兼尽，显为于风格上大有异趣矣。

抑庄生于此，复若有用力过猛之嫌焉。何以言之？盖庄生之用心，初求能超脱于在外之一切物，而不受其拘碍，乃不期而同时并求超脱于我焉。外求无物，内求无我，即其用力之过猛处也。自庄生言之，我与非我，实为同时并生之两面。故求超脱物，超脱非我，无异即求超脱我。故庄生之初意，在乎忘物忘外，而势之所趋，自不得不忘我忘内。彼既不以物为事，乃不期而并不以我为事。斯以谓之用力之过猛也。庄子曰：

顺物自然，而无容私。

又曰：

> 乘物以游心，托不得已以养中。

庄子盖主乘顺于外而非能有主于中者。故庄子不喜言性，内篇七篇独无性字。若曰一任其性真乎？则庄生实非能任性，乃一任于自然也。性与自然之辨则正在此。盖言性必有己，言自然则无己。性禀赋在我，而自然则不在我。必明夫此，乃可以了然于庄生之论养心也。

庄生又言曰：

> 形固可使如槁木，心固可使如死灰。

又曰：

> 至人之用心若镜，不将不迎，应而不藏，故能胜物而不伤。

是则庄子之用心，特欲其如镜，欲其不将不迎，欲其有应而不藏，岂止不藏，抑将无感。无感之应，虽应非应。是即所谓不以物为事也。人之用心而洵至于如是，实已类至于一种无心之境界矣。故庄生者，乃实以"刳心"为其养心之工夫者也。

庄子言养心，尤备于其托为女偊之告南伯子葵。其言曰：

南伯子葵问乎女偊曰：道可得学邪？女偊曰：子非其人也。夫卜梁倚有圣人之才而无圣人之道。我有圣人之道而无圣人之才。吾欲以教之，庶几其果为圣人乎？不然，以圣人之道告圣人之才，亦易矣。吾犹守而告之。三日而后能外天下。已外天下矣，吾又守之七日，而后能外物。已外物矣，吾又守之九日，而后能外生。已外生矣，而后能朝彻。朝彻而后能见独。见独而后能无古今。无古今而后入于不死不生。

此言养心工夫，凡历七境界。先曰外天下，次外物，次外生。又次乃朝彻，见独，无古今，而入于不死不生。所谓外天下外物外生者，此皆所谓其知未始有物也。循此而入于不死不生，斯是非两忘，死生一贯，故谓物莫之伤，而彼亦自不肯弊弊焉以物为事矣。达此境界，在其内心亦复有一种大快乐，而其乐亦与孟子之所谓乐者不同。故庄子曰：

自事其心者，哀乐不易施乎前。

是在庄生之意，乃实以无哀乐为至乐也。故曰其异乎孟子之所乐也。

庄生之言修养，与孟子尤有一至大之相异焉。盖庄子言修养，其工夫重于舍心以归乎气，此又与孟子之主由气以反之心者，先后轻重，适相颠倒，此又两家论人生修养之最相违处也。欲明庄子心气修养轻重先后之辨，则莫如观其论所谓心斋者。

颜回问孔子曰：敢问心斋。仲尼曰：一若志，无听之以耳，而听之以心。无听之以心，而听之以气。耳止于听，心止于符。气也者，虚而待物者也。唯道集虚。虚者，心斋也。

颜回曰：回之未始得使，实自回也。得使之也，未始有回也。可谓虚乎？夫子曰：尽矣。故孟子之论修养，以养心为主，而养气副之。庄子之论修养，则求以养心达至于养气。孟子之言气，曰："其为气也，至大至刚以直。养而无害，则塞乎天地之间。"而庄子之言气，则曰"虚而待物"。盖孟子所谓气者生乎心，而庄子之所谓气者，必虚吾心而始见。故孟子喜言"源泉混混"，庄子则曰："得乎环中。"然则孟子之理想人生，为一直线的，由中达外。而庄子之理想人生，乃一圆形，而中心空虚，无一物焉。故庄子之言心主不藏，不藏则中空无物矣。故曰：

尽其所受乎天，而无见得，亦虚而已。

盖庄子之所谓所受乎天者，即气也。若中心藏而见得，则固已遁天而倍情矣。故庄子又曰：

> 徇耳目内通，而外于心知。

又曰：

> 使日夜无却，而与物为春，是接而生时于心者也。

夫耳目者，所由以接外物。然外物之来入吾心，而吾心有知焉以识别之，则曰：此某物之声，此某物之色也。于是万物森列，抑且物各有际，而垣墙屹立，于是遂见其于我为不和，为不通。故庄子曰："心止于符"，盖心之为用，则仅求其符合于一己识别之所知，于是彼我是非纷起，而失其和通之天。故必外于心知，斯能一气相通，彼我成和。其日夜接于我前者，乃见其为无间隙，无分际，而内外彼我，同属一气之化，此化即时也。故曰"接而生时于心"。则将见一片天机，如春气之生物而不已，故曰"与物为春"也。能若是以为见，乃可谓之"见独"。养心至此，则诚如朝日之彻，光明四射，无古无今，不死不生，而所见惟此一独体。此独体则时时当前，而吾心则一如明镜也。

故庄子又曰：

> 离形去知，同于大通，此谓坐忘。

大通者,"通天下一气耳"。"人之生,气之聚也。"庄子又言之,曰:

> 与造物者为人,而游乎天地之一气。

然则庄生之所欲忘者,乃求自忘其心知,非忘物也。气者,虚而待物,而外于心知,则为未始有物矣。故曰:"吾丧我",又曰:"嗒焉似丧其耦。"丧我即坐忘也。坐忘即丧其心知之谓也。丧其心知,则物我不相为耦,而后乃始得同于大通,而游乎天地之一气矣。此则庄子理想人生之最高境界也。

故循孟子之修养论,而循至于极,可以使人达至于一无上之道德境界。循庄子之修养论,而循至于极,可以使人达至于一无上之艺术境界。庄生之所谓无用之用,此惟当于艺术境界中求之,乃有以见其真实之意义也。

循此而深论之,孟庄两家之分别,实即后世理气二元之所由导也。宋儒之言曰:"性即理",物各有性,则贵乎因物而格,穷理尽性以至于命,其实即孟子知言集义之教耳。宋儒又主心即理,而其言心则每不免偏主于虚静,其实此即庄子之所言气之虚而待物也。故孟子论心必及性,而庄子论心则不及性而常言神,性乃实理,神则虚灵之因应而已。至明儒王阳明,首倡良知即天理之说,是颇有意于弥缝心即理与性即理之两派，而求绾合以归于一。然阳明之后学，则仍不免偏陷于从虚静中求觅良知本体。其流弊所及，则几同于狂禅。是亦只可谓之是一种艺术境界，而非道德境界也。

庄周之后有老聃。《庄子》书，可谓有甚高之艺术境界，而《老子》书则终陷于功利境界中，而不能自拔。故庄老之别，犹之孟荀之别。荀子虽大儒，其所窥研，亦始终在功利境界中，不能上跻于道德境界也。故治《老子》书者，可以由此而有种种之权术，然终不能进企于艺术境界。盖《老子》之病，病在不能忘。故《庄子》内篇七篇，屡提一忘字，而《老子》书五千言，独无此一忘字。盖《老子》书作者，始终不能忘世忘物，此则庄老两家内心意趣相异一至要之点也。

《庄子》外杂篇，其书当尤晚出于《老子》，故颇多兼采老庄。然其为说，亦间有深得于庄生忘世忘物之微旨而能加以推阐申述者。不知其果有出于庄生之亲笔乎？抑尽出于治庄学者之所演绎乎？今已无可确论。惟治庄者，当知内篇与外杂之有别，亦当知内篇与外杂之相通。此下略引外杂篇中语，取其足以与本篇上所论列相发明者，以偶见其一斑，然不求尽备也。抑辨伪之与述义，体各有当。凡下之所引，要之确然为承续庄周，而与老子异趣。罗而列之，亦可借以见庄老两家之各有其途辙也。

外篇《达生》曰：

> 醉者坠车，虽疾不死。骨节与人同，而犯害与人异。其神全也。乘亦不知也，坠亦不知也。死生惊惧不入其胸中，故其遻物而不慴。彼得全于酒而犹若是，况得全于天乎？圣人藏于天，故莫之能伤也。

又曰：

> 津人操舟若神，或问焉，曰：操舟可学耶？曰：可。善泳者数能。若乃夫没人，则未尝见舟而便操之。善泳者数能，忘水也。没人之视渊若陵，视舟覆犹其车却，覆却万方陈乎前，而不入其舍，恶往而不暇？

又曰：

> 以瓦注者巧，以钩注者惮，以黄金注者殙。凡外重者内拙。

此《达生》诸条，皆教人以能忘也。故曰死生惊惧不入乎胸中，又曰覆却万方不入其舍。何以能此？曰醉曰忘。既已忘矣，乃不以之为重，故若物莫之伤也。盖庄生之论人生修养，有一忘字诀。忘之为用，其要在使人能减轻外重。使外物加于我之重量，能减至于近无之境，斯其内心自可得自由之伸舒矣。故曰：外重则内拙，反言之，即外轻则内巧也。外轻故不肯以物为事，内巧故物莫之能伤矣。

外篇《知北游》则曰：

> 啮缺问道乎被衣。被衣曰：汝瞳焉如新生之犊，而无求其故。被衣大说，行歌而去之，曰：形若槁骸，心若死灰，真其实知，不以故自持。媒媒晦晦，无心而不可与谋，彼何人哉？

此所谓无求其故，即忘字真诀也。庄生之所谓应而不藏，不藏即不以故自持也。以故自持则成乎心，成乎心而心有知，则心止于符，而非能真其实知矣。凡庄生之所谓外天下，外物，外生，其要亦在乎无求其故而已。孟子言心，以赤子喻，庄子亦言"彼且为婴儿，亦与之为婴儿"，则庄周之意，固不以婴儿为贵。此条独言牛犊。牛犊之与赤子婴儿，则有辨矣。虽同为一新生，然一有心，一无心。一有我，一无我。赤子亦可见天性，牛犊则仅以见自然。故一偏于人相，一偏于物相。牛犊无心，不知求故。庄子之养心，正贵能达于无心，而不可与谋。至老子，则是人世间之最善谋者也。

杂篇《庚桑楚》则曰：

> 备物以将形，藏不虞以生心。敬中以达彼。若是而万恶至者，皆天也，而非人也。不足以滑成，不可内于灵台。灵台者，有持，而不知其所持，而不可持者也。不见其诚己而发，每发而不当。业入而不舍，每更为失。

灵台，即心也。惟其不可持，故必舍。舍即不藏也。有持而不知其所持，此即接而生时于心也。不虞则无思也，无谋也。藏此不虞，乃可生心。金刚经，应无所住而生其心。六祖从此悟入而开禅宗法门。不虞生心，即犹无所住而生其心也。禅宗之与庄子，同为有得于艺术境界之绝高处，此则其从入之门也。

外篇《田子方》有曰：

> 百里奚爵禄不入于心，故饭牛而牛肥，使秦穆公忘其贱，与之政也。有虞氏死生不入于心，故足以动人。宋元君将画图，众史皆到，受揖而立，舐笔和墨，在外者半。有一史后至者，儃儃然不趋，受揖不立。因之舍，公使人视之，则解衣般礴裸。君曰：可矣，是真画者也。

宋元君之画史，乃为后世艺术人之最高标格。此种解衣般礴裸之心境，即艺术界之最高心境也。何以得此？曰爵禄不入于心，死生不入于心，外天下，外

物,外生,使一切不入于心,乃始可以为此画史也。此其意,又见于《达生》篇之言梓庆。其言曰:

> 梓庆削木为锯。锯成,见者惊犹鬼神。鲁侯见而问焉,曰:子何术以为焉?对曰:臣工人,何术之有?虽然,有一焉。臣将为锯,未尝敢以耗气也。必齐以静心。齐三日,而不敢怀庆赏爵禄。齐五日,不敢怀非誉巧拙。齐七日,辄然忘吾有四肢形体也。当是时也,无公朝。其巧专而外滑消。然后入山林,观天性,形躯至矣,然后成见锯,然后加手焉,不然则已。则以天合天。器之所以疑神者,其是欤?

则鲁之梓庆,犹夫宋之画史也。《达生》篇又曰:

> 工倕旋而盖规矩。指与物化,而不以心稽。故其灵台一而不桎。忘足,屦之适也。忘要,带之适也。知忘是非,心之适也。不内变,不外从,事会之适也。始乎适,而未尝不适者,忘适之适也。

盖庄生之人生终极理想,夫亦一适字可以括之。而其所以达此之工夫,则曰无心,曰忘。然而此等境界,其实则是一种艺术境界也。岂不证于外杂篇之所云,而益见其然乎?

故《田子方》又曰:

> 遗物离人而立于独。

又曰:

> 女殆患焉,虽忘乎故吾,吾有不忘者存。

此不忘者即独也。外篇《天道》又曰:

> 外天地,遗万物,而神未尝有所困也。

《中庸》之书有之,曰:"所存者神,所过者化。"外天地,遗万物,即不以故自持,故所过者化也。有不忘者存,而立于独,即所存者神也。

《天道》又曰:

> 至人之心,有所定矣。

又曰:

> 一心定而王天下,一心定而万物服。

其实此等境界，施之于艺术则可，施之于人事，则不属道德，即属功利。未有仅一忘字，仅一定字，而谓可以王天下，服万物者。此盖治《老子》之说者，不得庄生立言之要旨而戏言之，妄言之，故如是云云也。

要而言之，庄周之学，初意在患乎外重，其究乃变而为内虚。内既虚，则外重无所加。然而此等境界，以施之艺术，则可谓入圣超凡矣。若以处人事，则亦仅止于周之所谓得无用之用者而止，《应帝王》之说，则终为周之空言也。

《庄子》外杂篇言性义

《庄子》内篇七篇，以及《老子》五千言，皆不言性字，至《庄子》外杂篇始屡言之，此亦《庄子》外杂诸篇较《老子》书尤晚出之一证也。

若专就外杂篇言，杂篇言及性字者颇不多，惟《庚桑楚》《徐无鬼》两篇各一见，《则阳》篇三见，共仅六处，而外篇言及性字者不下数十见。明儒王船山有云："外篇文义虽相属，而多浮蔓卑隘之说。杂篇语虽不纯，而微至之语，较能发内篇未发之旨。学者取其精蕴，诚内篇之归趣。"其分别外杂篇最有见。窃意杂篇义多近庄，外篇义多近老。然此皆辜较言之尔。外杂诸篇，各有深至语，亦各有粗率语，殊难一概而论也。本文姑举外杂篇言性诸条，择要分别说之，然亦不能逐篇逐节一一细辨也。

《庚桑楚》有云：

> 道者，德之钦也。生者，德之光也。性者，生之质也。性之动谓之为，为之伪谓之失。

今按：外杂篇言性，有一最要之点，厥为常以德性连言。德性皆指天然之禀赋，此即《中庸》天命之谓性也。德之布散陈列（此皆钦字义，钦殆作廞）斯为道，此即《中庸》率性之谓道也。生者德之光，此即《易·系》天地之大德曰生之说也。性之动，谓之为，郭象注："以性自动，故称为耳，此乃无为，非有为也。"为之伪谓之失，陆长庚曰："此是失道失德失仁失义之失，庄子分明是老子注疏。"今按：此一节文义显出《荀子》后。而《荀子》则微后于《老子》书。荀子主性恶，而谓善者伪也，清儒为荀子辩护，谓荀子伪字即为字义，非诚伪义。然则荀子乃谓善不出于自然，而特出于人为也。盖谓人为恶者是老子，谓自然是恶者是荀子，而老与荀皆失于分别自然与人为太甚。《庚桑楚》此节，似即从荀子之说而加以驳正，谓率性而动者是为，此是德之光。此是自然之无为而有为。至于为而杂以人伪，此始失于自然。然则率性而自然者不得谓之失，亦不得谓之恶也。然则《庚桑楚》此节，乃针对儒说，而辩护自然之非恶者。而《中庸》之书则特提出一诚字，谓人为而一本于诚，即为至善而可上达于天矣。是乃针对道家，而辩护人为之非恶也。要之《庚桑楚》之与《中庸》，特于人为中提出诚伪之辨，知其说之晚出于老荀，亦思想逐步衍进之一线索也。

《则阳》篇有云：

> 圣人达绸缪，周尽一体矣，而不知其然，性也。

郭象注曰："不知其然而自然者，非性如何？"《则阳》此节主自然为性。由自然而达于为圣人，此亦《则阳》本文不主性恶之说也。《则阳》又曰：

> 生而美者，人与之鉴，不告，则不知其美于人也。若知之，若不知之，若闻之，若不闻之，其可喜也终无已。人之好之亦无已，性也。圣人之爱人也，人与之名，不告，则不知其爱人也。若知之，若不知之，若闻之，若不闻之，其爱人也终无已。人之安之亦无已，性也。

然则发于性者，可以不知其然而然。此谓自然。自然有此美德，此种美德，乃可久而无已。此即孟子行仁义与由仁义行之辨也。故圣人之仁，圣人之爱人，乃本出于圣人之性，于是人之受其爱者亦安之。此证仁者爱人，乃人类天性自然之美德也。《中庸》言性，特举诚字，悠久字，不息不已字，正与《则阳》篇此条持论相通。晚周思想自荀子以后，有本于孔孟而会通之以老庄者，如《中庸》《易·系》是也。亦有本于老庄而会通之于孔孟者，如此举《庚桑楚》《则阳》诸条是也。

《则阳》篇又曰：

> 长梧封人问子牢曰：君为政焉勿卤莽，治民焉勿灭裂。昔予为禾耕而卤莽之，则其实亦卤莽而报予。芸而灭裂之，其实亦灭裂而报予。予来年变齐，深其耕而熟耰之，其禾繁以滋。予终年厌飧。庄子闻之，曰：今人之治其形，理其心，多有似封人之所谓。遁其天，离其性，灭其情，亡其神，以众为。故卤莽其性者，欲恶之孽为性，萑苇蒹葭始萌，以扶吾形，寻擢吾性。并溃漏发，不择所出，漂疽疥㿇，内热溲膏是也。

此段陈义极深至。苟为人事未尽，则天性亦难全。如禾谷固有种性，然必深耕熟耰，始获繁滋。人性亦然。此即孟子所谓牛山之木尝美矣，苟得其养，无物不长，苟失其养，无物不消也。故《中庸》有未发之中及发而中节为和之说，《乐记》有物交物则好恶无节而天理灭之说，《易·系》有成性存存，道义之门之说。然则欲见天性之至善，必有待于人事之修养。今若卤莽灭裂，忽于耕耰教道，则不免即认欲恶之孽为性,则萑苇蒹葭,始萌以扶吾形而寻擢吾性矣。可见卤莽灭裂之所得而至者,实似性而非性也。此则必求于人事修养以善尽其天之说也。此皆晚周以下儒道两家论性之相通义。然则《则阳》本文云云,固显为采儒说以会通之于老庄,而其为晚出书可证矣。

《庄子》杂篇言性凡五见,《庚桑楚》《则阳》两篇,已具上引,此外《徐无鬼》有云:"驰其形性,潜之万物,终身不反。"此亦孟子所云"物交物,亦引之而已矣",与夫《乐记》所谓"感于物而动,知诱于外,不能反躬"之说之旨也。

至外篇言性,有当特加阐发者,如《达生》有云:

> 孔子观于吕梁,县水三十仞,流沫四十里,……见一丈夫游之。……问蹈水有道乎?曰:……吾始乎故,长乎性,成乎命。……从水之道而不为私焉,此吾所以蹈之也。……曰:吾生于陵而安于陵,故也。长于水而安于水,情也。不知吾所以然而然,命也。

此一节特可与孟子言性语相参究。《孟子·离娄篇》有云:

> 天下之言性也,则故而已矣。故者以利为本。所恶于智者,为其凿也。如智者若禹之行

水也，则无恶于智矣。禹之行水也，行其所无事也。如智者亦行其所无事，则智亦大矣。天之高也，星辰之远也，苟求其故，千岁之日至，可坐而致也。

此章孟子言，天下人言性，则仅指其已往之迹，已然之故，而谓之性耳。《达生》所谓生于陵而安于陵，此即故也。天下之言性者，则群目此为性矣。实不知此乃后天之习，非必先天之性也。故人性当诱导使向前，求其能革故而鼎新。若仅求其故以资当前之利用，则岂不将生于陵则利其安于陵，而不复以为可以长于水而安于水。如是，则生人之道，将终古而不变。孔子曰："性相近，习相远。"此似以生于陵为性，长于水为故。而孟子则曰："行尧之行，言尧之言，则亦尧而已矣。""舜之居深山之中，与木石居，与鹿豕游，及其闻一善言，见一善行，则沛然若决江河，莫之能御。"舜之居深山，侣鹿豕，此亦舜之故也。及其闻善言，见善行，而其心豁然开悟，沛然若决江河，而行其所不得不行，此始真其本性所固有，如水之必行下，而特有待于智者之导而行之耳。水无有不下，性无有不善，圣人之以善导性，以善尽性，此犹禹之导水归海也。此亦因水之性，行其所无事，所谓有为而无为者，亦一任其水性之自然尔。《达生》此节，以生于陵而安于陵为故，以长于水而安于水为性，分别性与故而言之，此已分明采纳孟子说法。如此，则性有故常而可以不限于故常，虽不限于故常而仍不失其故常。此《易·系传》所谓"感而遂通天下之故"也。《易·系传》又谓："通变之谓事，变而通之，使民不倦。"又曰，"富有之谓大业，日新谓之盛德。"夫生于陵者岂必长于陵，长于水者岂必不安于水，此必待圣人之大智，有以察民之故，有以善感而能通天下之故，乃始能导民于至善而尽其性。尽性则至命矣。如是始可有盛德大业。《达生》篇作者，谓不知吾所以然而然，命也。不知吾所以然而然，即行所无事，即自然也。自然自有其大常，故天之行健而不息，而千岁之日至，可坐而致。孟子曰："尽性可以知天，知天则至命矣。"则尽性至命之中，仍包括有人事。人事未尽，乌得谓已尽性而至命？而人事之尽，又贵能不违逆于天性与自然。苟其违逆于天性与自然，此乃孟子之所谓凿也。凿不可有，而导不可无。此篇云"从水之道而不为私"，此即善导而不为凿矣。善导之，则善尽之以达于命，而全于自然矣。《达生》篇此节，以故与性与命三者层累言之，亦一贯言之，此与孟子言性大旨，正可相通。虽其始乎故，而长成乎性与命，则究为故之当重乎，抑性与命之当重乎？若果知性与命之当重，则日新之与富有，盛德之与大业，亦即天命之自然也。此乃所谓无为而无不为，而岂蹈常袭故者之所与知乎？亦岂卤莽灭裂者之所能企乎？

《达生》篇又言之，曰：

> 彼将处乎不淫之度，而藏乎无端之纪，游乎万物之所终始，壹其性，养其气，合其德，以通乎物之所造。

盖所谓性者，正是万物之所由始，亦是万物之所于终。惟尽性而后能合德，此即所谓穷理尽性以至于命也。至于命，即通乎物之所造矣。通于物之所造，而犹谓之非自然乎？

王船山有云："《达生》篇于诸外篇中，尤为深至。虽杂引博喻，而语脉自相贯通。其文词沉邃，足达微言。虽或不出庄子之手，要得庄子之真者所述。"今按外篇言性，亦惟上引《达生》两节较深至，他篇少可比并。然必谓其出庄子手，则未有确证。或是后之治庄学者，又会通之于孟子，而始获造此义也。

兹再杂引外篇中他处言性者略说之。《天地》篇有云：

> 泰初有无，无有无名。一之所起，有一而未形。物得以生谓之德。未形者有分，且然无间，谓之命。留动而生物，物生成理谓之形。形体保神，各有仪则，谓之性。性修反德，德至同于初。

今按此条举德为最先,命次之,形又次之,性最后。因儒家自孟子以来,尚言性命,故习为庄老之说者,必举德字以驾于命之上,又举形以列乎性之先,又主性修反德,德至同于初,是即同于此无有无名之无也。此等语,显见是糅杂儒道,牵强装点,而实无甚深意旨。故乃陷于模糊惝恍,不可捉摸。使诚有志于修性育德者,真于何处下手乎?此文浅薄,治庄老者,果于此等处求从入之途,必将茫然不得其所入,又将漫然无所归。然以此文较之《天道》《天运》诸篇,尚为差善矣。故治庄老之学者,先贵能分别庄老,又贵能分别《庄子》外杂诸篇于庄老之外,又贵能就于外杂诸篇而一一分别之,一一识其深浅高下,以及其是非得失之所在,而后始能会通以观,以求所谓道家之宗趣,以与儒家之说相参究。此贵心知其意,非可刻划穿凿以求。而要之,汗漫混并而一说之者,则鲜乎其可以有得耳。

《缮性》篇有云:

……德又下衰,及唐虞始为天下,兴治化之流、澒淳散朴,离道以善,险德以行,然后去性而从于心。心与心识知而不足以定天下,然后附之以文,益之以博。文灭质,博溺心,然后民始惑乱,无以反其性情而复其初。

今按此文论性，显与儒义对立。举其要旨，一则分心与性而对说之，以性属天，以心属人，故荀子曰："庄子知有天而不知人。"此等处，正是其流弊也。孟子虽曰尽心知性，然非心性对说，必尊性而斥心也。厥后宋儒程朱一派，颇受道家心性对说之影响，而陆王无此失。此学者所当深究而微辨之者也。二则蔑文与博，此乃老子绝学无忧之旨尔。孔子曰："郁郁乎文哉，吾从周。"达巷党人称孔子博学而无所成名。孟子曰："由博反约。"《中庸》亦言"博学之"，文之与博，皆儒义所重，而为庄老道家所不喜。此后宋儒程朱一派尚重文重博，尤以朱子为然，而陆王一派则转喜文灭质博溺心之旨。此又学者所当深究而微辨也。三则主反本复初。清儒戴震《孟子字义疏证》辨宋学，即由此发端，谓复初乃道家义，非孔孟义。戴氏此辨甚有见，此乃宋儒受道家影响之显然者。然如上引《达生》篇吕梁蹈水之丈夫一节，固无此失矣。四则鄙薄治化，谓其澡淳散朴，是亦主张反本复初之说之引申所必至也。

今按：《庄子》外杂诸篇言性，重要者，大率不出如上举。其间有会通之于儒义而言者，如《庚桑楚》《则阳》《达生》之所说是也。有演绎发挥老子之说而立论者，如《天地》《缮性》两篇之所言是也。其他外篇言性诸条，则又大率是《天地》《缮性》两篇之旨耳。其有德性连文并举者，如《骈拇》云：

> 骈拇枝指，出乎性哉，而侈于德。附赘县疣，出乎形哉，而侈于性。

此条德字，指人之同得于天者言，性字指人之独得于己者言，此与《天地》篇性脩反德之语略同义。其谓出乎形而侈于性，亦与《天地》篇物生成理谓形，形体保神，各有仪则谓性之说可相通。是谓先有德，次有性，更次始有形，此皆牵强立说，分析愈细，而所失弥远矣。

又曰：

> 枝于仁者，擢德塞性，以收名声。
> 且夫待钩绳规矩而正者，是削其性也。待绳约胶漆而固者，是侵其德也。

是亦德性分言，而又混并不加分别矣。《马蹄》篇有云：

> 同乎无知，其德不离。同乎无欲，是谓素朴。素朴而民性得矣。

素朴之语显袭自《老子》。《在宥》篇有云：

> 在之也者，恐天下之淫其性，宥之也者，恐天下之迁其德也。天下不淫其性，不迁其德，有

治天下者哉？昔尧之治天下，使天下欣欣焉人乐其性，是不恬也。桀之治天下也，使天下瘁瘁焉人苦其性，是不愉也。夫不恬不愉，非德也。非德也，而可长久者，天下无之。

实则如此说，正是孟子所讥，今天下之言性者，则故而已矣之类耳。若如此而谓之不淫其性，不迁其德，则尚何盛德大业之有？大抵王船山斥老庄，多着眼在此等处。盖船山固深有得于史学者。故知人文化成，人性之有待于发展善尽也。《天地》篇有云：

> 大圣之治天下也，摇荡民心，使之成教易俗，举灭其贼心，而皆进其独志。若性之自为，而民不知其所由然。若然者，……欲同乎德而心居矣。

此亦以独者归性，同者归德，辞旨显然。又《天道》篇：

> 夫子亦放德而行，循道而趋，已至矣。又何偈偈乎揭仁义，若击鼓而求亡子焉。意！夫子乱人之性也。

《刻意》篇：

> 水之性，不杂则清，莫动则平。郁闭而不流，亦不能清。天德之象也。

《缮性》篇：

> 彼正而蒙已德，德则不冒，冒则物必失其性也。

又云：

> 古之存身者，不以辨饰知，不以知穷天下，不以知穷德，危然处其所而反其性已，又何为哉？

以上诸条，皆德性连文并举，而两字实有分别。盖德指其所同得，而性指其所独禀也。故道家有修性反德而复初之说。凡此德字之定义，皆本《老子》。若《庄子》内篇七篇中德字，皆不涵此义，而与孔孟之言德者转相近。此义已详《庄老之宇宙论》篇，此不赘。故据是而知外篇之必出于《老子》成书之后也。

《庄子》外篇既以德性并言，复以性命并言。凡以性命并言之命字，即犹以德性并言之德字也。盖就其赋授于天者而言之则曰命，就其禀受于人者而言之则曰德。故其言德言命，即犹之其言天矣。惟《老子》

书屡言德，不言命。《庄子》内篇七篇屡言命，而非此性命之命，乃人生所遭遇之谓命耳。然则外篇言性命。显多袭《老子》，而亦已借用《孟子》《中庸》之义。《中庸》晚出于《孟子》，始言天命之谓性，而下引《庄子》外篇语，则似尤出《中庸》后。

如《骈拇》云：

> 正正者，不失其性命之情。
> 不仁之人，决性命之情而饕富贵。
> 吾所谓臧，非仁义之谓也，臧于其德而已矣。吾所谓臧者，非所谓仁义之谓也，任其性命之情而已矣。

可见此所谓性命之情，即犹其所谓德也。而性命连文，盖必尤晚出于《中庸》矣。又《在宥》云：

> 自三代以下者，匈匈焉终以赏罚为事，彼何暇安其性命之情哉？
> 天下将安其性命之情，之八者，存可也，亡可也。天下将不安其性命之情，之八者，乃始脔卷㣔囊而乱天下也。
> 故君子不得已而临莅天下，莫若无为。无为也，而后安其性命之情。
> 大德不同，而性命烂漫矣。

《天运》云：

> 三皇之知，上悖日月之明，下睽山川之精，中堕四时之施，其知憯于蛎虿之尾。鲜规之兽，莫得安其性命之情者，而犹自以为圣人，不可耻乎？其无耻也！
>
> 性不可易，命不可变，时不可止，道不可壅。

今按：此四语义深至。时不可止，道不可壅，则正是盛德大业之所由兴也。若诚知此，又何必主反本而复初乎？性不可易，命不可变，此二语当善参。若卤莽灭裂而诿谓性之不可易，命之不可变，则其语似是而实非，盖已不知有大化，而亦惟故之求矣。《刻意》篇亦云："水之性，郁闭而不流，亦不能清。"然则又何以谓德之愈下及于后世而愈衰乎？《天运》篇又言孔子告老子曰："久矣夫，丘不与化为人。"学老庄者，必主反本复初，是即不与化为人也。若果深究《庄子》七篇与《老子》五千言陈义之相异，则此等偏陷，实多本于《老子》书，而《庄子》内篇固少此失。故老庄之徒凡言性命，往往指其最先之本初言，此皆可谓承袭自《老子》，厥后惟王船山驳斥之最精到。戴东原亦有见于此，而宋儒则转反有误涉老庄以阐孔孟之病。此非细分别而究极言之，则不易得其异同得失之所在也。

《庄子》外篇既以最先之本初言德，言命，言性，故谓仁义非人性。如《骈拇》云：

> 故意仁义其非人情乎？
> 自虞氏招仁义以挠天下也，天下莫不奔命于仁义，是非以仁义易其性与？
> 夫属其性乎仁义者，虽通如曾史，非吾所谓臧也。

《天地》云：

> 跖与曾史，行义有间矣，然其失性均也。
> 老聃曰：请问，仁义，人之性邪？

外篇作者误谓仁义非人性，此乃《老子》失道而后德，失德而后仁，失仁而后义之说耳。若果如此说之，则决不能有富有之大业，决不能有日新之盛德。而宋儒受其影响，故程伊川遂谓性中何尝有孝弟来。在伊川之意，乃主仁义是性，而孝弟则非性。盖伊川以仁义属于德，而孝弟则属于事，故谓孝弟是人生以后事，非性中所有。此在庄老之徒，耻通于事，尚可如此说之。宋儒既不耻通于事，然则何为仍必分别事与性言之乎？此即朱子所以必别理与气而言之之旨也。此后亦惟船山能深辨之。盖船山深于易，又深于老庄，故能微辨其异同得失也。

外篇作者,既主原始本初者是德是性,而人事行为,皆属后起。又人事行为,可以害德,可以伤性,故遂主即以身与生言性,盖身与生亦人之最先本初所有也。如《骈拇》云:

> 此数子者,事业不同,名声异号,其于伤性,以身为殉,一也。
> 伯夷……盗跖……二人者,所犯不同,其于残生伤性,均也。
> 若其残生损性,则盗跖亦伯夷矣。

《天地》篇亦云:

> 且夫失性有五,一曰五色乱目,……二曰五声乱耳,……三曰五臭薰鼻,……四曰五味浊口,……五曰趣舍滑心,使性飞扬。此五者,皆生之害也。

凡此皆即以生与身谓性之说也。后世道家循此失而益甚,遂以长生之术为归真返朴脩性保命之学矣。此尤道家思想之愈歧而愈失其本旨者。而亦可谓其说之承袭于《老子》书者,尤深于其承袭于《庄子》之内篇也。

其他外篇言性,为本篇所未及称举者,尚可得十许条,然大义不越如上举,故不备列焉。

《老子》书晚出补证

余辨《老子》书之晚出，其主要方法，在即就《老子》书，摘出其书中所用主要之字语，一以推究其时代之背景，一以阐说其思想之线索。《老子》书仅五千言，而余就其所用字语，足以证成其书当尤晚出于庄周之内篇，凡见于我先成诸篇之所申述者，无虑已逾数十字数百条以上，则殆已铁案如山矣。然《老子》书所用字语之可证其书之为晚出者，则犹不尽于我先成诸篇之所论，爰再补列，以成兹篇。

一 常

《老子》书常用常字，如曰：

> 道可道，非常道。名可名，非常名。

又曰:

道常无为而无不为。

又曰:

复命曰常,知常曰明。不知常,妄作凶。知常容。

又曰:

知和曰常。无遗身殃,是谓习常。

又曰:

常德不离,复归于婴儿。常德不忒,复归于无极。常德乃足,复归于朴。

是老子心中重视有一常可知。今按:孔墨孟诸家皆不言常,独庄子始曰:"化则无常也。"盖庄子喜言天地大化,故曰无常。而老子承之,乃转言有常。此为思想线索之推进一层,盖以无常言化,浅而易见,以有常言化,乃深而难知也。若老子先知化有常,而庄子师承之,则决不轻言化则无常矣。《荀子》与《老子》

书当约略同时而稍后，故亦曰"天行有常"。至《乐记》"道五常之行"，则其言益晚出矣。

昔孔子尚言仁，而老子乃曰："天地不仁，以万物为刍狗，圣人不仁，以百姓为刍狗。"墨子主尚贤，而老子又曰："不尚贤，使民不争。"就思想史进程言，一新观念之兴起，必先有人提出其正面，然后始有人转及其反面。若谓《老子》书在孔墨前，岂有老子先言不仁不尚贤，而孔子始专主仁，墨子又专主尚贤之理。然常与无常，则不得以正反论。盖化之一新观点，庄子始提出之。庄子就化而言其无常，老子乃就化而言其有常，则是深浅之异，非正反之别也。否则又岂有老子兼言有常不仁不尚贤在前，而孔墨庄三家，乃各就其一端，而皆颠倒以反言之乎？则《老子》书之晚起于孔墨庄三家，而总揽此三家之说之痕迹，亦已甚显无疑矣。

二　同

《老子》书又言同，如曰：

> 此两者同出而异名，同谓之玄。
> 和其光，同其尘。是谓玄同。

今按：《墨子》有《尚同》篇，而辨同异，则其事始于庄周与惠施。然周之言曰："吹万不同。"又曰："子知物之所同是乎？曰：恶乎知之。"又曰："自其异者视之，肝胆楚越也。自其同者视之，万物皆一也。""假于异物，托于同体。"是庄周虽兼言同异，而实偏向于言其异。老子则偏向于求其同。盖言化则异，言同则常，此亦庄老两家意向之不同也。《小戴记·礼运》篇论大同之世，《乐记》篇谓"乐者为同，礼者为异"，此等皆较《老子》为尤晚出也。

三　妙

六经孔孟不言妙，而老子始言之，曰：

> 常无，欲以观其妙。
> 玄之又玄，众妙之门。

王弼曰："妙者，微之极也，万物始于微而后成。"《庄子》内篇妙字惟一见。《齐物论》，"夫子以为孟浪之言，而我以为妙道之行。"妙与孟浪对文。崔譔曰："孟浪，不精要。"则妙者，正是精微义，细小义。惟《庄子》妙字仅作一形容词用，而《老子》书中妙字，则转成为一抽象的专门名词。盖庄子仅注重言大化之迁流不常，而《老子》书乃进一层深求此大化之何自始，何于终，何由出，何所归。谓万物同始于微，极微处，即万物之同出处，故曰"玄之又玄，众妙之门"也。《易·说卦传》："神也者，妙万物而为言者也。"此语明出《老子》后。盖妙万物即是玄通万物至于其最先极微同出处，此即神之功用之所于见也。《中庸》曰："鬼神之为德，其盛矣乎！视之而弗见，听之而弗闻，体物而不可遗。夫微之显，诚之不可掩，如此夫！"此用微字，不用妙字，要其意则与《易传》相近，同为晚出于《老子》也。

四 和

《论语》："和无寡。"有子曰："礼之用，和为贵。"又子曰："君子和而不同。"凡言和，皆指行事之表现在外者。孟子曰："天时不如地利，地利不如人和。"又曰："伯夷，圣之清者也。伊尹，圣之任者也。柳下惠，圣之和者也。"此诸和字，亦皆指行事之表现在外者。至庄周言和字始不同。如曰："心莫若和。""游心于德之和。"又曰："不足以滑和。"又曰："使之和豫通而不失于兑。"又曰："德者，成和之修也。"凡此诸和字，始指内心言，始指为一种内心之德言。至其指行事表现在外者，如曰："圣人和之以是非。"又曰："和之以天倪。"又曰："常和人而已矣。和而不倡。"此所谓和，亦与儒家言和有别。至《老子》曰：

> 和其光，同其尘。

是和与同无辨也。此即庄子所谓和而不倡，以随同于人为和。是即"为后不为先"，"道者同于道，德者同于德，失者同于失"也。亦即庄子之所谓"彼且为婴儿，亦与之为婴儿。彼且为无町畦，亦与之为无町畦。彼且为无崖，亦与之为无崖"也。

《老子》又曰：

> 万物负阴而抱阳，冲气以为和。

又曰：

> 含德之厚，比于赤子。骨弱筋柔而握固，未知牝牡之合而全作，精之至也。终日号而不嗄，和之至也。知和曰常。

此诸和字义，乃并为《庄子》所未及。盖《庄子》所谓德之和，必有一番修养工夫，始可臻此。至《老子》始不言德之和而转言气之和。气之和则禀于先天，所由受以成人成物。故赤子转为得和之至。是《老子》之言和，即犹其言精。此皆由先天所禀赋，而越后转失之者。余曾辨老子言德字义与庄周不同。庄子之言德，尚近孔孟儒家，至老子始引而指先天。此处辨和字，亦其证。故就思想进程言，必是庄在先而老在后，此辨极微妙，学者必深玩焉而后可悟也。至《荀子·天论》，乃曰"万物各得其和以生"，当知《荀子·天论》，即所以驳正老庄，而此语则明承《老子》。试问若《老子》书果远在孔孟庄之前，何以于孔孟庄三家书，乃绝不见此等影响耶？

五 中

孔孟言中字，亦率指其在外有迹象可睹者。如《论语》曰："不得中行而与之，必也狂狷乎！狂者进取，狷者有所不为也。"是进取与有所不为，各占一偏，中行则不偏据也。故曰："过犹不及。"又曰："中庸之为德也，其至矣乎！民鲜能久矣。"盖《中庸》之德，即指其不陷于过与不及也。《论语》二十篇，绝无指中言心者。若就心言，当为忠。否则径言心。《孟子》七篇亦然。《孟子》曰："中心达于面目"，中心与面目在外对文，不灭心专言中也。又曰："胸中正，眸子瞭焉。胸中不正，眸子瞭焉。"以胸中指心，亦不即中言心也。又曰："不得于君则热中"，朱子曰："躁急心热也。"此乃心觉胸中有热，不得谓心热，是亦不得谓以中字代心字。孟子又与人辨仁内义外，又言反身而诚，皆不言中。又曰："子莫执中，执中无权，犹执一也，执一贼道。"又曰："孔子不得中道而与之，必也狂狷乎？"又曰："中也养不中，才也养不才。"凡语孟言中字略具是。至庄周，曰："枢始得其环中，以应无穷。"此环中中字，亦有形象可指。然已作一抽象的专门名词矣。又曰："托不得已以养中"，此中字乃以代心字，亦可谓是代气字。乃与论孟用中字之义远异。

《老子》曰：

> 多言数穷，不如守中。

此中字何指，或指环中之中，或指养中之中，要之语承庄周。庄周以前，则不见此中字之用法也。至《中庸》之书乃曰：

> 喜怒哀乐之未发谓之中。发而皆中节谓之和。中也者，天下之大本也。和也者，天下之达道也。致中和，天地位焉，万物育焉。

中和两字，乃占如此重要之地位。学者若熟诵论孟老庄，便知《中庸》此一节用语，全承老庄来，不从孔孟来。论孟言心，必言孝弟，言忠信，言忠恕，言爱敬，言仁义，言知勇，却不言中和，亦不特别重提喜怒哀乐。特别重提喜怒哀乐以言心，其事亦始庄周。《中庸》言未发已发，亦承庄周。所谓"其发若机括"，

"喜怒哀乐，虑叹变慹，姚佚启态，乐出虚，蒸成菌"，是也。其谓中节谓和者，亦指心气之和，与论孟所言和字大不同。《老子》曰：

> 天地之间，其犹橐籥乎？虚而不屈，动而愈出。

《中庸》乃承其意以言中和也。故曰，中为天下之大本，和为天下之达道。又曰致中和，则天地位，万物育。若非深通老庄，则《中庸》此一节语，终将索解无从。故知《中庸》之为书，尤当晚出于《老子》。此由于拈出其书中所用字语，而推阐申述其观点沿袭之线索，此一方法，即可证成各家思想之先后，必如此而不可紊也。至《周礼·大司乐》有中和祗庸孝友之六德，此亦即足征《周礼》之为晚出矣。

六　畜育

《庄子》仅言一气之化，所谓道者，即指此一气之化言。而《老子》不然。《老子》曰：

> 生之，畜之，生而不有，为而不恃，长而不宰，是谓玄德。

又曰：

> 大道泛兮其可左右，万物恃之而生而不辞，功成不名有，衣养万物而不为主。

又曰：

> 道生之，德畜之，物形之，势成之。

又曰：

> 故道生之，德畜之。长之育之，亭之毒之。养之覆之。生而不有，为而不恃，长而不宰，是谓玄德。

是谓道乃生万物者。德乃畜万物，育万物者。此等意想，亦庄生所未有。今按：《中庸》曰："万物育焉。"又曰："赞天地之化育。"又曰："洋洋乎发育万物。"又曰："万物并育而不相害，道并行而不相悖。小德川流，大德敦化，此天地之所以为大也。"此亦见《中庸》之兼承庄周老子，盖言化则本之庄周，言育则兼采老子也。则其书之尤较晚出于老子，又可证矣。《易·系辞传》，"天地之大德曰生"，此亦本老子，不本庄周。《乐记》"万物育焉"，语与《中庸》同，亦证其同为晚出书也。

七　明

古之言明指视，故《论语》曰："视思明。"又子张问明，子曰："浸润之谮，肤受之愬不行焉，可谓明也已矣。"又曰："可谓远也已矣。"是明为远视。《书》曰："视远惟明"是也。孟子曰："明足以察秋毫之末。"又曰"离娄之明"。又曰："舜明于庶物，察于人伦。"又曰："日月有明，容光必照焉。"凡论孟言明字率如是。至《庄子》书而明字之使用义乃大不同。庄子曰："莫若以明。"又曰："为是不用而寓诸庸，此之谓以明。"盖孔孟儒家尚言知，庄子鄙薄知，又谓为知者殆，故转而言明。盖知由学思而得，明由天授而来。故庄周又常连言神明，曰："劳神明为一，而不知其同也。"盖神者即心知之明，人尽有之也。若分析言之，则神降自天，明出于人，《庄子·天下》篇谓"神何由降，明何由出"。陆长庚曰："神谓人之本性，降衷于天。具有灵觉，谓之曰明。"是也。

老子承庄周，故亦薄知而重言明。老子曰：

知常曰明。

又曰：

  自知者明。见小曰明。

又曰：

  用其光，复归其明。

又曰：

  是谓袭明，是谓微明。

《中庸》亦重明，故曰："不明乎善，不诚乎身矣。"又曰："自诚明，谓之性。自明诚，谓之教。诚则明矣，明则诚矣。"又曰："诚则形，形则著，著则明，明则动，动则变，变则化。"故《中庸》之言明，显承老庄而来。故《中庸》称天曰高明，又曰："极高明而道中庸"，极高明，即天禀神明也。道中庸，此即庄子所谓不用而寓诸庸，尽人所有，故曰以明也。盖由庄子言之，知有大小之别，复有彼我是非之不齐，明则各凭神明天赋，遇用而见，各有所得，可以大通，不由学至也。故《中庸》又曰："尊德性而道问学"，尊德性属明，道问学属知。是《中庸》之汇通孔孟老庄以为言也。《易·系传》亦屡言"神明之德"，其书晚出而有所袭取于庄与《中庸》同。后之儒者，既莫不重易庸，因好言此明字。不知明字实渊源庄老道家，乃语孟所未有也。然则庄老之学，又安可坚摈而严斥之，必使与孔孟划为截然之两流乎？

又按宋儒如周濂溪《通书》言"静虚动直，明通公溥"。程明道《识仁》篇谓"存久自明"，《定性书》谓"用智则不能以明觉为自然"。此皆尚言明。故明道又曰："质美者明得尽，渣滓便浑化，却与天地同体也。"其弟伊川始矫其偏，曰："涵养须用敬，进学则在致知。"伊川重提出学字知字，实为不失孔孟矩矱。晦庵承伊川之说，而象山阳明则皆尊濂溪明道，而不乐伊川晦翁，则尚明尚知，先秦此一分野，即下逮宋明，犹变相存在也。

八　止

庄子好言止，《齐物论》，"知止其所不知，至矣。"又《养生主》，"吾生也有涯，而知也无涯，以有涯随无涯，殆已。已而为知者，殆而已矣。"此戒人之追逐无涯以为知，而不知止也。庄子又言"休乎天钧"。又言"因是已"。已与休，皆止也。至老子乃独承用此止字，故曰：

> 始制有名，名亦既有，夫亦将知止。知止可以不殆。

又曰：

> 知足不辱，知止不殆。

然则非知之为殆，乃有知而不知止之为殆也。学者试即就上引庄老此两节语而细籀之，其固为庄先于老乎？抑老先于庄乎？亦可以不烦多证繁引而决矣。

止之为义，老子稍前，公孙龙亦言之。其后《大学》又盛言之。故曰：

> 在止于至善。

又曰：

> 知止而后能定，定而后能静，静而后能安，安而后能虑，虑而后能得。

此其所用字语，如定静安虑，亦多袭庄老。故知《大学》亦晚出书，当在老子之后也。后之儒者，既尊孔孟，复重学庸，而深排老庄。不知学庸之固已汇通孔孟老庄而为说矣。故知论学之不贵有门户也。

九　曲

老子特用曲字，曰：

> 曲则全，枉则直。

则曲者一曲，正与大方之全为对。《中庸》承用此曲字，故曰：

> 唯天下至诚，为能尽其性。……其次致曲。曲能有诚。诚则形，形则著，著则明，明则动，动则变，变则化。唯天下至诚为能化。

尽性即全也。致曲能有诚，因能化，此即老子曲则全之说。《系辞上传》亦用此曲字，曰：

> 范围天地之化而不过，曲成万物而不遗，通乎昼夜之道而知。故神无方而易无体。

注曰："曲成者，乘变以应物，不系一方者也。"此注亦用老庄。因《易传》本文本用老庄，若不用老庄作注，即文义难明也。《荀子》亦承用此曲字，《王制》云："其余虽曲当，犹将无益也。"《解蔽》云："曲知之人，观于道之一隅。"此皆不以曲为是。然其用此曲字，则明承《老子》书而来。《小戴记·礼器》云："曲礼三千。"又特有《曲礼》之篇。其实用此曲字，则皆晚出也。

十 强

孔孟儒义不言强，庄子亦不言强。老子虽言曲，实以求全。虽守柔，实以求强。故曰：

> 知人者智，自知者明。胜人者有力，自胜者强。

又曰：

> 见小曰明，守柔曰强。

《中庸》亦明强连文，显承老子。故曰：

> 果能此道矣，虽愚必明，虽柔必强。

又：

> 子路问强。子曰：南方之强与？北方之强

与？抑而强与？宽柔以教，不报无道，南方之强也，君子居之。衽金革，死而不厌，北方之强也，而强者居之。

郑玄曰："抑而强与，而之言，汝也。谓中国也。"是则《中庸》此章，以南方之强与北方之强对举，即犹以南方之强与中国之强对举。孟子谓陈良北学于中国，中国之学者未能或之先，此即古人以北方谓中国之证。《中庸》所谓南方之强，即隐指老子言。老子曰：

强梁者不得其死，吾将以为教父。

此即宽柔以教也。又曰：

报怨以德。

此即不报无道也。是则《中庸》之书，明为承老子，受老子之影响，并已隐指老子而谓其为君子之道，而并以谓其胜于北方之中国矣。

抑《论语》有之，曰："野哉由也。"又曰："由也好勇过我。"又：

子路曰：君子尚勇乎？子曰：君子义以为上。君子有勇而无义为乱，小人有勇而无义为盗。

又：

> 子路曰：子行三军则谁与？子曰：暴虎冯河，死而无悔者，吾不与也。必也，临事而惧，好谋而成者也。

此即《中庸》子路问强之所本。然《论语》言勇不言强。故知《中庸》言强，实近承老子，非远本《论语》也。荀子亦时复言强。《宥坐》曰："强足以反是独立。"又《小戴记·祭义》，"强者，强此者也。"此等皆是儒家之晚出语也。

十一　华文素

孔子曰："郁郁乎文哉，吾从周。"又曰："文之以礼乐。"又曰："文质彬彬，然后君子。"至庄周书，不言文而好言华，盖意有抑扬从违，故遣辞不得从同也。庄周之言曰："言隐乎荣华。"又曰："张乎其虚而不华也。"此华字为老子所承用，故曰：

> 前识者，道之华而愚之始。

又曰：

处其实，不居其华。

《尚书·舜典》"重华协于帝"。疏曰："文德之光华。"是复以华为佳辞。是可知《舜典》成书之又晚出于《老子》矣。

《论语》又曰："文王既没，文不在兹乎？天之将丧斯文也，后死者不得与于斯文也。天之未丧斯文也，匡人其如予何？"是孔门儒学之重视于文者，可谓甚矣。而老子则曰：

> 绝圣弃知，民利百倍。绝仁弃义，民复孝慈。绝巧弃利，盗贼无有。此三者，以为文，不足，故令有所属。见素抱朴，少私寡欲。

所谓圣知仁义，即指孔门儒学而言。巧利则犹是战国晚起之事。老子正欲反此三者，其意即欲一反社会之人文演进，而期为归本返朴也。故必令此三者有所属。此在孔子亦言之，曰："礼云礼云，钟鼓云乎哉！乐云乐云，玉帛云乎哉！"是在孔子当时，正以钟鼓玉帛为文，而孔子求反之于礼乐，是孔子之意，固以礼乐为文也。孔子又曰："先进于礼乐，野人也。后进于礼乐，君子也。如用之，则吾从先进。"是孔子之意，亦犹以礼乐为文为不足，而求令有所属也。孔子以礼乐为文，正合春秋时代之情形，此有一部《左传》之详细记载可以为证。《老子》书以圣知仁义巧利三者为文，则求之于春秋时代为不合，必求之于战国晚世，乃见宛符。此亦可证《老子》书之为晚出矣。

《老子》书素朴素字，亦见于《论语》。子曰："绘事后素。"子夏曰"礼后乎"是也。是孔门之意，正以礼为不足，而欲属之于人心忠信之素质也。《老子》书用素字，采之《论语》。其用朴字，乃其新创。《中庸》："君子素其位而行，不愿乎其外。素富贵，行乎富贵。素贫贱，行乎贫贱。素夷狄，行乎夷狄。素患难，行乎患难。"郑注："素读为傃"，殊属强解。盖素乃本先之义。朱子易之曰："素，犹现在也。言君子但因现在所居之位而为其所当为。"盖朱子嫌若注为因其本先所居之位，则人将疑现在或已不然。故径改本先为现在，此诚通儒之达解也。素朴二字，遂为此下《吕览》《淮南》诸家所乐用。故凡《老子》书中用字，往往寻之于《论》《孟》《墨》《庄》诸书或不易见，而求之《荀子》《戴记》《易传》《吕览》《淮南》，则遍检而可得。则《老子》书之成书年代，岂不显而易证乎？

十二　宗

《庄子》内篇命题有《大宗师》。又曰："命物之化而守其宗。"又曰："吾乡示之以未始出吾宗。"此宗字用法，亦为《老子》书袭用。《老子》曰：

> 渊兮似万物之宗。

又曰：

> 言有宗，事有君。

皆是也。后世喜用此宗字，如曰宗主，曰宗匠，曰宗旨，曰宗门，曰宗风，曰宗师，曰宗极，曰宗派，曰宗教，求其语源，实始庄老。余尝谓中国后世学术思想。若严格剔去庄老两家所创用之字语，则必成为偏枯不起之重症，此例可概其余也。

十三　正贞

孔孟儒家好言正。故《论语》曰："齐桓公正而不谲。"又曰："必也正名乎！"又曰："就有道而正焉。"孟子曰："尽其道而死者，正命也。"又有胸中正胸中不正之辨。荀子亦有《正名》篇，《正论》篇。此皆儒义尚正之证。至庄周则不认有此正。故曰："四者孰知正味。""四者孰知正色。"又曰："吾谁使正之。"然又曰："幸能正生以正众生。"是庄周心中亦有正，惟非儒家孔孟之所谓正耳。老子曰：

> 孰知其极，其无正。正复为奇，善复为妖。

此承庄周言正之无定也。然又曰：

> 以正治国，以奇用兵。

又曰：

> 我好静而民自正。不欲以静，天下将自正。

又曰：

> 清静为天下正。

是老子心中亦有正，然近庄周，不近孔孟，则显然也。《老子》书又以贞易正，其言曰：

> 昔之得一者，天得一以清，地得一以宁，神得一以灵，谷得一以盈，万物得一以生，侯王得一以为天下贞。

此处用贞字，即正也。谓侯王为天下之所从以受正也。《小戴礼·文王世子》篇，"万国以贞。"此又明承《老子》侯王为天下贞之语来。

《系辞下传》曰：

> 吉凶者，贞胜者也。天地之道，贞观者也。日月之道，贞明者也。天下之动，贞夫一者也。

此贞字有主于一义，有常义。谓吉凶之道，常主于相胜。天地之道，常主于观示。日月之道，常主于有明。天下之动，则常主于一也。此一字亦即《老子》书中昔之得一者之一，一即道也。天下之动，则一切遵于道而动，亦即《中庸》所谓"道也者，不可须臾离。可离非道也"。就其所用之字语，推求其所涵之义蕴，《易系》之与《中庸》，往往可以援《老子》之书为解而得其相通者。然就孔孟书中，寻其所用字语，乃渺不得其有受老子思想影响之痕迹。此即可以知《老子》书之晚出，其时代当下距《易传》《中庸》不远，而决不能谓其前于孟子，孔子更无论也。

十四　渊

庄周书好用渊字，曰："鲵桓之潘为渊，止水之潘为渊，流水之潘为渊。渊有九名，此处三焉。"释德清曰："鲵桓处深泥，喻至静，即初止。止水澄清，万象斯鉴，即天壤之观。流水虽动，而水性湛然，即太冲莫胜，止观不二也。"此庄周之以渊喻心也。老子承之，乃曰：

> 心善渊。

若非先有庄子，则老子此语殊嫌突兀。于诗固有之，曰："其心塞渊。"又曰："秉心塞渊。"左氏亦曰："齐圣广渊。"然谓老子此语，乃承诗人之咏而来乎？抑承庄周所云云而来乎？精于文理者，亦可微辨而定之矣。

十五　冲

《庄子》书又特用冲字，曰："乡吾示之以太冲莫胜。"《说文》曰："冲，涌摇也。"庄子以水喻心，释德清谓太冲莫胜，即流水之渊，其说甚是。《老子》书乃特喜用此冲字。曰：

> 道，冲而用之或不盈，渊兮似万物之宗。

此处冲字渊字并用，显见承庄周。谓冲而用之者，即虚而不屈，动而愈出也。故老子又称谷神，谷亦指水流，常动常虚也。又曰：

> 大盈若冲。

冲与盈对文，则冲显有虚义。然正以涌摇流动故虚。此处老子心中，仍指川谷之水以为喻也。故又曰：

> 谷得一以盈。

盖谷之为水，流于山间，犹未达于平地。故其势常动常流常虚，而又能常不枯竭，故老子每喜以谷喻道。喻道即以喻心矣。故庄周以渊喻心，而老子增之以谷喻。是老子思想之益细密也。若谓老子在前，兼以渊谷喻，乃庄周特赏其一而昧弃其一焉，此又无说以通也。老子又曰：

> 万物负阴而抱阳，冲气以为和。

何以谓之冲气？盖天地大气，亦常迁化流动，正如川谷之水也。庄周特言此一气之化，而老子详说之，曰：冲气以为和，斯可谓精妙矣。盖谓此一气以常流动，而有种种配合，遂以成此万物也。《易·系传》亦言之，曰："一阴一阳之谓道"，当知一阴一阳者，此即常动常化，即所谓冲气以为和也。今若老子先言万物负阴抱阳，冲气为和在前，则还读庄周书，几同嚼蜡。以庄周之大智，而若等于茅塞其心矣。故兼观此渊与冲之两字之用法，而庄老两书之先后，亦可即此而定。从来解《老子》书冲字，每主以虚说之，而不知兼以动义说之，其误在不知《老子》书用此冲字之来源，乃特源于庄周之书也。

十六　兑

庄周书又特用兑字，曰："使之和豫通而不失乎兑。"老子亦承用之，曰：

> 塞其兑，闭其门，终身不勤。开其兑，济其事，终身不救。

王弼曰："兑，事欲之所由生。门，事欲之所由从。"庄子之意，使其心与外和豫悦通而不失之兑，此即虚义也。老子曰塞兑闭门，即求不失乎兑。然必又知抱一，乃始微妙玄通。若专言塞兑闭门，则陷落一偏，义不深惬矣。

十七　光

庄子有言："是谓葆光。"此一光字，亦为老子所袭用。老子曰：

> 和其光，同其尘。

《庚桑楚》云："生者德之光。"即此光字的解。光尘对文者，庄子曰："是其尘垢糠秕，犹将陶铸尧舜"，此尘字之来源也。《易·坤·文言》曰：

> 坤，后得主而有常，含万物而化光。

此其为晚出于《老子》书，又可就文而见矣。

十八　久

老子言常，故亦言久。其书曰：

> 天长地久，天地所以能长久者，以其不自生，故能长生。

又曰：

> 孰能安以久动之徐生。
> 道乃久。
> 有国之母，可以长久。是谓深根固蒂，长生久视之道。

后世道家言长生久视，其说实始于老子，在庄子固不尔。故曰："大块载我以形，劳我以生，佚我以老，息我以死。故善我生者，乃所以善吾死。"盖庄子主大化无常，故不言长生，老子主有常，故转期长生也。

又老子曰，道乃久，此义乃为《中庸》所袭。《中庸》之书曰："至诚无息，不息则久。"又曰："悠久所以成物。"又曰："天地之道，博也厚也，高也明也，悠也久也。"盖《中庸》之所谓至诚，即老子之所谓道也。《中庸》言天地之道，于博厚高明之外，特添进悠久一义。此为于物质观念形象观念外，特添进一时间观念。故《中庸》实承老子，而庄子转不然。盖庄子认天地之道为迁化无常，而老子《中庸》则认为天地之道为有常而可久也。

又按：《中庸》曰："天地之道，可一言而尽也。其为物不贰，则其生物不测。"不贰贰字，清儒如王引之朱骏声，皆考订其为忒字之讹。其为物不忒，即老子之常德不忒也。生物不测，即老子之复归于无极也。无极不测皆无穷义，即《中庸》之所谓悠久不息也。则《中庸》此一忒字，亦正从老子来。

《易·系传》亦言可久可大。其言曰："有亲则可久，有功则可大。可久则贤人之德，可大则贤人之业。"盖庄周好言大，而特以言大化。至《老子》《中庸》《易·系》，始兼言大与久，而落实到人生事业上，此亦思想线索递转递进之一端。若谓庄周书晚出于《老子》《易传》与《中庸》，则庄周思想之于老子，实为一种堕退叛离与违失，此又与向来认庄周为推阐老子之说者大背矣。

上举二十二字,又数十条,大体就思想演进线索言,然亦有涉及时代背景者,如第十一节论"此三者以为文不足"之类是也。兹请再就于时代背景有可疑者续论如次。

十九　士

《老子》曰:

> 古之善为士者,微妙玄通,深不可识。夫唯不可识,故强为之容。豫兮若冬涉川,犹兮若畏四邻。俨兮其若客,涣兮若冰将释。敦兮其若谷,浑兮其若浊。孰能浊以静之徐清,孰能安以久动之徐生。保此道者不欲盈。夫唯不盈,故能敝不新成。

《老子》书言圣人,其于春秋时代背景不合,已详论在前,而此条言士,亦殊可疑。当春秋时,士之地位至微末。其先惟齐公子纠公子小白,晋公子重耳出亡,随从之士,因缘际会,跃登要职,崭然露头角。其他则甚少见。下至春秋晚世,晋卿始多养士,而孔子与其门弟子,乃亦多于士之品格修养有讨论。然亦曰:不耻恶衣恶食。行己有耻。不怀居。使于四方,不辱君命。察言观色，虑以下人。见危授命，见得思义。凡若此类而止。盖士之地位，尚不能上与君子比。而《老子》书中之士，如上举之条，其身份地位，实已相同于《老子》书中之圣人。此必士之在社会，已甚活跃，受人重视。隐握有领导群伦之势。士之意气已甚发舒，而多因此遭意外之祸害。故老子乃意想古之善为士者，其所描述，乃务自深藏，不为人先，不急表现，处浑浊不安之世，而能默运潜移，主宰一切。试问此何尝为春秋中叶孔子以前之所能有？若非老子处战国晚季，处士嚣张之时代，又何来有此等想象与拟议乎？

《老子》又曰：

> 上士闻道，勤而行之。中士闻道，若存若亡。下士闻道，大笑之。

当知此上士闻道之道，与孔子士志于道之道大不同。此统观于《论语》与《老子》两书之论道而可知。盖在《论语》，士尚为下于君子之一流品。君子已上侪于贵族，士则始藉以进身，此为于春秋晚年之时代背景相切合。而《老子》书中之士，则实与圣人同为一类知识分子之称号。而君子一名，乃不见于《老子》书中。盖庄老皆不喜言君子，庄孟之异，老荀之别，即可于此一端觇之也。

《老子》又曰：

> 善为士者不武。

若就春秋言，士之进身，实首赖于尚武。孔门六艺有射御。孔子曰："执御乎？执射乎？吾执御矣。"下至墨家，其徒更以有武显。观于禽滑釐与孟胜之俦，可以知墨徒于当时所以获尊显之由来。即李克吴起商君，何一不以武事自升进。士之可以不武而见尊，此正世运之进，此则在孟庄之时而始然耳。王弼注《老子》此条，曰："士，卒之帅也。"当知由士而得为卒之帅，此亦已以晚世事为说矣。

凡此皆可证《老子》书之晚出。循此以往，所涉益细，可以例推，不烦再缕举也。

庄老太极无极义

《庄子》内篇《大宗师》始言太极。其言曰：

> 道……神鬼神帝，生天生地。在太极之先而不为高，在六极之下而不为深。先天地生而不为久，长于上古而不为老。

六极又见于内篇《应帝王》，

> 厌则又乘夫莽眇之鸟，以出六极之外。

是也。又见于外篇《天运》，曰：

> 天有六极五常。

司马彪云："六极，四方上下也。"俞樾曰："此即《洪范》之五福六极。"《天运》乃后起之篇,疑说六极当以俞樾说为是。司马之说,移以释《大宗师》《应帝王》则谛矣,未可说此《天运》之六极也。《天运》篇又云:

> 充满天地,包裹六极。

此则亦当如司马氏之说。
又有称八极,外篇《田子方》:

> 上窥青天,下潜黄泉,挥斥八极,神气不变。

又有称西极,《田子方》:

> 日出东方而入于西极。

是也。凡所谓六极八极西极者,皆远而无所至极义。知《大宗师》篇太极与六极连文,亦当指空间。下文先天地生,长于上古,乃始指时间。

然则又何谓在太极之先乎?按郭象注:

> 道无所不在,故在高为无高,在深为无深,在久为无久,在老为无老。且上下无不格者,不得以高卑称。内外无不至者,不得以表里名。与化俱移者,不得言久。终始无常者,不可谓老。

据是，则《庄子·大宗师》原文，应作在太极之上，而后人妄易以先字耳。

《庄子》书又屡言无极有极，如曰：

> 其言犹河汉而无极。(《逍遥游》)
> 若人之形者，万化而未始有极。(《大宗师》，此语又见于《田子方》)
> 孰能登天游雾，桡桃无极。(《大宗师》)
> 入无穷之门，以游无极之野。(《在宥》)
> 澹然无极，而众美从之。(《刻意》)
> 精神四达旁流，无所不极。(《刻意》)
> 彼其物无测，而人皆以为极。(《在宥》)
> 道物之极，言默不足以载，非言非默，议其有极。(《则阳》)

然则《庄子》书言极字，皆至极义，非有其他深解。庄子又屡言无穷无竟无端无涯，皆犹其言无极，特见遥邃之趣。

至《老子》书言无极，曰：

> 知其白，守其黑，为天下式。为天下式，常德不忒，复归于无极。

王弼注："不可穷也。"则此亦无穷之常义。又曰：

> 祸兮福之所倚，福兮祸之所伏，孰知其极。
>
> 无不克，则莫知其极。
>
> 善用人者为之下，是谓不争之德，是谓用人之力，是谓配天，古之极。

盖老子尚古，故谓古之极，其淳朴之德足以配天也。则《老子》书用极字，亦皆常义，非有深解也。

极字之具有玄义，实始《易·系辞》。"易有太极，是生两仪。"释文，"太极，天也。"此实本《庄子·大宗师》太极之上一语来。然庄子言太极六极，犹其言天地上古，此本常语，而《易·系辞》之太极两仪，则渐染有玄义，而成为一专名。又《易·系》云："三极之道。"指天地人为三极，此极字亦不能作常义解。于是乃始有《洪范》之皇极。知《洪范》决为晚出书，疑当在《老子》后，或更出《易·系》后也。

后人言太极无极，其大义则显本《易·系》《洪范》。太极无极皆成一玄名，而此玄名，又若为宇宙间所实有。虽其语源固出于庄老，然其涵义则实创自儒家也。此亦后起儒家汇通庄老道家言而增成其形上之一境界之一例，为治中国思想史者所当注意。凡以见中国后起思想，颇多会合儒道而另辟一新境界。若必剔除庄老道家义，而专从儒家孔孟原始义，则不能有此等观念与境界之开出也。

庄老与易庸

五四运动后,一般人好讲辩证法,因之有人说《庄》《老》《易》《庸》都带西方辩证法的气息,讲对立,讲变化。今按辩证法万变无穷。中国言变,则只在一常道中。此讲先《庄》,次《老》,最后《易》《庸》,分三次第来讲。

一 《庄子》

从死生与物我讲起,此为智识上"时""空"之两大限界,庄子归纳称之曰"彼是"。《庄子》说:

> 物无非彼,物无非是,自彼则不见,自知则知之。故曰:彼出于是,是亦因彼。彼是,方生之说也。虽然,方生方死,方死方生,方可方不可,方不可方可。因是因非,因非因是。

(《齐物论》)

人生根本不能脱离时空之有限性。在此时空限界之这一边的是"我"与"生",庄子称之曰"是"。在此时空限界之那一边的是"物"与"死",庄子称之曰"彼"。因此有是必有彼,有彼必有是,彼是同时并起,而且平等存在。在此则此曰是,在彼则彼曰是,"彼""是"双方又可以对等互易。但人之情感知识,常见此为是而可好,彼为非而可恶。其实此非与恶之情识,早已侵越了知之界限,而闯进我们所不可知之对面去。我们对知识界之那一面,既本无所知,又何从认其为非而可恶?此种错误,是只知依照着人生界而起。人类每每喜欢把人生界来推概宇宙界,喜欢把有限来推概无限。此非庄子之所谓"以有涯随无涯",实乃以无涯随有涯。我们若能改就无限的立场,依照宇宙界,则根本将无此分别,无此限界。但宇宙界中既确有此人生界,而我们则站在人生界立场,便易于承认有这一面。但我们也该从宇宙界的立场来同时承认有那一面。如是则在无限界中之有限界,变成无处无时不是,抑且无处无时不可好。《庄子》说:

> 是以圣人不由,而照之于天,亦因是也。(《齐物论》)

若由纯乎天的立场，即宇宙界的立场，则根本无"彼""是"之分。现在是站在人生界中而同时采用宇宙界的看法，则此人生界将无时不是是，无处不是是，故《庄子》说："亦因是也。"纯乎人生界的知识范畴，因乎是而有非，因乎非而有是。纯乎宇宙立场，则并无是非之分。现在是把人生界妥当安放在宇宙里，则可以各有其所是，而不必各有其所非。此亦是一种"因是"，但与"因是因非"之"因是"不同。一面是因有所是而有所非，因有所非而有所是。此则只因其所是而不再有所非。如是则一切皆是，更无有非。故《庄子》说：

> 物固有所然，物固有所可。无物不然，无物不可。……恑恑憰怪，道通为一。其分也成也，其成也毁也，凡物无成与毁，复通为一。……通也者得也，适得而几矣？因是已。（《齐物论》）

人生界有得必有失，有是必有非，有好必有恶，其实是误在其有所知即有所不知上。庄子的理想人生，是只有得而更无所失。此种得，乃人生界从宇宙中之所得，庄子称之为"适得"。适得是一种无心于得之得。并不是先有所好所是后之得，而是偶然适得。所得的便是"是"。"因是已"，"已"是即此而止，即其所适得而止。不再从所得侵越到所未得，而横生一种好恶是非之妄见。所得为生,生即是是,却不就此认死即是非。所得为我,我即是是,却不就此认物即是非。因"死""生""物""我",同样在此宇宙界中,同样是一"天"。这一种境界,庄子称之为"天与人不相胜,是之谓真人。"(《大宗师》)他又说:"有真人而后有真知。"

二 《老子》

道家有庄老,等于儒家有孔孟,这是中国思想史里两大主要骨干。上面讲庄子,没有提及道家关于"道"字的观念,现借《老子》书来讲道字。老子说:

> 有物混成,先天地生。吾不知其名,字之曰道,强为之名曰大。大曰逝,逝曰远,远曰反。(二十五章)

这是说,道先天地而有,道是绝对的,又是循环的。宇宙一切都由道出,道是运行向前的,但它向前到某一限度会回归的。老子又说:

> 至虚极,守静笃。万物并作,吾以观其复。夫物芸芸,各复归其根。归根曰静,是谓复命。复命曰常。知常曰明,不知常,妄作

凶。(十六章)

大道运行不息,但必反本复始,归根回原,所以是至动而至静。此种运行既有常轨,故可信。老子又说:

> 反者道之动,弱者道之用。……强梁者不得其死。(四十·四十二章)

道之运行,常向其相反处,强便转向弱,弱又转向强。成便转向败,败又转向成。人心好强好成,道则无所存心。天地间一切现象的变动,其起始常甚微,但到后则甚明。人若懂得"微"与"明"的道理,则自知所以自处。故曰:"柔弱胜刚强。"反之,过于刚强,或不得其死。老子又说:

> 知其雄,守其雌,为天下谿。知其白,守其黑,为天下式。知其荣,守其辱,为天下谷。(二十八章)

人若喜雄、白、荣,便该守雌、黑、辱。雌、黑、辱有获得雄、白、荣之道。若牢居在雄、白、荣的位上,反而要堕入雌、黑、辱的境遇了。庄子是豁达豪放人,事事不在乎。老子是一谨小慎微者,步步留心,处处在意。他说:

> 我有三宝，持而保之。一曰慈，二曰俭，三曰不敢为天下先。慈故能勇，俭故能广，不敢为天下先，故能成器长。（六十七章）

此三宝中，"俭"与"不敢"，最见老子真情。"慈"则最多只像是一种老年之爱，世故已深，热情血性都衰了，譬如哄小孩般。这一意态，仍是他所说"天地不仁""圣人不仁"之冷静意态。他是一精于打算的人，遂主张"无为"，他说：

> 圣人无为，故无败。无执，故无失。民之从事，常于几成而败之。慎终如始，则无败事。
> 是以圣人欲不欲，不贵难得之货。学不学，复众人之所过。以辅万物之自然而不敢为。（六十四章）

老子认为，"无为"，可以长生，可以治国，可以用兵，可以交与国，取天下。可见老子思想，最自然，还是最功利的；最宽慈，还是最打算的。虽竭力主张尚法自然，尊道贵德，而求达于"天人合一"之境界。究竟他太精于打算了，似乎精细更胜过了博大。故庄子讲"是非"，境界高。老子讲"得失"，境界浅。此后黄老之学，变成权谋术数，阴险狠鸷，尤非老子之所及料。

三　《易》《庸》

以上讲老子思想，提出一个"天人合一"，即人生界与宇宙界合一，文化界与自然界合一的一种新观点。此一问题，本是世界人类思想所必然要遭遇到的惟一最大主要问题。春秋时代人的思想，颇想把宇宙界暂时撇开，来专一解决人生界诸问题，如子产便是其代表。孔子思想，虽说承接春秋，但在其思想之内在深处，实有一个极深邃的天人合一观之倾向，然只是引而不发。孟子性善论，可说已在天人交界处明显地安上一接榫，但亦还只是从天过渡到人，依然偏重在人的一边。庄子要把人重回归到天，然又用力过重，故荀子说其"知有天而不知有人"。但荀子又把天与人斩截划分得太分明了。老子始提出"人法地，地法天，天法道，道法自然"之明确口号，而在修身、治国、平天下一切人生界实际事物上，都有一套精密的想法。较之孟子是恢宏了，较之庄子是落实了，但较之孔子，则仍嫌其精明有余，厚德不足。而且又偏重在自然，而放轻了人生文化之比重。《易传》与《中庸》，则要弥补此缺憾。《中庸》说：

> 天命之谓性，率性之谓道，修道之谓教。

把自然扣紧在人性上,把道扣紧在人文教化上,这是把孟子来会通到庄老。《易传》说:

> 昔者圣人之作易也,将以顺性命之理。是以立天之道,曰阴与阳。立地之道,曰柔与刚。立人之道,曰仁与义。

这仍是把孔孟"仁义"来会通庄老之"天地""自然"。顺性命之理,即是顺自然。人道中之仁义,即是天道中之阳阴。地道中之刚柔,此即是道法自然。故曰:

> 观变于阴阳而立卦,发挥于刚柔而生爻,和顺于道德而理于义,穷理尽性以至于命。

此处特提"穷理"一观念,极重要。《易传》所谓"穷理尽性以至于命",即孟子所谓"尽心以知性,尽性以知天。"即孔子所谓之"下学而上达"。

道家观念重于"虚",虚而后能合天。儒家则反身内求,天即在人之中,即就人文本位充实而圆满之,便已达"天德",便已顺"天命",更不必舍人求天。《易传》之穷理尽性,亦即是《中庸》之致中和。《中庸》曰:

> 喜怒哀乐之未发，谓之中。发而皆中节，谓之和。中也者，天下之大本也。和也者，天下之达道也。致中和，天地位焉，万物育焉。

"中"即是人之性，"致中和"即是尽性穷理。何以说"致中和即能天地位，万物育"呢？《易传》曰："天地之大德曰生。"天地之生，在于有阴阳之分。人道之生，在于有夫妇之别。《中庸》曰：

> 君子之道，造端乎夫妇，及其至也，察乎天地。

夫妇之"合"本乎人性，而夫妇有"别"，又于别中见"和"。别生"敬"，和生"爱"。别生"义"，和生"仁"。夫妇之道，即是仁义爱敬之道，此见"人道"即"天道"，人生界即是宇宙界。

《易传》《中庸》，一方面认为人道本身就是天道，此义当溯源于孔孟。但另一方面也常先从认识天道入手来规范人道，此法则袭诸庄老。但庄老言天道，只就"现象"言，《易传》《中庸》则不肯就象言象，而要在现象中来籀绎出此现象所特具而显著的"德性"，此一点，与庄老发生绝大歧异。《易传》里所注重的"法象"观念，显然渊源于老子，但有一极大不同点。老子只指出此现象之常对立，常反复，仅就现象来描述现象。《易传》则就此现象而指出其一种无休无歇不息不已之性格，故曰："天行健，君子以自强不息。""健"乃天行之象之一种特性，一种本身内在固具之德。《中庸》也说：

> 至诚无息。不息则久，久则征，征则悠远，悠远则博厚，博厚则高明。博厚所以载物也，高明所以覆物也，悠久所以成物也。博厚配地，高明配天，悠久无疆。

《中庸》又于健行不息中说出一个"至诚"来。若非至诚，如何能健行不息呢？《易传》指出此道之健，《中庸》则指出此至健之"道"之至诚之"德"。惟其至诚而健，故能不息。惟其不息，故能博厚高明悠久而成其为天地，成其为道。

我们若把西方的哲学观点来衡量批评庄老与《易》《庸》，他们都是主张根据宇宙界来推及到人生界的。庄老宇宙论，可说是唯物的，他们对物的观念，注重在其流动变化，是气化的一元论。《易》《庸》并不反对此观点，只从天地万物之流动变化中，指出其内在固有之一种性格与特征，是"德性的一元论"。此种德性一元的观点，为中国思想史中之特创。《易》《庸》即运用此观点来求人生界与宇宙界之合一，所谓"天人合一"。因此《易》《庸》不失为儒家孔孟传统，而终与庄老异趋。

庄老都认为宇宙间一切事象，全是对立的。《易传》《中庸》则不同，他们似认为一切对立，都不是截然的。在对立的两极端之间，还有一段较宽较长的中间过程，此即儒家所谓"中道"。这一新观点，也是庄老强调了宇宙事象是一切相对立的这一观念之后，而始提出的。《易传》说：

> 易之为书也，原始要终，以为质也。六爻相杂，惟其时物也。其初难知，其上易知，本末也。初辞拟之，卒成之终。若夫杂物撰德，辩是与非，则非其中爻不备。

此说人生界一切事理，主要的不在两头，而在其中段。我们须认识得此中间过程而应付得宜，始是本末始终，一以贯之。故说："阴阳合德。天下之理得而成位乎其中矣。"《中庸》也说：

> 舜其大知也与！舜好问而好察迩言。隐恶而扬善，执其两端，用其中于民，其斯以为舜乎！回之为人也，择乎中庸，得一善，则拳拳服膺，而弗失之矣。

当知善不专在极端处，而在中庸处。好问好察迩言，便是舜之乐取于人以为善。择乎中庸，并不是教人在两极端上同样打一折扣。所谓"中庸"之道，根本不认有截然两端之对立，看若对立，而其间实有一相通相和之中性存在，故曰：

> 君子和而不流，强哉矫！中立而不倚，强哉矫。

"中"处即是其"和"处，即是此两极端之交互通达而合一处。《中庸》说："天地之大，人犹有所憾。"人若要站在一极端上，实无此极端可站。试问天地是否算得上至善？除却像西方宗教里的上帝是至善以外，便只有中庸之道可算得至善。因为中庸之道是"庸德之行，庸言之谨"。《中庸》又说："君子之中庸也，君子而时中。小人之中庸也，小人而无忌惮也。"论是非，不是截然对立之两敌体，但要在此浑然一体中，明辨是非，所以要博学、审问、慎思、明辨、笃行。惟天地间并无截然对立的是非，若使有，则在其终极处，所谓其初难知，其上易知。人类永远在下学而上达，永远在过程中。所以易卦终于"未济"。若站在终极处，则天地灭绝，更无演进，更无变化。就理论上言，应求出此两端。就实践上论，则很难遇见此两极端。所以说"执其两端，用其中于民"。"用"即是实践，在人世间的实践，则既非上帝，也非魔鬼。善恶、是非之辨，往往是中间过程之相对，而非两极之绝对。如是则理论与实践，也便成为两极端。我们仍须"执两用中"，把"理论"与"实践"之两极端中和起来，一以贯之，这是儒家中庸的辩证法。这一番理论，较之庄老所言，又进了一步。其实《易》《庸》思想，《论语》《孟子》均已说及，只是引而未发，必得经过《庄》《老》一逼，始逼出《易传》与《中庸》来。

下　卷

记魏晋玄学三宗

魏晋之际,玄学再兴,言其派别,大率可分三宗。一曰王何,二曰阮嵇,三曰向郭。之六家者,世期相接,谈议相闻,而其思想递嬗转变之迹,乃如陂陀之委迤,走于原隰,循势所趋,每降愈下。颓波曲折,殊有可得而微论者。

(一)

王弼之学,原于荆州。时称刘表之在荆州也,广开雍泮,亲行乡射,设俎豆,陈磬彝,鸿生巨儒,朝夕讲诲,虽洙泗之间,学者所集,方之蔑如。深愍末学远本离质,乃令诸儒改定《五经章句》,删划浮辞,芟除烦重,赞之者用力少,而探微知机者多。(严辑《全三国文》卷五十六《刘镇南碑》)又谓其开立学官,博求儒士,使綦母闿宋忠等撰定《五经章句》,谓之后定。(《三国志》裴注引《英雄记》)《隋书·经籍志》刘表有《周易章句》五卷，梁有宋忠注《周易》十卷。弼父业乃刘表外孙，则弼之易学，远有端绪。其兼通老子，亦时风率然。荆州既儒雅所萃，而别驾刘先以好黄老著。钟会与王弼同时，其父钟毓，即为《周易老子训》。会稚年，四岁授《孝经》，七岁诵《论语》，八岁诵《诗》，十岁诵《尚书》，十一岁诵《易》，十二岁诵《春秋左氏传》《国语》，十三岁诵《周礼》《礼记》，(《三国志·钟会传》裴注引会作其母传)此可窥当时士族家教之一斑。然会之自称，"涉猎众书，特好易老子。"即此可征时尚。意弼之于会，学业涂辙，亦无大异。弼方弱冠，造吏部郎裴徽，徽问弼曰："夫无者诚万物之所资也，然圣人莫肯致言，而老子申之无已者何？"弼曰：

> 圣人体无，无又不可以训，故不说也。老子是有者也，故恒言无，所不足。

然则当时固不许老子为圣人，此裴徽王弼之所同也。特王弼说圣人，即以老子之所称尚于无者说之，故曰"圣人体无，老于是有者，恒言无，乃其所不足"，是弼之视老子，固犹下于圣人一等矣。盖弼之尊孔，乃是承续前传，而内实宗老，则亦衰世风情之大趋，此其所以开启后学也。弼既注《易》，又注《老》，殆谓

《老子》义通《周易》，此其所尊，固犹在儒，而特以《老子》义通之，尚非背儒而尊老也。

《世说》注引《文章叙录》，谓："自儒者论以老子非圣人，绝礼弃学，何晏说与圣人同，著论行于世。"又引《魏氏春秋》云："何晏善谈易老。"此亦进老子于儒门，意径与王弼略似。《世说》云："何晏注老子始成，诣王辅嗣，见王注精奇，乃曰：若斯人可与论天人之际矣。遂以所著为道德论。"是王何二人论学宗旨相同也。《世说》又曰："王弼未弱冠，往见晏，晏闻弼名，因条向者胜理，语弼曰：此理仆以为理极，可得复难否？弼便作难，一坐人便以为屈。"然《魏氏春秋》又云："弼论道约美不如晏，然自然出拔过之。"则王何在当时，固是并驾齐驱，一时瑜亮，不得谓晏之必屈于弼也。

《晋书·王衍传》谓："魏正始中，何晏王弼等祖述老庄立论，以天地万物皆以无为（按此处疑衍一为字）为本。无也者，开物成务，无往不存者也。阴阳恃以化生，万物恃以成形，贤者恃以成德，不肖恃以免身。故无之为用，无爵而贵矣。"窃谓王何之学，论其传统大趋，则犹是儒学也。而两人乃独标无字以为天地万物之本者，此缘两汉以来，儒生言经籍，率屡以阴阳五行，谓天地万物，皆本原于五天帝，五天帝递相主令，而宇宙万物灿然分别。东汉王充以下，此义遂成诤点。王何援无说经，正以荡涤汉儒阴阳谶纬之谬悠。至于后世流荡不反，崇尚虚无，固不得尽以归罪二人也。

孙盛之评王易曰："易之为书，穷神知化。弼以附会之辨，而欲笼统玄旨，故其叙浮义则丽辞溢目，造阴阳则妙赜无闲，至于六爻变化，群象所效，日时岁月，五气相推，弼皆刊落，多所不关。虽有可观，恐将泥于大道。"（《三国志》裴注引）此乃孙氏犹守汉儒旧辙，故无契于弼之得意忘象，得象忘言，刊落芜秽，直造渊微之深旨耳。

王弼既以天地万物为原本于无，何晏申其说，创为圣人无喜怒哀乐论，钟会等皆述之，而弼独与不同。谓：

> 圣人茂于人者神明也，同于人者五情也。神明茂，故能体冲和以通无。五情同，故不能无哀乐以应物。然则圣人之情，应物而无累于物者也。今以其无累，便谓不复应物，失之多矣。（《三国志·钟会传》裴注引何劭为《王弼传》）

辅嗣此论，遥与北宋程伯子定性之旨扶同，则乌见其为独祖老庄，背离儒统乎？

何晏魏之宗戚。幼有凤惠。七岁在魏宫，魏武奇爱之，欲以为子。晏画地自处其中，人问之，曰："何氏之庐也。"年壮仕进，心存魏室，死于曹爽之难，

殆亦忠节之士。尝著五言诗以言志,曰:

> 鸿鹄比翼游,群飞戏太清。常畏大网罗,忧祸一旦并。岂若集五湖,从流唼浮萍。永宁旷中怀,何为怵惕惊。

此犹阮嗣宗之《咏怀》矣。盖在当时,如夏侯太初,何平叔,皆非不知祸难之方临。其不能引身而退,亦自有难言者。乃为易世史臣之所诬蔑,宋叶正则清钱大昕皆白其冤。(叶说见《习学记言》,钱说见《潜研堂集·何晏论》)余考其学,盖亦儒家之矩矱。晏所集《论语》注,本由五人同撰,孙邕曹羲荀𫖮郑冲与晏而五。邕学诣不详,(《通典》七十八仅存孙邕合朔有违错一节,在其领太史令时。)羲爽之从弟,旧史于爽晏多诋毁,独于羲无贬辞。谓爽数与晏等纵酒作乐,羲深以为忧,数谏止之。又著书三篇,陈骄淫盈溢之致祸败,辞旨甚切。不敢斥爽,托戒诸弟。今惜其文不传。或羲自戒弟,而史臣曲谓之斥爽。其谓爽晏数纵酒而羲数谏,亦未必尽可信。晏与羲既同撰《论语集解》,同道之朋,岂必一骄淫而一检括?今羲文存者有《至公论》,(见严辑《全三国文》卷二十)主厉清议以督俗,明是非以宣教。谓私情难统,至公易行。则其纳交平叔,岂果比私之偶然哉?其申蒋济叔嫂服议,与何晏难蒋济《叔嫂无服论》(《全三国文》

卷三十九）持义正反，要之皎然皆儒学传统，则无疑也。颙或了，佐命晋室，位至太尉。《晋书·颙传》，称其性至孝，与扶风王骏论仁孝孰先，又难钟会易无互体，见称于世。又云颙明三礼，知朝廷大仪。则颙亦守儒统者。何劭为《荀粲传》，云粲诸兄并以儒术论议，而粲独好言道。（见《三国志》注引）亦颙为儒家之一证。史又称颙无质直之操，惟阿意苟合于荀勖贾充间，此颙之所得以成其为佐命之元老也。冲亦晋室佐命，史称其清恬寡欲，耽玩经史，遂博究儒术，及百家之言。高贵乡公讲《尚书》，冲执经亲授。证冲亦守儒业。史又称冲以儒雅为德，莅职无干局之誉。又曰：冲虽位阶台辅，而不预世事。此亦冲之得获自全于易代之际者也。《论语集解》，由此五人同撰，知何晏在当时，亦自确然守儒者之业。其表谏齐王，谓："善为国者必先治其身，治其身者慎其所措。故为人君者，所与游必择正人，所观览必察正象，放郑声而弗听，远佞人而弗近，然后邪心不生，而正道可弘。"（《三国志·齐王芳纪》）此岂非卓然儒家之正论乎？故知史臣诬辞，不尽可据。今观《集解》所申，大抵朴遨有畔岸，亦未见其尽为离经违道之怪辞也。

《集解》集诸家善说，有不安者颇为改易，然不甚多，抑不知其果为晏一人之辞否？今考其释性与天道（公冶长夫子之文章可得而闻，夫子之言性与天道，不可得而闻），曰：

> 性者，人之所受以生者。天道者，元亨日新之道也。深微，故不得而闻也。

此以自然日新说天道，较之汉儒未为短劣。其释知我者其天乎（宪问），曰：

> 圣人与天地合其德，故曰唯天知己也。

其释一贯（卫灵公），曰：

> 善有元，事有会。天下殊途而同归，百虑而一致。知其元，则众善举矣。故不待多学，一以知之也。

此与弼之注《易》，辞旨略同，殆晏自有取于弼也。其释天命，释大人，释圣人之言（《季氏》），曰：

> 顺吉逆凶，天之命也。大人即圣人，与天地合其德者也。深远不可易知，则圣人之言也。

其释德不孤（《里仁》），曰：

> 方以类聚，同志相求。

其释利命与仁（《子罕》），曰：

> 利者，义之和也。

凡此诸条，皆《集解》自下己意，而多引《易传》，此证平叔辅嗣，均主以《老子》通《周易》，即以《周易》阐儒义。所为祖述老庄，以天地万物为原本于无者，其宏旨密意，正可于此觇之。又其释不迁怒（《雍也》），曰：

> 凡人任情，喜怒违理。颜渊任道，怒不过分，怒当其理，不移易也。

平叔初主圣人无喜怒哀乐，此殆闻辅嗣陈论胜己，故乃改而从之也。至其释学如不及（《泰伯》），曰：

> 学自外入，至熟乃可长久。

此颇近嵇康难张辽叔自然好学论。然曰至熟乃可长久，则显循儒统，异乎老氏之绝学无忧。其释志道据德（《述而》），曰：

> 道不可体，故志之。德有成形，故可据。

其释回也屡空（《先进》）引一说曰：

> 空犹虚中。

此等皆以庄老说儒书。然自《易》《庸》以来，儒道相引，渊源固已有自。即下逮宋儒，言若此类，犹复不少。固不足以摘此疵病，必谓其离逆儒门也。

（二）

阮籍嵇康之学，则颇与王何异趣。辅嗣注《易》，平叔解《论语》，皆显遵儒辙。阮嵇则非薄经籍，直谈庄老，此一异也。王何喜援老子，少及庄周。阮嵇则庄老并称，而庄周尤所尊尚。此二异也。故嗣宗为《达庄论》（严辑《全三国文》卷四十五），深笑搢绅之徒，诵乎六经之教，习乎吾儒之迹者，而曰：

> 彼六经之言，分处之教也。庄周之云，致意之辞也。

然嗣宗尚有《通易论乐论》，其于六籍儒学，虽意存轩轾，固未割绝鄙弃。而叔夜尤激荡，乃曰：

> 每非汤武而薄周孔。

又曰：

> 少加孤露，母兄见骄，不涉经学，又读庄老，重增其放。

又曰：

> 老子庄周，是吾师也。（《与山巨源绝交书》）

既尊奉庄老，而又明斥儒籍。又曰：

> 宁如老聃之清静微妙，守玄抱一乎？将如庄周之齐物变化，洞达而放逸乎？（《卜疑》，见严辑《全三国文》卷四十七）

见当时于老子庄周，亦尚分别而观，而嵇阮意径，则宁于庄周为尤近。此皆其与王何之所为异趣也。

向秀郭象继起，始以注庄名家。向秀有《庄子隐解》廿卷，郭象有《庄子注》三十三卷，回视辅嗣注《易》，平叔解《论语》，轨趣显殊矣。然向郭之与嵇阮，其间亦有辨。向之解庄，其书已逸，大体当与郭旨相近。今秀集有《难嵇叔夜养生论》一

篇,(严辑《全晋文》卷七十二)颇可窥嵇向两家之异趣。向曰:

> 人受形于造化,与万物并存,有生之最灵者也。异于草木,殊于鸟兽。有动以接物,有智以自辅。若闭而默之,则与无智同,何贵于有智哉?有生则有情,称情则自然。若绝而外之,则与无生同,何贵于有生哉?且夫嗜欲,好荣恶辱,好逸恶劳,皆生于自然。夫天地之大德曰生,圣人之大宝曰位,崇高莫大于富贵,富贵,天地之情也,皆先王所重,关之自然,不得相外。或睹富贵之过,因惧而背之,是犹见食之有噎,因终身不餐耳。夫人含五行而生,口思五味,目思五色,感而思室,饥而求食,自然之理也。但当节之以礼耳。今五色虽陈,目不敢视,五味虽存,口不得尝,以言争而获胜则可,焉有勺药为荼蓼,西施为嫫母,忽而不欲哉?苟心识可欲而不得从,性气困于防闲,情志郁而不通,而言养之以和,未之闻也。圣人穷理尽性,宜享遐期,而尧舜禹汤文武周孔,上获百年,下者七十,岂复疏于导养耶?顾天命有限,非物所加耳。且生之为乐,以恩爱相接,天理人伦,燕婉娱心,荣华悦志,服飨滋味,以宣五情,纳御声色,以达性气,此天理之自然,人之所宜,三王

所不易也。今若舍圣轨而恃区种，离亲弃欢，约己苦心，欲积尘露以望山海，恐此功在身后，实不可冀也。背情失性，不本天理，长生且犹无欢，况以短生守之邪！

向之言如此。是盖以顺世随俗为自然也。秀别传称其"进止无固必，而造事营生业，亦不异常"，则其为人居可知。至于阮嵇，则非超世绝俗，意终不快，亦决不即认为自然，此其轨趣之所由相悬隔也。

惟其以超世绝俗者为自然，故嵇阮之所想象而追求者，常见为奔放腾踔，不可羁制。阮之言曰：

> 弘修渊邈者，非近力所能究。灵变神化者，非局器所能察。鸾凤凌云汉以舞翼，鸠鹕悦蓬林以翱翔。螭浮八滨以濯鳞，鳖娱行潦而群逝。用情各从其好，以取乐焉。夫人之立节，将舒网以笼世，岂樽樽以入网？方开模以范俗，何暇毁质以适检？若良运未协，神机无准，则腾精抗志，邈世高超。观君子之趋，欲炫倾城之金，求百钱之售。制造天之礼，儳肤寸之检。劳玉躬以役物，守臊秽以自毕。沈牛迹之浥薄，愠河汉之无根。其陋可愧，其事可悲。(《答伏义书》，《全三国文》卷四十五)

为《大人先生传》,谓:

> 先生以为中区之在天下,曾不若蝇蚊之著帷,故终不以为事,而极意乎异方奇域。

曰:

> 大人者,乃与造物同体,天地并生。逍遥浮世,与道俱成。变化散聚,不常其形。天地制域于内,而浮明开达于外。天地之永,固非世俗之所及。且汝独不见夫虱之处裈中乎?深缝匿乎坏絮,自以为吉宅也。行不敢离缝际,动不敢出裈裆,自以为得绳墨也。饥则啮人,自以为无穷食也。然炎斤火流,焦邑灭都,群虱死于裈中而不能出。汝君子之处中区之内,亦何异夫虱之处裈中乎?

然则如向子期之所云,岂不正乃为群虱处裈中者申辩!嗣宗又言曰:

> 昔者天地开辟,万物并生。大者恬其性,细者静其形。阴藏其气,阳发其精。各从其命,以度相守。盖无君而庶物定,无臣而万事理,保身修性,不违其纪。今造音以乱声,作色以诡形,

外易其貌，内隐其情，怀欲以求多，诈伪以要名，君立而虐兴，臣设而贼生。坐制礼法，束缚下民，欺愚诳拙，藏智自神。强者睽眠而凌暴，弱者憔悴而事人。假廉而成贪，内险而外仁。罪至不悔过，幸遇则自矜。夫无贵则贱者不怨，无富则贫者不争。

则又乌睹所谓崇高莫大乎富贵耶！

故曰：

汝君子之礼法，诚天下残贼乱危死亡之术耳，而乃目以为美行不易之道，不亦过乎？吾将抗志显高，遂终于斯，禽生而兽死，埋形而遗骨，不复反余之生乎？

故曰：

必超世而绝群，遗俗而独往，登乎太始之前，览乎忽漠之初。虑周流于无外，志浩荡而遂舒。细行不足以为毁，圣贤不足以为誉。

此则嗣宗之所志存也。

嗣宗志气横轶，而叔夜则思理周至。二人者，性趣不同，然其以超世脱俗为蕲向则一也。叔夜之言曰：

所以贵知而尚动者,以其能益生而厚身也。然欲动则悔吝生,知行则前识立。二者,不藏之于内而接于外,祇足以灾身,非所以厚生也。夫嗜欲虽出于人,而非道之正,犹木之有蝎,虽木之所生,而非木之宜也。

又曰:

富与贵,是人之所欲者,盖为季世,未能外荣华而安贫贱,且抑使由其道而不争,不可令其力争,故许其心竞。此俗谈耳,不言至人当贪富贵也。夫不虑而欲,性之动也。识而后感,智之用也。性动者,遇物而当,足则无余。智用者,从感而求,勤而不已。故世之所患,祸之所由,常在于智用,不在于性动。君子识智以无恒伤生,欲以逐物害性,故智用则收之以恬,性动则纠之以和。使智止于恬,性足于和,然后神以默醇,体以和成,去累除害,与彼更生。性气自和,则无所困于防闲,情志自平,则无郁而不通。今上以周孔为关键,毕志一诚,下以嗜欲为鞭策,欲罢不能,驰骤于世教之内,争巧于荣辱之间,以多同自减,思不出位,使奇事绝于所见,妙理断于常论,以言变通达微,未之闻也。(《答向子期难养生论》)

凡此皆叔夜之所以答向难。叔夜思理精密，其所持辨，颇足为道家别辟新面。盖嗣宗之于庄周，得其神情之纵放，叔夜则得其文理之密察。叔夜之于道家，可谓能从事于科学之推阐，嗣宗则文学之歌咏也。叔夜养生之论，盖自东汉晚季神仙方术既衰，而期重赋之以科学理论之根据者。故叔夜之言曰：

> 推类辨物，当先求之自然之理。理已定，然后借古义以明之耳。今未得之于心，而多恃前言以为谈证，自此以往，恐巧历不能纪。(《声无哀乐论》)

叔夜之意，盖主于观大化之自然，悟妙理于方新，而不乐于古经典效墨守。故其《难张辽叔自然好学论》，谓：

> 六经以抑引为主，人性以从容为欢。抑引则违其愿，从容则得自然。自然之得，不由抑引之六经，全性之本，不须犯情之礼律。

又曰：

> 今子立六经以为准，仰仁义以为主，以规矩为轩驾，以讲诲为哺乳，由其途则通，乖其路则

滞，游心极视，不睹其外，终年驰骋，思不出位。

此乃叔夜之所深诮也。故曰

> 以多自证，以同自慰，谓天地之理，尽此而已。(《养生论》)

盖循俗之与尊古，事若异而情则一。叔夜所谓思不出位，嗣宗所讥若群虱之处裈中，皆不能摆脱羁靮以赴新趋。嵇阮虽一骋想象，一精思辨，性气互异，然其于世俗从同之境，莫不思冲决网罗，奋迅翱翔以为快。此等意境，实为得庄周逍遥之真髓，而显然与周孔儒统，拘拘然求自靖自献于人间世者有辨。此则嵇阮之所以有异于王何，而亦向郭之所以复异于嵇阮也。

（三）

向秀解庄，书今不传。然郭注俱在，寻其大意所宗，率不离向秀之难嵇康者近是。当时谓象窃秀注为己有，此殆未必直抄其文字，义解从同，即谓之窃矣。故《晋书》谓"今有向郭二书，其义一也。"今读郭注，颇多破庄义以就己说者。而其说乃颇有似于向秀之难嵇康。则郭之窃问，其狱自定矣。如《逍遥游》庄生寄趣在鲲鹏，嵇康所谓：

> 方将观大鹏于南溟，又何忧于人间之委曲也。(《卜疑》)

而象反其意，谓：

> 小大虽殊，而放于自得之场，则物任其性，事称其能，各当其分，逍遥一也。岂容胜负于其间哉？

又曰：

> 庄子之大意，在乎逍遥游放，无为而自得，故极小大之致，以明性分之适。达观之士，宜要其会归，而遗其所寄，不足事事曲与生说。

彼不悟蜩与学鸠之决起而飞，枪榆枋而不至，则控于地而已者，岂果亦有当于庄生之所谓逍遥者耶。故庄生特称藐姑射之神人，以鄙薄尧舜之为治，而郭注又故反之。谓：

> 此皆寄言耳。夫神人即今所谓圣人也。圣人虽在庙堂之上，然其心无异于山林之中，世岂识之哉？徒见其戴黄屋，佩玉玺，便谓足以缨绋其心矣。见其历山川，同民事，便谓足以憔悴其神

矣。岂知至至者之不亏哉?

此即向子期所谓崇高莫大乎富贵,此皆先王所重,关之自然,不得相外也。在庄周则放之惟恐不旷,在向郭则欲之惟恐不促。在庄周则飏之惟恐不远,在向郭则牵之惟恐不迩。向秀《思旧赋》谓:"嵇康吕安,其人并有不羁之才,然嵇意远而疏,吕心旷而放,其后各以事见法。"向盖惩于嵇吕之疏放,乃转而为平近。盖嵇阮亦激于平叔太玄之无妄罹难,而亟思高飞远飏。叔夜有言:

> 危邦不入,所以避乱政之害。(《难张辽叔宅无吉凶摄生论》)

又曰:

> 阮嗣宗口不论人过,吾每师之而未能及。至性过人,与物无伤,惟饮酒过差耳,至为礼法之士所绳,疾之如仇,幸赖大将军保持之耳。吾不如嗣宗之资,而有慢弛之阙,久与事接,疵衅日兴,虽欲无患,其可得乎。(《与山巨源绝交书》)

则彼之思长林而志丰草,夫岂得已!《别传》称其《与山巨源绝交书》，"亦欲标不屈之节，以杜举者之口。"又《世说》：王戎称之，曰："与嵇康居二十年，未尝见其喜愠之色。"《别传》称之为"方中之美范，人伦之胜业"。斯其谨慎自守，凛栗自保，亦云至矣。而犹罹杀身之祸。向秀则又鉴于叔夜仲悌之无罪婴祸，而复愿回就樊笼，以冀自免也。魏晋之际，学术思想之转变，固莫不与朝局相影响。其情可悯，其志可悲。若至郭象，任职当权，薰灼内外，当时即为素论所非，是又不得与前数子者并。盖自向秀之所论，颓波逶迤，必自达于如郭氏之所为，是亦不足深怪也。

史称向秀随计入洛，文帝问曰："闻子有箕山之志，何以在此？"秀曰：

> 以为巢许狷介之士，未达尧心，岂足多慕？

帝甚悦。考《世说》注：钟会之廷论嵇康，曰："今皇道开明，四海风靡，而康上不从天子，下不事王侯。轻时傲世，不为物用。无益于今，有败于俗。不诛康，无以清洁王道。"叔夜遂以见诛。方钟会之访嵇，正在大树下锻，向秀为之佐鼓排。嵇既见诛，则向秀之对晋文，其情宛然矣。今郭注《逍遥游》尧让天下于许由一节谓：

> 治之由乎不治，为之出乎无为也，取于尧而

足，岂借之许由哉？若谓拱默乎山林之中，而后得称无为者，此庄老之说，所以见弃于当涂，当涂者自必于有为之域而不反者，斯之由也。

又曰：

若独兀然立乎高山之顶，守一家之偏尚，此故俗中之一物，而为尧之外臣耳。

向郭之言若此，无怪当时在朝当涂者亦群慕庄老矣。此固向郭之功也。史称"向为隐解，发明奇趣，振起玄风，读之者超然心悟，莫不自足一时"。又云："王衍每云，听郭象语，如悬河泻水，往而不竭。"王夷甫之徒，固当深赏向郭之论。故曰："圣人忘情，最下不及情，情之所钟，正在我辈。"虽位居宰辅之重，而心不以经国为念，惟思自全。其见石勒，则曰少不豫事，意求自免，因劝勒称尊号。盖此辈皆以巢许自况，而混迹廊庙，则宜乎其闻向郭之论，而释然皆有以自足。此正如嵇含所讥："借玄虚以助溺，引道德以自奖，户咏恬旷之辞，家画老庄之象。"又曰："画真人于刻桷之室，载退士于进趣之堂，可谓托非其所"者也。王戎尝经黄公酒垆下过，顾谓后车客曰："吾昔与嵇叔夜阮嗣宗酣畅于此，竹林之游，亦预其末。自嵇阮云亡，吾便为时之所羁绁，今日视之虽近，邈若山河。"以向郭上拟嵇阮，真所谓视之虽近，邈若山河矣。王衍问阮修老庄圣教同异，对曰，"将无同。"衍大善，辟为掾，世谓之三语掾。昔王弼何晏，以《老子》书上通儒术，今王衍之徒，乃以儒术下同老庄，推波助澜，凡以奖借而助成之者，则向郭也。

向郭解庄义既大行，及于东晋，乃始有纠其失者，则为方外之佛徒。《世说》载"庄子逍遥篇，旧是难处，诸名贤所可钻味，而不能拔理于郭向之外。支道林在白马寺中，将冯太常共语。因及逍遥，卓然标新理于二家之表，立异义于众贤之外，皆是诸名贤寻味之所不得。后遂用支理"。刘孝标注引向郭逍遥义曰：

夫大鹏之上九万，尺鷃之起榆枋，小大虽差，各任其性。苟当其分，逍遥一也。然物之芸芸，同资有待，得其所待，然后逍遥耳。惟圣人与物冥而循大变，为能无待而常通。岂独自通而已，又从有待者而不失其所待，不失则同于大通矣。

支氏《逍遥论》曰：

夫逍遥者，明至人之心也。庄生建言大道，而寄指鹏鷃。鹏以营生之路旷，故失适于体外。

鹦以在近而笑远，有矜伐于心内。至人乘天正而高兴，游无穷于放浪，物物而不物于物，则遥然不我得。玄感不为，不疾而速，则逍然靡不适。此所以为逍遥也。若夫有欲当其所足，足于所足，快然有似天真，犹饥者一饱，渴者一盈，岂忘蒸尝于糗粮，绝觞爵于醪醴哉？苟非至足，岂所以逍遥乎？

刘氏曰："此向郭之注所未尽。"盖支遁之所异于向郭者，向郭言无待，而支遁则言至足。至足本于无欲，欲无欲，则当上追嵇阮，以超世绝俗为尚。而向郭以来清谈诸贤，则浮湛富贵之乡，皆支遁所谓有欲而当其所足，快乎有似乎天真也。游心不旷，故遂谓尺鹦大鹏各任其性，一皆逍遥矣。及闻夫支氏之论，遂不得不谓其卓然标新理于二家之表。《世说》：王坦之不为林公所知，乃为沙门不得为高士论，大略云："高士必在于纵心调畅，沙门虽云俗外，反更束于教，非情性自得之谓也。"盖当时名士所谓情性自得者，其内心不忘俗，浅薄率如是。然亦有僧徒趋附名士，曲说阿俗者。《世说》：愍度道人始欲过江，与一伧道人为侣，谋曰："用旧义、在江东，恐不办得食。"便共立心无义。既而此道人不成渡，愍度果讲义积年。后有伧人来，先道人寄语云："为我致意愍度，无义那可立？治此权计救饥耳，无为遂负如来也。"此亦可证真佛学与当时名士谈趣实不能同，而亦籍可见向郭以来所谓当时诸贤内心之所存矣。自此以往，庄老玄理，遂不得不让位于西来之佛法。此其异同，固不在庄老与佛法间，乃在于向郭以来诸贤之说庄老者，至是已不复足以餍切人心也。

王弼郭象注易老庄
用理字条录

（一）

昔程伊川有性即理也之语，朱晦庵承之，乃谓天即理。《论语》获罪于天。《集注》亦解作获罪于理，大为清儒所讥。陆王改主心即理。要其重视理字，则程朱陆王无大别。故宋学亦称理学。然考先秦古籍理字，多作分理条理文理解，抑或作治理言，实未尝赋有一种玄远的抽象观念，有形上学之涵义，如宋儒所云云也。清儒戴东原《孟子字义疏证》，辨此甚详尽。《孟子·告子上》篇：

> 心之所同然者，何也？谓理也，义也。圣人先得我心之所同然耳。故理义之悦我心，犹刍豢之悦我口。

戴氏之说曰：

> 六经孔孟之言,以及传记群籍,理字不多见。孟子举理以见心能区分,举义以见心能裁断。明理,明其区分也。精义,精其裁断也。自宋以来,始相习成俗,理为如有物焉,得于天而具于心,因以心之意见当之。

此戴氏谓理字在中国思想界,赋予以一种形上学之最高抽象涵义,其事实始于宋人也。窃谓戴氏之说是已,然其间实有一段甚长之演变,固亦非直至宋儒,乃始重视此理字。且宋儒所提此理字之涵义,亦非前无所承,全由特创也。

窃谓理字观念之重要提出,其事实始于道家。庄子与孟子同时,其书亦曾用理字。《养生主》有曰:

> 官知止而神欲行。依乎天理,因其固然。

天理二字,始见于此。韩非曰:"理者,成物之文。"成玄英疏:"天理,天然之腠理。"《庄子》书重论自然,喜言万物,故其书中用理字,虽仅此一见,而后起治道家言者,不期而多用理字,如《庄子》外杂篇,及吕览韩非淮南皆是,此一宗也。

其又一宗为晚出之儒家,亦由会通道家义,而屡用此理字,如荀卿《易传》《小戴记》皆是,此为又一宗。荀卿《非相篇》有曰:

> 类不悖，虽久同理。

此实为先秦诸子言理字之最扼要者。盖言及理字，必偏主于事物，事物有类可分，乃始有理可指也。清儒焦循说之曰："理者，分也，各有分焉，即各有宜也。"物理通于事理则曰宜。事之宜不宜，亦由分类而见。《老子》书始提象字，象即今语之抽象，此即荀卿分类之说之所由承也。故荀卿书亦屡言象字，此皆其思想递嬗痕迹之可见者。

《易·说卦传》有曰：

> 圣人之作易也，将以顺性命之理。

又曰：

> 和顺于道德而理于义，穷理尽性以至于命。

《说卦传》亦后出书。道德连文始《老子》，和顺二字，为庄老所爱用，而儒家袭取之，故荀卿及《小戴礼》皆多用和顺字。性命之理，则亦谓人与万物所禀受之天性，各有其分理可循也。

《小戴礼·乐记》篇有曰：

> 乐也者，情之不可变者也。礼也者，理之不

可易者也。

郑玄注：

> 理，犹事也。

今按：《乐记》篇又谓："乐由中出，礼自外作。"又曰："乐者为同，礼者为异。"盖谓出于中者为同，作于外者为异也。作于外乃就事物言，故曰："万物之理，各以类相动。"盖物各有分，斯即物各有理也。其分各可归类，以类相动，则理见于事矣。郑注理犹事也，实为后人理事对言一观念之始起也。

《乐记》篇又曰：

> 人生而静，天之性也。感于物而动，性之欲也。物至知知，然后好恶形焉。好恶无节于内，知诱于外，不能反躬，天理灭矣。夫物之感人无穷，而人之好恶无节，则是物至而人化物也。人化物也者，灭天理而穷人欲者也。

郑玄注：

> 理，犹性也。

盖人之性亦分赋自天，故人性亦有其自然之分限，此种自然之分限，即所谓天理也。若人不能反躬自节，而外骛物欲以求穷极，则越乎其所赋之分限，而天理灭矣。灭天理，即谓违失其性，故郑氏以性注理，此又为后人性理两字互释之原本也。

又按：《荀子·正名》篇：

> 志轻理而不重物者，无之有也。

上引《乐记》语，似实本此。重物即是穷人欲也。荀子又曰：

> 礼义文理，所以养情也。

又曰：

> 心之所可中理，欲虽多，奚伤于治？心之所可失理，欲虽寡，奚止于乱。

荀子特以理欲对文，而《乐记》增成之为天理人欲。盖理见于外，故曰天。欲起于中，故曰人。荀子之所谓中理，即《中庸》之所谓中节也。喜怒哀乐发而皆中节，即荀子所谓情得其养也。故《中庸》虽不言理字，而实与《荀子》《乐记》大义相通也。

至西汉董仲舒《春秋繁露·同类相动》篇有曰：

> 气同则会，声比则应，非有神，其数然也。明于此者，欲致雨则动阴以起阴，欲止雨则动阳以起阳。故致雨非神也。而疑于神者，其理微妙也。相动无形，则谓之自然。其实非自然也，有使之然者也。

此又以理数互言。盖理见于分，分之最易见者莫若数，故理之最易征而知者，亦莫明于数也。仲舒始以数理观念代替先秦道家之自然观念，谓宇宙间一切事象物质之变化，其背后皆有一种数与理之作用引生而推动之。盖凡事物之同类者，积至于某程度，某数量，即可引起某种变化，此乃自然之理，实即一种使之然之理也。仲舒此说，盖由荀卿类不悖虽久同理之观念引衍而出。仲舒之所谓使之然之理，亦即郑玄之所谓事理与性理也。故可谓理字之观念，至汉儒而又有新发展。而此种新观念之展出，大体实仍自道家思想之系统下引衍而来，此亦甚为显白也。

惟特别重视此理字，一再提出，以解说天地间一切自然之变化，而成为思想上重要之一观念，则其事当始于魏晋间之王弼与郭象。弼注《周易》与《老子》，象注《庄子》，乃始时时提出此理字，处处添入理字以解说此三书之义蕴。于是遂若缺此一字，天地间一切变化，皆将有无从解说之苦。此一理的观念之郑重提出，若谓于中国思想史上有大功绩，则王郭两家当为其元勋。亦不得谓宋儒绝不受王郭之影响。此下特就弼注《老》《易》，象注《庄子》，遇其以理字为说者，为之逐条录存，以证吾说，此实为治中国思想史者一重要大题目也。

（二）

王弼注《易》，括其大义于《周易略例》篇，首《明象》，即谓"物无妄然，必由其理"。又曰："统之有宗，会之有元"，此即一切统会之于理也。物不妄然，必由理而然，此即董仲舒理使之然之说也。故其注文，常多特增理字。如乾卦，"乾元用九，天下治也"，注：

> 能全用刚直，放远善柔，非天下至理，未之能也。……夫识物之动，则其所以然之理，实皆可知也。

此谓天下一切物之动，皆有其所以然之理。而统其宗会其元者，则为至理也。又坤卦"六五，黄裳元吉"，注：

> 体无刚健，而能极物之情，通理者也。以柔顺之德，处于盛位，任夫文理者也。

此以理为文理，又称极物之情，故能通理，戴东原《孟子字义疏证》说理字，都如弼此注。又讼卦"九四，复即命，渝安贞，吉"注：

> 若能反从本理，变前之命，安贞不犯，不失其道，为仁由己，故吉从之。

此谓一切事有本理，即固然之理也。此理字地位，已超命字上。不仅孔孟重视命，即庄周内篇亦重视命，此后宋儒始以天理观念代替天命观念，弼之此注，已启其端。又豫卦"六二，介于石，不终日，贞吉"，注：

> 明祸福之所生，故不苟说。辩必然之理，故不改其操，介如石焉，不终日明矣。

此谓理有必然也。所以然之理，本然之理，与必然之理，为理字涵义三大纲，王弼均已举出。皆承董仲舒使之然之理以为言也。而就其统宗会元者言，则为至理。此后宋儒言理，亦无逃此范围矣。又噬嗑卦"九四，噬乾胏，得金矢，利艰贞，吉"，注：

> 噬乾胏而得刚直，可以利于艰贞之吉，未足以尽通理之道也。

此所谓通理之道，即上所谓极物之情也。理相通，故得统宗会元而循其至理也。又睽卦，"睽，君子以同而异"，注：

> 同于通理，异于职事。

此条最当注意。厥后以理事对立，唐代华严宗最畅其旨，而语实本此。郑玄注《礼》，谓理犹事，盖不能如弼之此注之畅析也。何以谓同于通理，此即《略例》所谓统之有宗，会之有元，既天下事皆统会于一理，则众理自通，不得不同。按《周易》本文，"天地睽而其事同也，男女睽而其志通也，万物睽而其事类也。"则所同者在事，所通者在志，而弼注则谓事由分职而异，理由共通而同，其越出正文，自辟新解，岂不甚显。又解卦初六象传，"刚柔之际，义无咎也"，注：

> 或有过咎，非其理也。义犹理也。

今按：义就行事者之立场言，理就事之本身言。故义可说为无咎，理则无所谓无咎也。弼之此解，显非《易》文原义，此与朱子解获罪于天作获罪于理，更何异乎？又夬卦初九象传，"不胜而往，咎也"，注：

> 不胜之理，在往前也。

今按：《易》文本义，谓事不可胜而往为咎，弼转增理字释之，谓不胜之理，在于往前，此亦清儒所讥增字诂经之一例也。又丰卦象传，"雷电皆至，丰，君子以折狱致刑"，注：

> 文明以动，不失情理也。

按王弼言理，或以事理对举，或以情理连称，其《周易略例》首明象，即专言理，次明爻通变，即专言情。一切人事，情理二字足以尽之，此弼注《易》之大旨。清儒戴震焦循颇喜言情理，章学诚则转言事理，其实弼之注《易》，已兼举之。若就《周易》上下经本文论，惟"黄中通理"语一见理字，而弼注用理字上如举，凡九处。盖古人注书，非尽随文训诂。亦有特创新解，越出所注本书范围，而卓然自成一家言者。弼之注《易》，亦可谓是弼之一家言也。

（三）

又按皇侃《论语集解义疏》引王弼注，虽只鳞片爪，亦时见理字，兹举其要者。《里仁》吾道一以贯之章，弼曰：

> 贯犹统也。夫事有归，理有会。故得其归，事虽殷大，可以一名举。总其会，理虽博，可以至约穷也。

此注与《周易略例·明象》所谓统之有宗，会之有元，显然异语相足。会之有元，即指理之可会通归一也。《论语》本言道，而弼注转言理。大率言之，唐以前人多言道，宋以后人多言理，以理的观念代替出道的观念，此在中国思想史上为一大转变。王弼可谓是此一转变之关捩也。弼又曰：

> 忠者，情之尽也。恕者，反情以同物者也。未有反诸其身而不得物之情。未有能全其恕而不尽理之极也。能尽理极，则无物不统。极不可二，故谓之一也。

理极无二，即为后来竺道生顿悟义所本，亦即犹宋儒濂溪之言太极也。故王弼言理，既为释家辟路，亦为宋儒开先。而清儒戴焦言理，则尤与弼之此条意近。

又《述而》子温而厉，威而不猛，恭而安章，王弼曰：

> 温者不厉，厉者不温。威者不猛，猛者不威。恭则不安，安者不恭，此对反之常也。若夫温而能厉，威而不猛，恭而能安，斯不可名之理全矣。故至和之调，五味不形。大成之乐，五声不分。中和备质，五材无名也。

今按：此条尤见弼之援老释孔，汇通儒道之深致。老子曰：道可道，非常道。名可名，非常名。因凡可名者皆有对反，苟有对反，则非大通。故大道必无名，以其会归合一，更无对反也。自汉以下，渐以理字代道字。此一转变，至弼而大定。魏晋间人好言名理，即犹老子言名与道也。理极无二，即犹老子以一说道也。会归合一，始为大道，始是至理，而遂不可复名矣。弼此条又以中和释至理，此后释家及宋儒，遂群尊《中庸》，亦可谓由弼启之也。

又《子罕》大哉孔子，博学无所成名章，王弼曰：

> 譬犹和乐，出乎八音乎，然八音非其名也。

此亦以《老子》书之无名，释《论语》之无名也。古人言理皆主其分，弼之言理更主其和。会通合一则和矣。和则更无物物之分，将惟见其为一理也。然则晦翁之以天释理，岂不与弼之说有相似乎？

又《阳货》性相近习相远章，王弼曰：

不性其情，焉能久行其正，此是情之正也。若心好流荡失真，此是情之邪也。若以情近性，故云性其情。情近性者何，妨是有欲，若逐欲迁，故云远也。若欲而不迁，故曰近。但近性者正，而即性非正。虽即性非正，而能使之正。譬如近火者热，而即火非热。虽即火非热，而能使之热。能使之热者何，气也，热也。能使之正者何，仪也，静也。

今按：弼之此条，谓即性非正，而能使之正。即火非热，而能使之热。此其意，殆已隐涵一种体用观念之分别，特未明白剖言之耳。盖火即体也，热即用也。弼又言性使之然，此犹言理使之然也。则言理事即犹言体用，此皆在魏晋当时人观念中已露其端倪，而特未能如后人之剖划透彻耳。又弼曰，能使之热者气，则在魏晋人观念中，显尚不如朱子时之理气两分，严明剖别，而转陷于以死人骑活马之讥。然则言辨之演进，亦有愈后愈精而转失之者，此亦治思想史者所应知也。

（四）

弼之注《老子》，亦多平添理字以为说者。如其注"人之所教，我亦教之"云：

> 我之教，非强使人从之也，而用夫自然，举其至理，顺之必吉，违之必凶。故人相教违之，自取其凶也。

此条不用大道字，而用至理字。《老子》书明言道，弼注必改言理，此正弼注之越出原书而自有其贡献之所在也。又理与自然并举，即为自然之理。庄老言自然，而弼注改用理字，其事可谓始于董仲舒，然不得不谓其至于王弼，而此一观念始臻显白也。又如注"不出户，知天下，不窥牖，见天道"云：

> 事有宗而物有主，途虽殊而同归也，虑虽百而致一也。道有大常，理有大致，执古之道，可以御今，虽处于今，可以知古始，故不出户窥牖而可知也。

常道字为《老子》书所固有，理字为弼注所新增。殊途同归，虑百一致，此弼援《易》注《老》也。宋儒晁说之谓："弼本深于老子，而易则末矣。其于易，多假诸老子之旨，而老子无资于易者，其有余不足之迹断可见。"今按晁之此说，似犹不知弼之注《老》，乃亦假诸其《周易略例》之所得也。以余观之，弼之注《周易》，其功尚远出于其注《老子》之上。晁氏曰："呜呼！学其难哉！"则诚矣其难矣。又如其注"圣人不行而知，不见而名"云：

> 得物之致，故虽不行而虑可知也。识物之宗，故虽不见而是非之理可得而名也。

然则弼之言理，有所以然之理，有本然之理，有必然之理，有是非之理，此皆越出《老子》本书以为说也。《吕览·离谓》篇："理也者，是非之宗也。"此为弼言是非之理之所本。

又按：《老子》五千言无理字，而弼注平添理字为说者如上举，观其注《周易》注《老子》，即知其对于理的一观念之重视矣。

（五）

弼之后有嵇康，亦治庄老，而最善持论，其集中亦常言及理字，然尚可谓其乃自抒己见。至郭象注《庄子》，乃亦处处提及理字，一似弼之注《老易》，而犹有甚焉。兹再逐条列举如下：

> 《逍遥游》：大物必自生于大处，大处亦必自生此大物，理固自然，不患其失，又何措心于其间哉？

此谓理属自然，而又必然也。弼之注《老》，已屡提自然字，又以理与自然并举。象之注《庄》，乃益畅发自然之义，而始显明提出自然之理一语，则弼注所未及也。

> 又：理有至分，物有定极，各足称事，其济一也。

弼始言事理，象又足之以物理。理有至分，宋儒谓之理一分殊。物有定极，宋儒则谓一物一太极，万物一太极。此皆从王弼统宗会元之说来。然则乌得谓王郭言理与宋儒理学，在思想进展上，乃一无关涉乎？

> 又：理至则迹灭。顺而不助，与至理为一，故无功。

至理字袭王弼。理迹对言，理属形而上，迹则形而下。则犹弼之理事并举也。

> 又：但知之聋瞽者，谓无此理。
> 又：推理直前，而自然与吉会。

推理直前，语似宋儒。

  又：小大之物，苟失其极，则利害之理均。用得其所，则物皆逍遥也。
  《齐物论》：凡物云云，皆自尔耳，非相为使也，故任之而理自至。

董仲舒始言物有使然之理，此为儒家义。郭象言物物各有自然之理，更无使之然者，为道家义。其言理虽殊，其重理则一也。

  又：理无是非，而或者以为有。
  又：至理尽于自得。
  又：至理无言。
  又：万物万形，同于自得，其得一也。已自一矣，理无所言。
  又：物物有理，事事有宜。

此条极似晦庵。晦庵《大学》注，本云："物，事也。"其《格物补传》，乃云："即凡天下之物，莫不因其已知之理而益穷之"，此物字亦可作事解。事理物理，理本相通，始是至理。而宋儒言理，远同魏晋，亦于此可见矣。

  又：夫物之性表，虽有理存焉，而非性分之内，则未尝以感圣人也，故圣人未尝论之。

按象言物物有理，此与程朱意合。谓理非性分之内者，未尝以感圣人，则与程朱意异。故象谓至理尽于自得，惟专重于性分之内。程朱则主格物穷理以尽性而至命，则必由统宗会元而达。由此以观，可谓伊川晦翁较近王弼。而郭象之言，则似较近明道也。

又：将寄明齐一之理于大圣，故发自怪之问以起对。

又：务自来而理自应，非从而事之也。

理应之说，亦始王弼，而极为宋儒所乐道。

又：物有自然，理有至极，循而直往，则冥然自合。

理有至极，即太极也。物之自然即理，是犹性即理也之意。

又：是非死生，荡而为一，斯至理也。至理畅于无极，故寄之者不得有穷。

至理畅于无极，即犹云无极而太极也。推郭意，似主性分之内即是一无极。亦即物物一太极义也。

> 又：卒至于无待，而独化之理明。

郭象既言自然之理，又言独化之理，此皆王弼所未及也。戴氏《孟子字义疏证》，申明理字古义，亦未尝及此等处。凡此皆郭象所新创也。

> 又：亦斯理也，将使万物各反所宗于体中，而不待乎外。
> 《养生主》：养生者，理之极也。
> 又：忘善恶而居中，任万物之自为，闷然与至当为一，故刑名远己，而全理在身。

全理字亦象新创。全理在身，仍即物物一太极义也。

> 又：夫养生非求过分，盖全理尽年而已矣。
> 又：尽理之甚，既适牛理，又合音乐。

尽理即穷理也。牛亦有理，即凡天下之物，莫不有理也。

> 又：直寄道理于技耳。

《庄子》书只言道，象注特增理字。

又：未能见其理间。
又：但见其理间也。
又：司察之官废，纵心而顺理。

纵心顺理，极似宋儒语。

又：不中其理间也。
又：理解而无刀迹。

理间与理解字，为戴氏《疏证》所主。此即所谓文理，乃理字之古义。至王郭与宋明儒所重言之理，则断非此文理一义所能限。读者通观此文之前后，自知宋儒言理，亦非尽宋儒所首创也。

又：嫌其先物施惠，不在理上住，故致此甚爱也。
又：指尽前薪之理，故火传而不灭。
《人间世》：依乎天理，推己性命，若婴儿之直往也。
又：当理无二。

当理无二语，亦极似宋儒。竺道生顿悟义，由此入。

又：不得已者，理之必然者也。

又：事有必至，理固常通，故任之则事济。

又：理无不通，故当任所遇而直前耳。

又：不复循理。

又：任理之必然者，中庸之符全矣，斯接物之至也。

象之注庄，颇好言中庸字，而《中庸》之书，亦特为宋儒所乐道。知王郭之与宋儒，其间固多相近可通之处也。

又：顺理则异类生爱，逆节则至亲交兵。

此条顺理与逆节对文，故予谓《中庸》之言中节，即犹荀卿之言中理也。郭言顺理，则犹庄子之所谓约分也。

又：付之自尔而理自生成，生成非我也。

理自生成，则可谓有生成之理，实即自然之理也。此义为后来王船山所乐道。

又：性命全而非福者，理未闻也。

《德充符》：夫我之生也，非我之所生也。则一生之内，百年之中，其坐起行止，动静取舍，性情知能，凡所无者，凡所为者，凡所遇者，皆非我也，理自尔耳。

此条与晦翁天即理也之说，遥相符会。其实亦即自然之理也。

又：人之生也，理自生矣，直莫之为而任其自生。
又：华薄之兴，必由于礼，斯必然之理。
又：欲以直理冥之，冀其无迹。

直理字，又象新创。

又：自然之理，行则影从，言则响随。……故名者影响也，影响者，形声之桎梏也。明斯理也，则名迹可遗。

魏晋时人好言名理，而象之注庄，则独少言名理字。据此条，知象之言理，远较其同时好言名理者为深至矣。似象此意，实自王弼所谓不可名之理来也。

又：其理固当，不可逃也。故人之生也，非误生也，生之所有，非妄有也。天地虽大，万物虽多，然吾之所遇，适在于是，则虽天地神明，国家圣贤，绝力至知，而弗能违也。故凡所不遇，弗能遇也。其所遇，弗能不遇也。凡所不为，弗能违也。其所为，弗能不为也。故付之而自当也。

此条由理通命，其所谓命，乃指一切遭遇言。庄子此处本文正言命，象注乃转由命而推本之于理，此即朱子天即理也之说，而朱子言命，亦多指遭遇言。从此等处参入，可悟魏晋与宋儒说理，正有许多相近可通处也。

又：苟知性命之固当，则虽死生穷达，千变万化，淡然自若，而和理在身矣。

按《易·说卦传》言，穷理尽性以至于命，象之此条近之。王郭盖皆求以老庄会通之于儒说者。宋儒乃不期而与之近。

又：此四者，自然相生，其理已具。
又：既禀之自然，其理已足。……物无妄然，皆天地之会，至理所趣。

据此条，知象之言理，实本原于弼。惟谓其理已足，不待乎外而可尽，此则为郭象注庄之特著精神处也。

又：未明生之自生，理之自足。

又：生理已自足于形貌之中，但任之则身存。

按宋儒必言天地之性，必主格物穷理，而郭主理自足于本身，此其异。生理字亦象新创。此后王船山好言生理，乃转近郭义。

《大宗师》：天地万物，凡所有者，不可一日而相无也。一物不具，则生者无由得生。一理不至，则天年无缘得终。然身之所有者，知或不知也。理之所存者，为或不为也。故知之所知者寡，而身之所有者众。为之所为者少，而理之所存者博。

此条极有深趣。象之所阐，重在至理自足，此所以越出王弼，而自成为一家言也。

又：理固自全，非畏死也。
又：理当食耳。

按此处本文仅谓"其食不甘"，而象注以理当食耳为说，试问与朱子注《论》《孟》横添理字处，又复何异乎？

又：寄之至理，故往来而不难。

又：人生而静，天之性也。感物而动，性之欲也。物之感人无穷，人之逐欲无节，则天理灭矣。

此条原本《乐记》，而《乐记》此语特为宋儒所乐引，又可证王郭之与程朱，实自有其相近可通处也。

又：本至而理尽矣。

此仍统之有宗，会之有元义。惟孔孟统会之于天，老庄统会之于道，而王郭则统会之于理。而郭象则尤主以一己性分之内者为之本。程朱则可谓又自王郭而求重反之孔孟。后世尊程朱，斥王郭，是为未脱门户之见，实未足以与语夫思想演进之条贯也。

又：人之有所不得而忧娱在怀，皆物情耳，非理也。

明道言，"人能于怒时遽忘其怒，而观理之是非，亦可见外诱之不足恶。"又曰："明理可以治惧。"怒与惧皆物情而非理，此义象已先言之。

又：自然之理，有积习而成者。

此条有深趣。后惟王船山时发此旨。

又：死生犹寤寐耳，于理当寐，不愿人惊之。

于理当寐四字，极似宋儒语。

又：适足捍逆于理以速其死。
又：理有至极，外内相冥。……乃必谓至理之无此。是故庄子将明流统之所宗，以释天下之可悟。

明道谓性无内外，即理冥内外也。

又：遗物而后能入群，坐忘而后能应务。愈遗之，愈得之。苟居斯极，则虽欲释之，而理固自来。

此又与宋儒虚实之辨，主一之说甚相似。

又：以自然言之，则人无小大。以人理言之，则侔于天者可谓君子矣。

人理字，《庄子·渔父》篇有之，此条以人理与自然对文，亦理一分殊也。宋儒不喜用人理字，因理既统宗会一，则不宜再分天人也。

> 又：尽死生之理，应内外之宜者，动而以天行，非知之匹也。

按此条近宋儒德性之知与闻见之知之辨。

> 又：天下之物，未必皆自成也。自然之理，亦有须冶锻而为器者。

此条有深趣，船山最喜于此等处深说之。

> 又：任之天理而自尔。
> 又：嫌其有情，所以趋出远理。
> 《应帝王》：应不以心而理自玄符，与变化升降而以世为量，然后足为物主，而顺时无极。

按《庄子》内篇七篇，理字惟《养生主》"依乎天理"语一见，而象注用理字者如上举共七十条。可见象之自以理字说庄，此即郭象注庄之所以为一家言也。

（六）

《庄子》外杂篇用理字始稍多，而象注用理字处更多，兹再逐条录之如下：

《骈拇》：令万理皆当，非为义也，而义功见。

万理字，亦郭创。

《马蹄》：缺。《胠箧》：缺。
《在宥》：赏罚者，圣王之所以当功过，非以著劝畏也。故理至则遗之，然后至一可及也。
又：当理无悦，悦之则致淫悖之患矣。

当理无悦语，似宋儒。

又：神顺物而动，天随理而行。

按此处本文为"神动而天随"，象注横增理字，乃谓天随理而行，以此较之朱子注《大学》格物为穷格万物之理，其为增字诂经，不尤甚乎？其谓天随理而行，较之朱子天即理也之说，理字之地位，亦不啻更高一级矣。

又：理与物皆不以存怀，而暗付自然，则无为而自化矣。
又：事以理接，能否自任，应动而动，无所辞让。

此处本文为"接于事而不辞",象注事以理接,此理字显是于原旨外添出。

《天地》:一无为而群理都举。

按:本文,"通于一而万事毕",象注以群理易万事。群理字,亦新创。群理犹云万理也。

又:夫至人,极寿命之长,任穷理之变。……故云厌世而上仙也。

按本文:"千岁厌世,去而上仙",象注乃谓因其任穷理之变,故厌世。盖任理则无欲,因曰厌。象意如此,岂不可与宋儒立论相通?

又:亦不问道理,期于相善耳。
《天道》:伦,理也。
又:各司其任,则上下咸得,而无为之理至矣。

无为之理,即自然之理也,亦新创。

又:言此先后,虽是人事,然皆在至理中来,非圣人所作也。

人事皆在至理中来，此即理事无碍，事事无碍也。

> 又：物得其道，而和理自适。
> 《天运》：故五亲六族，贤愚远近，不失分于天下者，理自然也。
> 又：仁孝虽彰，而愈非至理。
> 又：非作始之无理，但至理之弊，遂至于此。
> 又：弊生于理，故无所复言。

按：至理之弊，弊生于理，皆宋儒所不言。

> 《刻意》：泯然与正理俱往。

正理字亦新创。

> 又：任理而起，吾不得已也。
> 又：天理自然，知故无为乎其间。

按：此处本文为"去知与故，循天之理"。云循天之理，则所重犹在天。云天理自然，则所重转在理。

> 又：理至而应。

按：此处本文曰"不豫谋"。注云理至而应，为深一层说之。

> 《缮性》：二者交相养，则和理之分，岂出他哉？

按本文"和与恬交相养，而和理出其性"。

> 又：道故无不理。

按本文"道，理也"。

> 又：无不理者，非为义也，而义功著焉。

按本文："道无不理，义也。"

> 《秋水》：知其小而不能自大，则理分有素，跂尚之情，无为乎其间。

理分字，象特创。象注又屡言性分，宋儒性即理之说，象注已寓。

> 又：物有定域，虽至知不能出焉，故起大小之差，将以申明至理之无辨也。
> 又：以小求大，理终不得。各安其分，则大

小俱足矣。

  又：应理而动，而理自无害。

按本文"动不为利"。象注应理而动，转入正面。

  又：理自无欲。

本文曰："不贱贪污。"象注转深一层说之。理自无欲语，大似宋儒。

  又：任理而自殊。

本文曰："不多辟异。"象注特增理字。而用意特重于分殊，故曰任理而自殊矣。

  又：夫天地之理，万物之情，以得我为是，失我为非。适性为治，失和为乱。

按本文："是未明天地之理，万物之情者也。"情理兼称，似为王弼注《易》之所本。

  又：达乎斯理者，必能遣过分之知，遗益生之情，而乘变应权。

按本文:"知道者必达于理,达于理者必明于权。"

> 又:穿落之,可也。若乃走作过分,驱步失节,则天理灭矣。

按本文:"落马首,穿牛鼻,是谓人。故曰无以人灭天。"注文以天理代天字,此犹朱注《论语》获罪于天云天即理也之先例也。惟象此处,所谓天理,重节限义。仍是重于理之分。

> 《至乐》:未明而慨,已达而止,斯所以诲有情者,将令推至理以遣累也。

按本文:"自以为不通乎命,故止也。"注以理字代命字。

> 又:斯皆先示有情,然后寻至理以遣之。若云我本无情,故能无忧,则夫有情者,遂自绝于远旷之域,而迷困于忧乐之竟矣。

按:王弼主圣人有情,故不能无哀乐以应物,惟应物而能无累于物耳。郭象承之,而足之以理遣。

> 《达生》:性分各自为者,皆在至理中来,故

不可免也。

此即程子性即理之说。

> 又：任其天性而动，则人理亦自全矣。

此又性即理之义。人理全即是天理全，郭注一贯注重分殊，此乃郭之一家言也。

> 又：守一方之事，至于过理者，不及于会通之适也。鞭其后者，去其不及也。

此条又是以《中庸》说理。

> 又：欲瞻则身亡。理常俱耳，不间人兽也。

此条俨似宋儒语。

> 又：忧来而累生者，不明也。患去而性得者，达理也。

此亦性即理之义。

《山木》：缺。

《田子方》：缺。
《知北游》：物无不理，但当顺之。

按本文："果蓏有理。"

又：志苟寥然，则无所往矣。无往焉，故往而不知其所至。有往焉，则理未动而志已惊矣。

按本文："寥已吾志，无往焉而不知其所至。"注特增理字。

《庚桑楚》：意虽欲为，为者必败，理终不能。
又：理自达彼耳，非慢中而敬外。

按本文："敬中以达彼"，注特增理字。

又：天理自有穷通。

按本文："若是而万恶至者，皆天也，而非人也。"注文以理释天，即是以理代命也。

又：善中则善取誉矣，理常俱。
又：平气则静，理足顺心，则神功至。
《徐无鬼》：反守我理，我理自通。

按本文:"反己而不穷",注文以理释己。我理字,特创。有天理,有人理,有我理,此皆理一分殊也。

又:至理有极,但当冥之,则得其枢要。

按本文:"冥有枢",注特增理字为说。

又:若问其大摧,则物有至分,故忘己任物之理,可得而知也。奚为而惑若此也?

按本文:"阖不亦问是已,奚惑然为。"

《则阳》:物理无穷,故其言无穷,然后与物同理也。

按本文"与物同理"。

《外物》:此言当理无小,苟其不当,虽大何益。

按本文鱼乞水,而注以不当理说之。此理是分限义。

又:情畅则事通,外明则内用,相须之理然也。

又：当通而塞，则理有不泄而相腾践也。

又：通理有常运。

按本文："天之穿之，日夜无降。"注通理字袭自王弼。此又是以理释天之例。

又：自然之理，有寄物而通也。

按本文："大林丘山之善于人也，亦神者不胜。"

《寓言》，理自尔，故莫得。

按本文，"莫得其伦"，《天道》篇注，"伦，理也。"然此处注语甚曲强，盖象自好以理说庄，未必与庄书原义触处可通也。

又：理必自终，不由于知，非命如何？

按本文："莫知其所终，若之何其无命也。"注以理释命。

又：不知其所以然而然，谓之命，似若有意也。故又遣命之名以明其自尔，而后命理全也。

按本文："莫知其所始，若之何其有命也。"注谓命若有意，即非自然，故以理释命，而谓是命之理。命理字，特创。此可与以理释天各条同参。象既畅发自然之旨，故不好言天言命，而专提出理字。王弼注《易》，已曰："天，形也。"王郭两家，所以必言自然言理者，其意居然可见。此为魏晋宋明所以重言理字一大原因，作者已另文阐发，此不详。

又：理必有应，若有神灵以致也。

按本文："有以相应也，若之何其无鬼也。"注文以理说事物之应，又以神灵字代出鬼字，较庄书原文，遥为深允矣。若《寓言》作者先悟得此，必不云若之何其无鬼矣。此亦可见思想进展之迹，而郭注有超出《庄子》原书者，亦即此等处而可睹。

又：理自相应，相应不由于故也，则虽相应而无灵也。

按本文："无以相应也，若之何其有鬼邪？"原意，天下事，有相应，亦有无相应，故若有鬼，若无鬼。注文以理说之，则理无不相应，故此条本文明说无以相应，而注文必说成理自相应而不由于故，不由于故则属自然矣。自然相应，故曰自然之理。既不由天命，亦非由鬼神。王弼之注《易》，郭象之注《庄》，特提出一理字，其在中国思想史上之贡献，诚不可没，看此条更显。又按：董仲舒论同类相动，谓其理微妙，实非固然，此分自然与理而两言之也。郭象此注，则并自然与理而一言之。故郭象特提出自然之理一语，不得不谓是象之特创也。

> 又：推而极之，则今之所谓有待者，率至于无待，而独化之理彰矣。

独化之理，亦即自然之理。此乃理字之深趣，虽可与分限之理相通，而不当以分限尽独化。此乃郭象注《庄》之特著精神处也。明乎此，则戴氏《疏证》所释古书理字本义用以驳击宋儒者，洵为浅之乎其说理矣。盖戴氏不仅不识宋儒，乃亦不识王郭，专恃训诂家法，终不明得理趣，此又郭象之所以不喜言名理也。郭象不喜言名理，此即郭注之所为深有得于庄学之精神也。

> 《让王》：缺。
> 《盗跖》：缺。
> 《说剑》：缺。
> 《渔父》：夫孔子之所放任，岂直渔父而已哉？将周流六虚，旁通无外，蠢动之类，咸得尽

其《所怀》，而穷理致命，固所以为至人之道也。

《列御寇》：理虽必然，犹不必之，斯至顺矣，兵其安有？

按本文："圣人以必不必，故无兵。"

又：理虽未必，抑而必之，各必其所见，则众逆生。

按本文："众人以不必必之，故多兵。"注文以理代必字。夫既云理所必然，圣人亦岂犹不必之乎？宋儒所以异乎孔孟者，孔孟常言天命，天命不可必，而宋儒喜言天理，理则必然，故宋儒说理，转若有固必之嫌。今象以顺理释原文之不必，其为曲说甚显。盖既主一切以理说庄书，宜有其扞格而难通。而注文之所以自成为一家之言者正在此。此又学者所不可不深玩也。

《天下》：民理既然，故圣贤不逆。

按本文："皆有以养，民之理也。"民理语犹人理。

又：谓自苦为尽理之法。

按本文："以自苦为极。"极字岂可解作尽理之法乎？

而注文必如此说，此其所以成为一家言也。

> 又：聏调之理然也。

按本文："上说下教，虽天下不取，强聒而不舍者也。"亦安不得一理字。

> 又：惟圣人然后能去知与故，循天之理，故愚知处宜，贵贱当位，贤不肖袭情，而云无用贤圣，所以为不知道也。

按本文："故曰：至于若无知之物而已，无用贤圣。"注文谓惟圣人始能循天之理，然则圣人固非块然为无知，于是有晦翁致知在格物之说。

> 又：常与道理俱，故无疾而费也。

按本文："其行身也，徐而不费。"注文横增入道理字。

> 又：委顺至理则常全，故无所求福，福已足。

按本文："人皆求福，己独曲全。"象以顺理解曲全。亦曲强。

又：理根为太初之极，不可谓之浅也。

按本文："以深为根"，语本明显，而注文必以理字说之，乃有理根之语。理根为太初之极，即谓宇宙万物皆出于理，是即濂溪《太极图说》之先声矣。

又：至顺则全，迕逆则毁，斯正理也。
又：其言通至理，正当万物之性命也。

按本文："以卮言为曼衍，以重言为真，以寓言为广，独与天地精神往来，而不敖倪于万物。"安不上理与性命字。注文则谓至理正当万物之性命，亦与宋儒程朱语相吻合。

又：膏粱之子，均之戏豫，或倦于典言，而能辨名析理，以宣其气，以系其思，流于后世，使性不邪淫，不犹贤于博弈者。

按此指惠施历物之意以下及于辨者言，当时即目之为名理，以辨名为析理，此象之所不喜也，故此注言之如此。

按外杂篇郭注用理字者如上举，共七十六条，其正文本见理字者，已随条备列，较之注文，比数不足十一。此外则皆郭注所横增也。此外《庄子》外杂篇本文，尚有言及理字处，然非王郭及宋儒言理之主要义，此不备引。顾后人独知宋儒以理说孔孟，却不知王郭以理说《易》《老》《庄》，何也？今若谓提出此理字之一概念，在中国思想史上有其不可磨灭之价值，则王郭两家，实先于宋儒，而又为其前所未逮，此功实不可没。余故备列两家原文，以供治中国思想史者之参证焉。

王弼论体用

王弼之在中国思想界，有两大贡献。一为其首先提出理事对立之概念，此已详于别篇。又一则为其首先提出体用对立之概念，此为本篇之所欲论。自此以往，曰理事，曰体用，每一思想家，几无不受此两概念之影响。而此两概念，实可谓皆由王弼首先提出，则弼之为功于中国思想界者，亦即此可见矣。

《世说·文学》篇载：

> 王辅嗣弱冠诣裴徽。徽问曰：夫无者，诚万物之所资。圣人莫肯致言，而老子申之无已，何邪？弼曰：圣人体无，无又不可以训，故言必及有。老庄未免于有，恒训其所不足。

体无之说，屡见于弼之注《老子》。《老子》曰：三十辐共一毂，当其无，有车之用。弼注曰：

> 毂所以能统三十辐者,无也。以其无能受物之故,故能以无统众也。

又曰:

> 木埴壁所以成三者,而皆以无为用也。言无者,有之所以为利,皆赖无以为用也。

又曰:

> 凡有之为利,必以无为用。

又曰:

> 道以无形无为,成济万物。从事于道者,与道同体,故曰同于道。

无形无为,道之体也。成济万物,道之用也。体用对立之概念,就于上举弼注诸条,岂不已跃然甚显乎。

而其尤显著者,则在其注《老子》上德不德章。其注曰:

> 何以尽德,以无为用。以无为用,则无不载也。

又曰：

> 虽盛德大富，而有万物，犹各得其德。虽贵，以无为用，不能舍无以为体也。

此为体用两字连用成一概念之至显然者。宇宙万物，莫不以无为体，既皆不能舍无以为体，故亦必以无为用，此弼注之意也。又曰：

> 下此已往，则失用之母。

又曰：

> 苟得其为功之母，则万物作焉而不辞也。

功用之母，亦指无言。盖母子之喻，《老子》书所本有。弼又易之以体用。体之生用，亦犹母之生子，然而体用一概念，较之母子之喻，遥为深微矣。此思想衍进，有转后而转精微之一例也。

又按：皇侃《论语义疏》泰伯篇兴于诗立于礼成于乐章引王弼曰：

> 喜怒哀乐，民之自然。应感而动，则发乎声歌。所以陈诗采谣，以知民志。既见其风，则损

> 益基焉。故因俗之制,以达其礼也。矫俗检刑,民心未化,故又感以声乐,以和神也。若不采民诗,则无以观风。风乖俗异,则礼无所立。礼若不设,则乐无所乐。乐非礼则功无所济。故三体相扶,而用有先后也。

此又为体用二字对立连用成为一概念之甚为明显之一例。盖谓诗礼乐三体之各有其用也。

今按:王弼体用之概念,实应始于其注《易》。盖《周易》六十四卦三百八十四爻皆言体,亦莫不皆言用。弼深于《易》,其注《易》语中用体字用用字,难可胜数,兹姑举其体用二字连用者。如乾元用九,乃见天则,注:

> 九,刚直之物,惟乾体能用之。

如泰九二,包荒,用冯河,不遐遗,朋亡,得尚于中行,注:

> 体健居中,而用乎泰。能包含荒秽,受纳冯河者也。

如同人九五,同人先号啕而后笑,大师克相遇,注:

体柔居中，众之所与。执刚用直，众所未从。

谦初六，谦谦君子，用涉大川，吉，注：

能体谦谦，其唯君子。用涉大难，物无害也。

解彖，解之时大矣哉，注：

难解之时，非治难时，故不言用。体尽于解之名，无有幽隐，故不曰义。

困九二，困于酒食，朱绂方来，利用享祀，征凶无咎，注：

居困之时，处得其中，体夫刚质，而用中履谦，应不在一，心无所私，盛莫先焉。

未济九二，曳其轮，贞吉，注：

居未济之时，处险难之中，体刚中之质，而见任与，拯救危难，经理屯塞者也。用健拯难，靖难在正，而不违中，故曳其轮贞吉也。

此皆体用二字连用并举也。惟《易》之为书，主于人事修为，吉凶趋避，故有体用相违，体不当用者，此则体用犹可分别，各自为一概念。至《老子》书言自然，自然则有体自有用，于是体用乃合成一概念。王弼盖为移注《易》之体用字以注《老子》，遂开后世之体用概念也。此事若难于确证，然固可微辨而知。

抑其事亦非诚无可证也，请再举韩康伯之注《系辞传》连用体用二字者如下：

> 道，寂然无体，不可为象，必有之用极，而无之功显。

观于此条，岂非韩氏以辅嗣之注《老子》注《系传》乎？此处之言体用，即犹宋明儒所谓即用见体也。

又曰：

> 君子体道以为用也。

又曰：

> 圣人虽体道以为用，未能至无以为体。故顺通天下，则有经营之迹也。

今按：韩氏体道体无之辨，显本王弼。然实无当于《老子》，亦复无当于《周易》。《老子》言道，无形无名，惟其无形无名而确有此道，故王弼特为安一体字，是已。此之谓道体。是宇宙间确有此道，非可谓确有此无也。《易·系传》："神无方而易无体。"实则宇宙间确有此易之体，惟其无形，故谓之无体，是即所谓形而上也。故知王弼体无之说，实无当于《老子》《周易》之本意也。韩氏又曰：

> 圣人功用之母，体同乎道。盛德大业，所以能至。

韩氏用功用之母语，此又显然袭取弼之注《老》者以注《系传》也。

然则王弼移《周易》之言体用者以注《老子》，而韩康伯复以弼之以体用注《老子》者转以注《周易》，其事岂不信而有征乎？而后世之言体用，此一概念之最先成立，当始于王弼，亦信而有据矣。

郭象《庄子注》中之自然义

（一）

道家尚自然，此义尽人知之。然道家书莫先于《庄子》，而《庄子》内篇言及自然者实不多。《德充符》："常因自然而不益生。"《应帝王》："顺物自然而不益私焉。"仅两见。似庄子心中，自然尚未成一特定之观念。庄子之所谓自然，不过曰顺物之自为变化，不复加以外力，不复施以作为而已。其后《老子》书始屡屡言自然，曰："百姓皆谓我自然。"曰："希言自然。"曰："道法自然。"曰："莫之命而常自然。"曰："以辅万物之自然而不敢为。"全书五千言，自然字凡五见。其言自然，已有渐成一特定名词之象，如云道法自然是也。然寻其所谓自然之含义，则犹近庄书，无大异致。《庄子》外杂篇，应尤后于《老子》，然外杂共二十六篇，自然字亦仅两见。《天运》："应以自然。"《田子方》:"无为而才自然矣。"则自然二字,在先秦道家观念中,尚未成熟确立,因亦不占重要之地位可知。

下至汉初《淮南王书》,乃始盛言自然。曰:"天下之事不可为也,因其自然而推之。"曰:"修道理之数,因天地之自然,则六合不足均。"曰:"萍树根于水,木树根于土,鸟排虚而飞,兽蹠实而走,蛟龙水居,虎豹山处,天地之性也。两木相摩而然,金火相守而流,员者常转,窾者主浮,自然之势也。"又曰:"春风至则甘雨降,生育万物,莫见其为者而功既成矣。秋风下霜,倒生挫伤,……莫见其为者,灭而无形。木处榛巢,水居窟穴,禽兽有芄,人民有室,陆处宜牛马,舟行宜多水,匈奴出秽裘,于越生葛绤,各生所急以备燥湿,各因所处以御寒暑,并得其宜,物便其所。由此观之,万物固以自然,圣人又何事焉?"(以上皆见《原道》)又曰:"舟浮于水,车转于陆,此势之自然也。"(《主术》)又曰:"人性各有所修短,若鱼之跃,若鹊之驳,此自然者,不可损益。"(《修务》)凡此所说,谓万物皆有自然之宜,不须复加以外力,不须更施以作为,则仍庄老旧谊也。然其论涉及天地生物,尽属自然,此纵可谓是庄老旧谊之所包,而确切提出此自然二字,以造化为自然,则不得不谓是《淮南》之新功矣。

其后王充《论衡》亦喜言自然,特著《自然篇》,

大意谓:"天地合气,万物自生,犹夫妇合气,子自生矣。天覆于上,地偃于下,下气蒸上,上气降下,万物自生其间。当其生也,天不须复与也。由子在母怀中,父不能知。物自生,子自成,天地父母,何与知也。"此亦复以造化为自然,而较之《淮南》所言,益为明白肯定。庄书言有造物者,又曰有生于无,物出于道,至《淮南》《论衡》始主万物自然而生之说。此不可谓非道家思想之又一进步也。

(二)

又后王弼注《老子》,乃始承续《淮南》《论衡》,而畅发自然义。后世遂谓庄老盛言自然,实由王弼之故也。今条举弼注之称及自然者如次。

有无相生,难易相成,长短相较,高下相倾,音声相和,前后相随,注:

> 此六者,皆陈自然,不可偏举之明数也。

是以圣人处无为之事,注:

> 自然已足,为则败也。

天地不仁,以万物为刍狗,注:

>   天地任自然，无为无造，万物自相治理，故不仁也。

虚而不屈，动而愈出，注：

>   天地之中，荡然任自然，故不可得而穷，犹若橐籥也。

专气致柔，能婴儿乎，注：

>   言任自然之气，致至柔之和，能若婴儿之无所欲。

及吾无身，注：

>   归之自然也。

孰能浊以静之徐清，孰能安以久动之徐生，注：

>   此自然之道也。

信不足焉，有不信焉，注：

>   夫御体失性，则疾病生。辅物失真，则疵衅

作。信不足焉，则有不信，此自然之道也。

百姓皆谓我自然，注：

  自然，其端兆不可得而见也。其意趣不可得而睹也。

少则得，多则惑，注：

  自然之道，亦犹树也。转多转远其根，转少转得其本。

希言自然，注：

  无味不足听之言，乃是自然之至言也。

道法自然注：

  道不违自然，乃得其性。法自然者，在方而法方，在圆而法圆，于自然无所违也。自然者，无称之言，穷极之辞也。……道顺自然，天故资焉。

今按：《老子》本义，人法地，地法天，天法道，道至高无上，更无所取法，仅取法于道之本身之自己如此而止，故曰道法自然。非谓于道之上，道之外，又别有自然之一境也。今弼注道不违自然，则若道之上别有一自然，为道之所不可违矣。又弼注屡言自然之道，则又若于人道地道天道之外，又别有一自然之道兼贯而总包之矣。故弼注之言自然，实已替代了《老子》本书所言之道字，而弼不自知也。

善行无辙迹，注：

> 顺自然而行。

善闭无关键，善结无绳约，注：

> 因物自然，不设不施。……因物之性，不以形制物也。

是弼既以自然言道，又以自然言性也。庄老皆不言性，弼之以自然言性，此乃弼之扶会儒义以为说也。

又复归于婴儿，注：

> 婴儿不用智，而合自然之智。

为者败之，执者失之，注：

> 万物以自然为性，故可因而不可为也。可通而不可执也。

圣人去甚去奢去泰，注：

> 圣人达自然之至，畅万物之情，故因而不为，顺而不施。除其所以迷，去其所以惑，故心不乱而物性自得之也。

道常无为，注：

> 顺自然也。

建德若偷，注：

> 因物自然，不立不施。

人之所教，我亦教之，注：

> 用夫自然，举其至理，顺之必吉，违之必凶。

是弼注又以至理为自然也。以至理为自然，此又弼之扶会儒义以为说也。及于宋儒，乃始极言性理，然不悟其弥近于庄老，此皆由王弼开其端。故王弼之深言自然，实于中国思想史有大贡献，固不仅有功于老氏之五千言也。

又大巧若拙，注：

> 大巧因自然以成器，不造为异端，故若拙也。

知者不言，注：

> 因自然也。

治人事天莫若啬，注：

> 农人之治田，务去其殊类，归于齐一也。全其自然，不急其荒病。

其神不伤人，注：

> 神不害自然也。物守自然，则神无所加。

学不学，复众人之所过，注：

> 不学而能者，自然也。

非以明民，将以愚之，注：

> 愚谓无知守真，顺自然也。

天之道，损有余而补不足，人之道则不然，注：

> 与天地合德，乃能包之如天之道。如人之量，则各有其身，不得相均。如惟无身，无私乎自然，然后乃能与天地合德。

弼之此注，是即以天地为自然也。以天地为自然，虽此后宋儒，亦多采酌其说，莫能自外也。

故《老子》书言自然，仅凡五见。而王弼注《老子》用自然字，共二十七条。其说以道为自然，以天地为自然，以至理为自然，以物性为自然，此皆《老子》本书所未有也。然则虽谓道家思想之盛言自然，其事确立于王弼，亦不过甚矣。

王弼既言自然为无称之言，穷极之辞，又其注谷神玄牝一章云：

> 门，玄牝之所由也。本其所由，与极同体，故谓之天地之根也。欲言存邪，则不见其形。
> 欲言亡邪，万物以之生。故绵绵若存也。

此明言万物有所从出，有所自生，而其所从出所自生者，乃为不可名言之一境，王弼则称此一境曰极，此极则明是自然。故《老子》书明言道生万物，而弼注则转成为自然生万物，此一说乃为其后向秀张湛所沿袭。

（三）

《列子·天瑞》篇，生物者不生，化物者不化，张湛注：

> 庄子亦有此言，向秀注曰：吾之生也，非吾之所生，则生自生耳。生生者岂有物哉？故不生也。吾之化也，非物之所化，则化自化耳。化化者岂有物哉？无物也，故不化焉。若使生物者亦生，化物者亦化，则与物俱化，亦奚异于物？明夫不生不化者，然后能为生化之本也。

此谓庄子亦有此言，今已逸。或指《庄子》书有同此意之言，而向秀之说，则显与王弼大同。彼盖认有一不生不化者为生化之本。此不生不化之本身，则决非一物。既非一物，则为无物。既无物矣，而犹认以为万物生化之本，此则仍是王弼以无为有之本之旧谊也。故何晏《道论》亦曰："有之为有，待无以生。"亦此旨也。然此说实有病。若曰道生万物，或曰物待道而生，或曰万物以自然生，则较近庄老原义也。

张湛又引向秀注《庄子》有云：

> 同是形色之物耳，未足以相先也。以相先者，惟自然也。

此明谓自然先万物，是即以自然代替老子之所谓道。王弼以自然为无称之言，穷极之辞。穷极犹云太极，即所谓有物先天地也。无称之言，则无形本寂寥也。循此言之，则宋儒无极而太极之说，亦可谓其本实始于王弼也。

会此诸义，则王弼向秀殆同认为自然生万物，而又以自然为无，故转成为无生万物也。夏侯玄曰："天地以自然运，圣人以自然用，自然者道也，道本无名，故老氏强为之名。"然则道也，无也，自然也，此三名相通，可以互训，此为魏晋诸家说庄老之通谊，而其首启之者则弼也。

（四）

惟郭象注庄，其诠说自然，乃颇与王弼何晏夏侯玄向秀张湛诸家异。大抵诸家均谓自然生万物，而郭象独主万物以自然生。此两义显有辨。郭象所持，若与《淮南》《论衡》之言较近。然《淮南》《论衡》仅就当前之生生化化者言之，并未由此上窥天地万物创始之最先原因，并未论及宇宙形成之第一原理。换辞言之，《淮南》《论衡》，乃并未在形而上学之理论上主张宇宙万有皆以自然生之说。故苟涉及宇宙原始，天地创造，则仍须回到庄老道生万物，有出于无之旧说。而所谓自然者，仅亦为道与无之一新名而已，此即王弼何晏夏侯玄向秀张湛诸家之所持。必至郭象注庄，乃始于此独造新论，畅阐自然之义，转用以解决宇宙创始，天地万物一切所从来之最大问题，澈始澈终，高举自然一义，以建立一首尾完整之哲学系统。就此一端言，郭象之说自然，实有远为超越于庄老旧谊之外者。若复以郭象之说，回视《淮南》《论衡》，将见二书所陈，肤薄平近，盖由其未能触及此宇宙创始之基本问题而予以解答，必俟郭象之说，始为创成一宇宙乃自然创始之一完整系统，而有以沟通庄老与《淮南》《论衡》之隔阂。故亦必俟有郭象之说，而后道家之言自然，乃始到达一深邃圆密之境界。后之人乃不复能驾出其上而别有所增胜。故虽谓中国道家思想中之自然主义，实成立于郭象之手，亦无不可也。虽谓道家之言自然，惟郭象所指，为最精卓，最透辟，为能登峰造极，而达于止境，亦无不可也。

郭象注《庄》，其义有承袭向秀而来者，余论《魏晋玄学三宗》已发之。至其所独自创新，而为有大贡献于中国道家思想之演进，而不复为向秀之所及者，则为此文之所欲发也。请再条举而申论之如次。

郭象言自然,其最精义,厥谓万物皆自生自化,更无有生万物与化万物者。其言曰:

> 无既无矣,则不能生有。有之未生,又不能为生,然则生生者谁哉?块然而自生耳。自生耳,非我生也。我既不能生物,物亦不能生我,则我自然矣。自己而然,则谓之天然。天然耳,非为也。故以天言之,所以明其自然也。……故物各自生而无所出焉,此天道也。(《齐物论》,天籁吹万不同而使其已,注。)

此处郭象特提自然二字,谓物各自生而无所出,即谓物以自然生也。

故郭象又曰:

> 天地万物,变化日新,与时俱往,何物萌之哉?自然而自然耳。(《齐物论》,日夜相代乎前,而莫知其所萌,注。)

此处仍提自然二字,谓一切日新之化,皆由自然。故万物皆以自然生,亦以自然化,此实郭象注《庄》一绝大之创论,而为王弼向秀诸人所未及也。

此所谓自然生与自然化,郭象又称之曰独化。其言曰:

> 死者，独化而死耳，非夫生者生此死也。生者亦独化而生耳，死与生各自成体独化而足。(《知北游》，不以生生死，不以死死生，死生有待耶，皆有所一体，注。)

此处提出独化二字以释自然，自然即独化也。独化即自然也。《庄子》书言造化，万物之外，似为有一造化者。又言物化，则物与物犹若有彼我之分，如庄周之化胡蝶，胡蝶之化庄周是也。盖谓此物化为彼物，彼物又化为另一物，所谓万化而未始有极也。郭象之所谓独化，与此异其趣。盖循独化之言，则不仅无所谓造化者，亦不复有一物之化而为他物。天地之间，一切皆独尔自化。此纯纯常常之大化，乃可节节解断，各足圆成，前不待后，后不待前，彼不因我，我不由彼。在此天地间，则可谓无独不化，亦无化不独。万形万有，莫不各尔独化。就字义言，独即自也，化即然也。自然之体，惟是独化。混而同之，则万物一体。分而别之，则物各成体。同是一独，同是一化，故谓之独化也。

若再进一层言之，独化又曰独生。其言曰：

> 独生无所资借。(《知北游》，昭昭生于冥冥，有伦生于无形，精神生于道，注。)

无所资借而独生,即无所待而独化也。惟其独生独化,乃始谓之自然。自者,超彼我而为自。然者,兼生化而成然。读者只就郭注与《庄子》原文两两比读,即知郭象注义实非庄书原文之所能范围。而郭象之所谓自然,亦非《淮南》《论衡》王弼向秀之所谓自然之所能规限也。

(五)

郭象既主万物以独生独化为自然,乃不复肯认有生于无之旧谊。有生于无之说,其实乃非庄老之本谊。惟外杂篇时有之,下逮魏晋王弼向秀诸家始畅言之。故王弼曰:"凡有皆始于无。"又曰:"万物始于无而后生。"此为王弼之新义。至郭象,始明白加以反对。此实郭象注《庄》所由杰出自成为一家言之所在也。故《庄子·杂篇·庚桑楚》之言曰:

> 天门者,无有也。万物出乎无有,有不能以为有,必出乎无有,而无有一无有,圣人藏乎是。

此明谓万物出乎无有也。而无有则永为一无有,故万物虽有,而实仍是一无有,如是则天地万物乃彻头彻尾在"无"之中,圣人所藏,亦藏乎此"无"之中而已。此乃《庄子》外杂篇,混杂《庄子》内篇义与《老子》五千言义而说成其如此，而郭象之注则不然。其言曰：

> 死生出入，皆欻然自尔，未有为之者也。然有聚散隐显，故有出入之名。徒有名耳，竟无出入，门其安在乎？故以无为门，以无为门，则无门也。

《庚桑楚》篇明谓出乎无有，故曰以无为门。以无为门，犹老子之所谓玄牝也。玄，同也。万物同出一门，故无可名之。无可名之，斯强名之曰玄牝。非无门也。非无门，即非无所出。而《庚桑楚》乃竟谓万物出于无，此显非《老子》书之本意。郭象乃曰，以无为门，即是无门，无门则无玄牝，无玄牝，则万物无所从出，故郭象之谓无门，即独生独化之义也。故曰徒有出入之名，竟无出入，无出入，则无前后，无彼我，而各成其独。万物既独化无所出，又乌得谓之出于无？

故《庚桑楚》篇明谓有必出乎无有，而郭象释之曰：

> 此所以明有之不能为有而自有耳，非谓无能为有也。若无能为有，何谓无乎？

此为貌若曲护庄书，而实明背庄书也。《庚桑楚》明曰有必出乎无有，而郭注则曰有者自有，此其异。故曰郭注明背庄书也。庄书又曰：无有一无有，而郭象释之曰：

> 一无有则遂无矣，则有自欻然生矣。

所谓无有一无有者，既是无矣，则永远是无，毕竟是无。永远无毕竟无，则又何从生有？郭象乃谓今既明明有矣，则有之欻然自生，而不从无生，亦明矣。故《庚桑楚》谓圣人藏乎是者，本谓其藏乎此无之体，而郭象则释之曰：

> 任其自生而不生生。

任其自生，即任其独化，任其自然也。任其自然，任其自生，此则是藏于有，非藏于无矣。自生自化，明明有此生化，不得谓无生无化也。自然，明其有此然，不得谓无然也。故《庄子》外杂篇常爱言无，而郭象则否。其言曰：

> 夫一之所起，起于至一，非起于无也。（天地，一之所起，有一而无形，注。）

此又明违有生于无之说。既曰起于至一，至一即有此至一，亦即独也。起于至一，即犹云独化矣。宋儒周濂溪《太极图说》，谓无极而太极，陆象山大非之，以为只应云太极，不应云无极。周陆之异，亦犹郭象与庄书之辨也。

抑且不仅此而已，郭象又言之曰：

> 非惟无不得化而为有也，有亦不得化而为无矣。是以有之为物，虽千变万化，而不得一为无也。不得一为无，故自古无未有之时而常存也。（《知北游》，无古无今，无始无终，注。）

又曰：

> 天地常存，乃无未有之时。（《知北游》，古犹今也，注。）

庄书本谓无有一无有，则天地万物彻头彻尾是一无，郭象乃谓天地常存，竟无未有之时，则天地万物彻头彻尾惟一有。郭象此说殆亦有所本，乃本之其同时裴𬱟崇有之旨也。史称裴𬱟著《崇有论》，王衍之徒攻难交至，并莫能屈。郭象与王衍踪迹颇亲，其录及裴𬱟崇有之新义，正见郭象左右采获之用思精密也。裴𬱟曰："至无者无以能生，故始生者自生也，自生必体有。"此自生字，明为郭象所袭。体有之说，则正与王弼之言体无相对反。裴頠之语，虽仅此数言，然郭象之注庄，则亦仅阐发此数言之大旨而已。是郭象之注庄，不仅袭取于向秀，乃亦采酌自裴頠。能会相反之论，融造相成之趣，若纯以思想家立场言，则复何害乎其有所袭取乎？

（六）

《庄子》外杂篇言天地万物生于无，郭象既破之矣。外杂篇又常言道生万物，郭象亦非之。其言曰：

> 谁得先物者乎哉？吾以阴阳为先物，而阴阳者即所谓物耳。谁又先阴阳者乎？吾以自然为先之，而自然即物之自尔耳。吾以至道为先之矣，而至道者乃至无也。既以无矣，又奚为先？然则先物者谁乎哉？而犹有物无已，明物之自然，非有使然也。（《知北游》，有先天地生者物耶，物物者非物，物出不得先物也，犹其有物也，犹其有物也无已，注。）

《知北游》篇物出不得先物，取以明先物者乃道，郭象则谓虽至道亦不得先物。何者，至道即至无也。故道之不得先物，犹无之不得先物也。然至道至无之说，其实则并不可持。老子曰："有物混成，先天地生。"又曰："失道而后德。"不得谓失无而后德也。老子主抱一，亦不言抱无。故谓至道为至无之说，实非庄老之本谊也。向秀之言曰："明夫不生不化者，然后能为生化之本。"又曰："以相先者，惟自然也。"会此两言，是向秀之意，即以自然为不生不化，而为生化之本。则若在生化之先，乃有此一不生不化之自然。其说实更不可持。故向秀虽亦言自生之义，然其言明而未融，不如郭义之圆通。故郭之为说，谓无不能生有，此可以纠正《庄子》外杂篇与王弼向秀之失。至以至道谓至无，则亦实非乎庄老之始义也。

故在庄书有明白赞道之辞，而郭象之注又明白非之者。《知北游》曰：

> 天不得不高，地不得不广，日月不得不行，万物不得不昌，此其道与？（《知北游》）

而郭象曰：

> 言此皆不得不然而自然耳，非道能使然也。

在郭象之意，若名之曰道，则犹似有一主宰运使之者之义，今曰自然，曰不得不然，则万物之外，更无此一主宰运使之道以使之然者存乎其先，故曰此皆不得不然而自然。此不得不然而自然者，与其称之曰道，则不如称之曰理。盖理者,自存于物之内,非别存于物之外也。故郭之注《庄》,喜言理,而宋儒承袭之,此亦郭象注《庄》在中国思想史上有绝大贡献之一端也。

《知北游》又曰:

> 万物皆往资焉而不匮,此其道与。

郭象曰:

> 还用物,故我不匮,此明道之赡物,在于不赡,不赡而物自得,故曰此其道与。言至道之无功,无功乃是称道也。

此亦曲护庄而明背庄之说也。物之自然,既非道使之然,故曰至道无功。然万物既各自自然,则何必又往资于道?道既无功,亦何可资?故曰是曲护之而明背之也。

又《知北游》曰:

> 道不当名。

郭象曰:

> 有道名而竟无物,故名之不能当也。

此又曲护之而明背之也。老子曰:"道可道,非常道。"此固谓有一不可名之常道矣。故《知北游》所谓道不当名,此非谓道之无有,乃谓有此道而不当赋以名而名之也。而郭象之意,似若谓非有道而不当名,乃竟无道可名也。而今则竟有道名,是无此物而强为之名,故名终不能当。庄老之言无,大体谓其无形无常而不可名,则无者指无形无名言,非竟是一无也。故谓无不能名,则已有此无。此无可名者则道也。在郭象则谓竟无此无,故曰至道乃至无矣。

于是在庄书有备极称扬于道者,如曰:

> 道有情有信,无为无形,可传而不可受,可得而不可见,自本自根,未有天地,自古以固存。神鬼神帝,生天生地。豨韦氏得之以挈天地,伏羲氏得之以袭气母,……

此一节见于《庄子·内篇·大宗师》,然此节亦出后人羼入,疑非内篇本有。此一节乃备极称扬于道者,而郭象之注又明非之,曰:

> 无也,岂能生神哉?不神鬼帝而鬼帝自神,斯乃不神之神也。不生天地而天地自生,斯乃不生之生也。故夫神之不足以神,而不神则神矣。功何足有,事何足恃哉?

此在庄书明曰道神鬼神帝，生天生地，而郭象则必谓鬼神自神，天地自生，鬼神天地皆自然也。既已皆自然矣，又何待资借于道乎？故郭象曰：

> 道无能也，此言得之于道，乃所以明其自得耳。自得耳，道不能使之得也。我之未得，又不能为得也。然则凡得之者，外不资于道，内不由于己，掘然自得而独化也。

庄书明言豨韦氏伏羲氏以下皆以得道而然，而郭象则必转谓其皆由于自得。由于自得，则外不资于道，内不由于己。即独化，即自然也。于此自然独化之外，则更非别有一道以化之，以使之然者，故又曰：

> 物皆自得之耳。(《齐物论》，咸其自取，怒者其谁耶，注。)

自得犹云自生自化，亦即自然也。故既言自然，即不待复资借于道，故曰道无能，又无功也。

郭象又曰：

> 知道者，知其无能也，则何能生我，我自然而生耳。(《秋水》，北海若曰，知道者必达于理一节，注。)

故自然则不资借于道,故道既无能,亦无足贵。故《秋水》河伯曰:然则何贵于道耶?郭象释之曰:

> 以其自化。

此谓万物之自化即道,见于万物自化之外,不复有道之存在也。今一依郭象之说,则不仅无不能生物,即道亦不能生物,皆由物之自生自化,自得自然,则天地万物,宇宙终始,彻上彻下,皆一自然也。故郭象之序《庄子》亦曰:

> 上知造物无物,下知有物之自造。

造物无物,亦即无道。有物自造,即物之自然也。

(七)

于庄书又有言物之相生者,如《知北游》曰:

> 万物以形相生,故九窍者胎生,八窍者卵生。

以形相生,此亦物化之粗迹。由此形生彼形,即非独化,即非自生。故郭象释之曰:

> 言万物虽以形相生，亦皆自然耳。故胎卵不能易种而生，明神气之不可为也。

此条虽不明驳庄书，然亦非确守庄意。故曰虽以形相生，亦皆自然。苟是自然，即非以形相生矣。《淮南》《论衡》，正是目以形相生者为自然，而郭象则以独化为自然。既言独化，即非相生。若必主万物以形相生，则必推至万形以前之第一形，即万形所从生之最先形，此在《庄子》外杂篇则曰形形者。《知北游》曰：

> 知形形之不形乎。

成玄英疏："能形色万物者，固非形色。"此盖谓自有一形形者，而此形形者实非形。然虽非形，而实自有一非形而能形形者在，此即庄书之所谓道与无也。向秀所谓"不化不生，然后能为生化之本"者，亦即是也。盖一切生与化皆有形，独此不生不化者，则虽形形而实非形也。而郭象于此复非之，曰：

> 形自形耳，形形者竟无物也。

《知北游》之所谓形形者不形，此仅谓其不形，非谓其竟无也。然则此不形者系何？曰即造化是已。今曰形自形，则一切物皆自造自化，别无造化之者。别无造化之者，故以至道为至无。至道且无，然后见万物之自然也。故在庄书，则万物尽属有，而万物之外之先，尚若有一所谓无与道者为之主，而郭象则谓天地间只此一有，只此万形万有，于此万形万有之外之先，不再有所谓至道与无之存在。若以此后宋明理学家用语释之，盖庄书犹谓流行之后有一本体，而郭象则主即流行即本体，流行之外不复再有一本体，此乃庄书与郭象注两者间一绝大之异趣也。

《庄子·外篇·知北游》又曰：

> 物物者与物无际，而物有际者，所谓物际者也。不际之际，际之不际者也。

物物者即至无与至道。至无至道之与万有万物，其间更无崖畔际限。而万有万物之间，则互有其崖畔际限焉。万物同本于至道与至无，而不害其相互间之各自有其崖畔际限，此所谓不际之际也。物之与物，其相互间，虽各有其崖畔际限，而实同本于至道与至无之一体，此所谓际之不际者也。《知北游》篇原意本如此，而郭象之解又不然。其言曰：

> 明物物者无物，而物自物耳。物自物耳，故冥也。物有际，故每相与不能冥。然真所谓际者也。不际者，虽有物物之名，直明物之自物耳，

物物者竟无物也。际其安在乎？

此处郭注所再三言之者，厥为物物者之无物，此犹谓流行之后别无本体，万物无所从出，无所由来，故至道即至无，生化皆自然也。物之相与，皆各有际，而相互间终不能冥。不能冥，即所谓灿然也。然若就其自生独化者言之，则天地间只是一自一独，只是一生一化，而又何际之可分乎！此郭象言自然之深趣也。

（八）

庄书常言无，常言道，又常言天。凡庄书之言及天者，郭象亦每以自然释之。故曰：

> 天者，自然之谓也。（《大宗师》，知天之所为者，天而生也，注。）

又曰：

> 凡所谓天，皆明不为而自然。（《山木》，仲尼曰，有人，天也，有天，亦天也，注。）

故在庄书，往往以天与人对立。天与人之对立，犹之道与物之对立也。在郭象则物外无道，人外无天，天

即人之所不为而自然之义。故曰:

> 天者,万物之总名。(《齐物论》,吹万不同而使其自已也,注。)

又曰:

> 天地者,万物之总名也。天地以万物为体,而万物必以自然为正。自然者,不为而自然者也。(《逍遥游》,乘天地之正,御六气之辩数语,注。)

在庄老之意,则若谓万物以天为体,以道为体,以无为体,惟天与道与无,乃始得谓之为自然。而郭象则谓天地以万物为体,自然者即万物之自然。故曰:

> 自然生我,我自然生,故自然者,即我之自然,岂远之哉?(《齐物论》,非彼无我,非我无所取,是亦近矣,注。)

又曰:

> 万物万情,取舍不同,若有真宰使之然也。起索真宰之朕迹而亦终不得,则明物皆自然,无使物然者也。(《齐物论》,若有真宰,而特不得

其朕,注。)

有真宰使之然,此真宰即天也。亦即道,即无。此皆真宰之异名也。然苟有真宰,即非自然。所谓自然者,必谓其无有使之然者也。无有使之然,则无道无天,无真宰,而仅此一自然矣。

(九)

惟其物皆自然,而无有使之然者,故乃有无待之义。无待之义,犹之自然,亦郭象注《庄》一主要义也。其言曰:

> 造物者有耶无耶?无耶,则胡能造物哉?有耶,有不足以物众形。故明众形之自物,而后始可与言造物耳。……故造物者无主,而物各自造。物各自造而无所待焉,此天地之正也。故彼我相因,形景俱生,虽复玄合,而非待也。明斯理也,将使万物各反所宗于体中,而不待乎外。外无所谢,而内无所矜,是以诱然皆生而不知所以生,同焉皆得而不知所以得也。……知万物虽聚而共成乎天,而皆历然莫不独见矣。故罔两非景之所制,而景非形之所使,形非无之所化也。则化与不化,然与不然,从人之与由己,莫不自

尔，吾安识其所以哉？……若乃责此近因，而忘其自尔，宗物于外，丧主于内，而爱尚生矣。(《齐物论》，恶识所以然，恶识所以不然，注。)

在郭象之意，天地间万有万形，一切皆自尔独化，各足无待。无待即自然也。若此必待夫彼，即非此之自然。若彼必待于此，则又非彼之自然也。故曰自尔独化而不相待。

（一〇）

此自尔独化，各足无待者，由其外而言之则曰理。郭象曰：

> 夫我之生也，非我之所生也。则一生之内，百年之中，其坐起行止，动静趣舍，性情知能，凡所有者，凡所无者，凡所为者，凡所遇者，皆非我也。理自尔耳。而横生休戚乎其中，斯又逆自然而失者也。(《德充符》，游于羿之彀中，中央者，中地也，然而不中者命也，注。)

郭象既曰物各无待而自然，又恐人之误会其意，而谓物之皆可由其自我为主宰也。不知虽我亦不得为主，乃始为真自然。故特提出一理字，而曰皆非我也，理自尔耳。盖若以我为自然，则万我各别，自然不成一体。以理为自然，则一理大通，自然至一。此其深意，不可不辨也。

故郭象又曰：

> 人之生也，理自生矣，直莫之为，而任其自生，斯重其身而知务者也。(《德充符》，吾唯不知务而轻用吾身，吾是以亡足，注。)

谓理自生，明其非我自生。凡此郭象之所谓理者，由庄书言之，则或谓之天，或谓之命。谓之天，谓之命，亦皆明其不由我主。惟既谓之天或命，则又疑乎若有一物焉，超乎我与物之外，而行乎我与物之中，以为我与物之主宰，而我与物则皆此主宰所运使。今易以称之曰理，则我与物之自尔独化各足无待者显矣。此郭注之微旨也。

此自尔独化各足无待者，由其内而言之则曰性。郭象曰：

> 言自然则自然矣，人安能故有此自然哉？自然耳，故曰性。(《山木》，人之不能有，天性也，注。)

性乃自然，而非我然。故象之言自然，必归之性与理，此乃破我之深旨。自然非人与物之所能有，即谓其非我所能有也。非我所能有，此乃自然之深趣。厥后宋儒言天即理，而清儒戴震非之，谓其言理也，"为如有物焉，得于天而具于心。"若诚如象所释，则无可有戴氏之非难矣。

裴𫖯崇有之言曰："生而可寻，所谓理也。理之所体，所谓有也。有之所须，所谓资也。资有攸合，所谓宜也。择乎厥宜，所谓慎也。识智既授，虽出处异业，默语殊涂，所以宝生存宜，其情一也。"郭象之旨，则复与裴𫖯不同。盖裴𫖯重于由外言之，故以识智为尚，以资宜为归，而主言情择。郭则本内言之，故主率性也。

（一一）

率性而动则谓之无为。郭象曰：

> 无为之言，不可不察也。夫用天下者，亦有用之为耳。然自得此为率性而动，故谓之无为也。今之为天下用者，亦自得耳。……然各用其性，而天机玄发，则古今上下无为，谁有为也。（《天道》，上必无为而用天下，下必有为为天下用，此不易之道也，注。）

无为之与有为，在庄老之书，本分别言之，今郭象则谓率性而动，即有为，即无为，二者一以贯之矣。万有万形皆本自然，即皆率性，则天下古今上下皆无为也，于何复有有为？故曰：

> 工人无为于刻木，而有为于用斧。主无为于亲事，而有为于用臣。臣能亲事，主能用臣。斧能刻木，而工能用斧。各当其能，则天理自然，非有为也。……故各司其任，则上下咸得，而无为之理至矣。（《天道》，古之人贵夫无为也一节，注。）

治庄老者每以刻木为有为，今郭象乃以刻木为无为，运斧为有为。此一分辨，亦有其不得已之苦衷。盖仅曰刻木，则若伤木之性。今曰运斧，则不得谓是伤斧之性，而运斧即刻木矣。宋儒继起，乃曰："我写字一心在字上，却非要字好。"因要字好乃有为，而一心在字上，则仍是无为，非有为也。庄书《天道》篇原谊，在上者当无为，在下者当有为，今郭象又易其说，谓各司其任，各当其能，即有为，即无为，于是无为非真无为，乃率性当理无背自然，而各有所自得之谓无为矣。盖有为在我，无为在理，苟能破我而从理，则一切之为皆出自然，更不须辨无为与有为也。

故郭象又曰：

无为之体大矣，天下何所不无为哉？主上不为冢宰之任，则伊吕静而司尹矣。冢宰不为百官之所执，则百官静而御事矣。百官不为万民之所务，则万民静而安其业矣。万民不易彼我之所能，则天下之彼我静而自得矣。故自天子以下至于庶人，下及昆虫，孰能有为而成哉？是故弥无为而弥尊也。（《天道》，虚静恬淡寂寞无为者，万物之本也一节，注。）

自郭象言之，则万物率性而动，当理而为，皆即各足自得，皆即自然无为，而实则一切皆有为矣。故曰无为之体大矣，天下何所不无为哉？鸢飞鱼跃，与上下察，飞与跃皆有为也。然皆不出于鸢与鱼之欲为此飞与跃，而皆出于鸢与鱼之天性之自然而为此飞与跃。则此即无为矣。故无为者，非真无为，乃君子之无入而不自得，乃一任其自然，率性而为之之谓无为也。

故郭象又曰：

　　足能行而放之，手能执而任之，听耳之所闻，视目之所见，知止其所不知，能止其所不能，用其自用，为其自为，恣其性内，而无纤芥于分外，此无为之至易也。……率性而动，动不过分，天下之至易者也。……然知以无涯伤性，心以欲恶荡真，故乃释此无为之至易，而行彼有为之至难,……此世之常患也。(《人间世》,福轻乎羽,莫之知载,注。)

故无为者,由郭象言之,即约守乎其性分之内,而自用自为之谓。性分者,约之弥小,通之弥大。故独化即自然之全体,无为虽约乎各自之本分,而其体则实弥纶古今上下,而无乎不周遍也。

故郭象又曰:

> 物各自然,不知所以然而然,则形虽弥异,其然弥同也。(《齐物论》,乐出虚,蒸成菌,注。)

古今上下,万有万物,一通乎无为,大同乎率性,共本乎自然,乃以合成此一天。故至约者,即所以为大通,而至易者,乃可以成其至难矣。

故郭象又言之曰:

> 人之生也,形虽七尺,而五常必具。故虽区区之身,必举天下以奉之。故天地万物,凡所有者,不可一日而相无也。一物不具,则生者无由得生,一理不至,则天年无缘得终。然身之所有者,知或不知也。理之所存者,为或不为也。故知之所知者寡,而身之所有者众。为之所为者少,而理之所存者博。……知之盛也,知人之所

为者有分，故任而不强也。知人之所知者有极，故用而不荡也。故所知不以无涯自困，则一体之中，知与不知，暗相与会而俱全矣。斯以其所知养其所不知者也。(《大宗师》，知人之所知者，以其知之所知，以养其知之所不知，终其天年而不中道夭者，是知之盛也，注。)

夫若是，故人之所知有涯，而所不知者无涯。人之所为有限，而所不为者无限。抑且知由不知出，为由不为来。不知何以能知，不为何以有为？欻然知，欻然为。所知虽有涯，所为虽有分，而皆自不知出，由不为来。知与为，乃与不知不为者暗会而俱全，斯之谓率性，斯之谓循理，斯之谓自然。故自然率性而循理，斯可无为矣。此所谓无为者，非贵夫无知与不为，乃约其知与为于性分之所能知与其所当为，而一任夫自然之理耳。故有为即无为，无为即有为，此实天人合一之最高义也。

然则郭象之言自然，言无为，其意乃近于儒家之言率性与循理。率性即循理，性与理皆属天，而于人乎见。故郭象又言之，曰：

> 为为者不能为，而为自为耳。为知者不能知，而知自知耳。自知耳，不知也。不知也，则知出于不知矣。自为耳，不为也。不为也，则为

出于不为矣。

故人能约其性分之所至以循乎天理,斯人而即天矣。前之如《中庸》,后之如宋明儒,其于性理道命之渊旨,凡所阐发,岂不郭象之注《庄》,多有与之暗相扶会乎?惟儒家之义,多主从道问学以进企乎圣智之高明与精微,而郭象之说,转似主于尊德性,以下逮于群众之广大与中庸,此则其异也。

郭象又曰:

> 为出于不为,故以不为为主。知出于不知,故以不知为宗。是故真人遗知而知,不为而为,自然而生,坐忘而得,故知称绝而为名去也。(《大宗师》,知天之所为者,天而生也,注。)

知称绝,为名去,一任乎自然,即儒家所谓一本乎天也。一本乎天,即一本乎性命之理也。故郭象又曰:

> 无为者,非拱默之谓也。有各任其自为,则性命安矣。(《在宥》,无为也而后安其性命之情,注。)

又曰:

> 物之生也,非知生而生也,则生之行也,岂知行而行哉?故足不知所以行,目不知所以见,心不知所以知,俛然而自得矣。
>
> 乘万物,御群才之所为,使群才各自得,万物各自为,则天下莫不逍遥矣。(《秋水》,夔怜蚿,蚿怜蛇一节,注。)

故郭象之所谓无为者,乃万物之各自为,故无为即自然也,自然即自得也。自得即率性而动,率性而动即无待也。此皆郭象之说之首尾一体,本末一条,自成其为一家之系统也。若以自然论为郭象思想之体,则无为论乃郭象思想之用。合此二者,而通观之,斯郭象一家议论之体用备见矣。

(一二)

今再综述郭象自然论之大义。盖天地间万形万化之生之有,皆不自无生,不自无有。亦不自道生,不自道有。复不自天生,不自天有。皆万形万化之自然生,自然有。一切万形万化皆自然生,自然有,故先后不相待而成,彼我不相制而得。故无所用其知与故,作与为。知亦自然而知,为亦自然而为,能亦自然而能,得亦自然而得。此之谓物之性,此之谓物之理,即此之谓物之自然。亦可谓此即是物之天也。然则宇宙本体其终为一虚无乎？曰：固至实大有而非虚无也。然则天地运行其有所定命乎？曰：此又至变极化而未有所定命也。然则天地间一切万有万形，其如一机械乎？曰：此又各自独生独化，互不相待，各自圆成具足，不成其为一机械也。然则天地之间，其复何有乎？曰：惟此性，惟此理，惟此不已之生生化化，互不相待而各足圆成。至异也，亦至同也。人之于其生也，实无所别择，无所祈向，则惟有任性而动，当理而为，自然顺化，一循乎天而止。此郭象注庄之大义也。故郭象之说，若未背乎庄而实有超乎庄之外者。昔人竞谓其注《庄》窃之于向秀，而忽于其自有所独创，则亦非也。

然郭象之说，辨矣而未能谓之是。唐权载之文集《送浑沦先生游南岳序》，述浑沦言，郭氏注《庄》，失于吻合万物，物无不适。然则桀骜饕戾，无非遂性。使后学者懵然不知所奉。此从其说之影响于人文界者言。又宗密《原人论》，斥迷执，谓道法自然，万物皆是自然生化，则石应生草，草或生人。且天地之气，本无知也。人禀天地之气，安得欻起而有知乎？草木亦皆禀气，何无知乎？此从其说之无当于解释自然界者言。故郭说虽辨，终不得后人信奉。而性理渊微之阐发，仍必有待于宋儒。惟郭注妙义络绎，清辨斐亹，为人爱诵。后起儒佛两家，无形中沾染郭义者实多，爰特为拈出而条理之，使治中国思想史者，亦知有郭象一家之言之如是云云也焉耳。

钱穆作品系列
（二十四种）

《孔子传》

本书综合司马迁以下各家考订所得，重为孔子作传。其最大宗旨，乃在孔子之为人，即其自述所谓"学不厌、教不倦"者，而以寻求孔子毕生为学之日进无疆、与其教育事业之博大深微为主要中心，而政治事业次之。故本书所采材料亦以《论语》为主。

《论语新解》

钱穆先生为文史大家，尤对孔子与儒家思想精研甚深甚切。本书乃汇集前人对《论语》的注疏、集解，力求融会贯通、"一以贯之"，再加上自己的理解予以重新阐释，实为阅读和研究《论语》之入门书和必读书。

《庄老通辨》

《老子》书之作者及成书年代，为历来中国思想学术界一大"悬案"。本书作者本着孟子所谓"求知其人，而追论其世"之意旨，梳理了道家思想乃至先秦思想史中各家各派之相互影响、传承与辩驳关系，言之成理、证据凿凿地推论出《老子》书应尚在《庄子》后。

《庄子纂笺》

本书为作者对古今上百家《庄子》注释的编辑汇要，"斟酌选择调和决夺，得一妥适之正解"，因此，非传统意义上的"集注"或"集释"，而是通过对历代注释的取舍体现了作者对《庄子》在"义理、考据、辞章"方面的理解。

《朱子学提纲》

钱穆先生于1969年撰成百万言巨著《朱子新学案》，"因念牵涉太广，篇幅过巨，于70年初夏特撰《提纲》一篇，撮述书中要旨，并推广及于全部中国学术史。上自孔子，下迄清末，二千五百年中之儒学流变，旁及百家众说之杂出，以见朱子学术承先启后之意义价值所在。"本书条理清晰、深入浅出，实为研究和阅读朱子学之入门。

《宋代理学三书随劄》

本书为作者对宋代理学三书——元代刘因所编《朱子四书集义精要》、周濂溪《通书》及朱熹、吕东莱编《近思录》——所做的读书劄记，以发挥理学家之共同要义为主，简明扼要地辨析了宋代理学对传统孔孟儒家思想的阐释、继承和发展。

《中国思想通俗讲话》

本书意在指出目前中国社会人人习用普遍流行的几许概念与名词——如道理、性命、德行、气运等的内在涵义、流变沿革。及其相互会通之点,并由此上溯全部中国思想史,描述出中国传统思想一大轮廓。

《现代中国学术论衡》

本书对近现代中国学术的新门类如宗教、哲学、科学、心理学、史学、考古学、教育学、政治学、社会学、文学、艺术、音乐等作了简要的概评,既从中西比照的角度,指出了"中国重和合会通,西方重分别独立"这一中西学术乃至思想文化之根本区别;又将各现代学术还诸旧传统,指出其本属相通及互有得失处,使见出"中西新旧有其异,亦有其同,仍可会通求之"。

《中国学术思想史论丛》

共三编八册,汇集了作者六十年来讨论中国历代学术思想而未收入各专著的单篇散论,为作者1976—79年时自编。上编(1—2册)自上古至先秦,中编(3—4册)自两汉至隋唐五代,下编(5—8册)自两宋迄晚清民国。全书探源溯流,阐幽发微,颇多学术创辟,系统而真切地勾勒了中国几千年学术思想之脉络全景。

《黄帝》

华夏文明的创始人:黄帝、尧舜禹汤、文武周公,他们的事迹虽茫昧不明,有关他们的传说却并非神话,其中充满着古人的基本精神。本书即是讲述他们的故事,虽非信史,然中国上古史真相,庶可于此诸故事中一窥究竟。

《秦汉史》

本书为作者于1931年所撰写之讲义,上自秦人一统之局,下至王莽之新政,为一尚未完编之断代史。作者秉其一贯高屋建瓴、融会贯通的史学要旨,深入浅出地梳理了秦汉两代的政治、经济、学术和文化,指呈了中国历史上这一辉煌时期的精要所在。

《国史新论》

本书作者"旨求通俗,义取综合",从中国的社会文化演变、传统的政治教育制度等多个侧面,融古今、贯诸端,对中国几千年历史之特质、症结、演变及对当今社会现实的巨大影响,作了高屋建瓴、深入浅出的精彩剖析。

《古史地理论丛》

本书汇集考论古代历史地理的二十余篇文章。作者以通儒精神将地名学、史学、政治、经济、人文及民族学融为一体,辨析异地同名的历史现象,探究古代部族迁徙之迹,进而说明中国历史上各地经济、政治、人文演进的古今变迁。

《中国历代政治得失》

本书分别就中国汉、唐、宋、明、清五代的政府组织、百官职权、考试监察、财政赋税、兵役义务等种种政治制度作了提要钩玄的概观与比照,叙述因革演变,指陈利害得失,实不失为一部简明的"中国政治制度史"。

《中国历史研究法》

本书从通史和文化史的总题及政治史、社会史、经济史、学术史、历史人物、历史地理等六个分题言简意赅地论述了中国历史研究的大意与方法。实为作者此后三十年史学见解之本源所在,亦可视为作者对中国史学大纲要义的简要叙述。

《中国史学名著》

本书为一本简明的史学史著作,扼要介绍了从《尚书》到《文史通义》的数部中国史学名著。作者从学科史的角度,提纲挈领地勾勒了中国史学的发生、发展、特征和存在的问题,并从中西史学的比照中见出中国史学乃至中国思想和学术的精神与大义。

《中国史学发微》

本书汇集作者有关中国历史、史学和中国文化精神等方面的演讲与杂论,既对中国史学之本体、中国历史之精神,乃至中国文化要义、中国教育思想史等均作了高屋建瓴、体大思精的概论;又融会贯通地对中国史学中的"文与质"、中国历史人物、历史与人生等具体而微的方面作了细致而体贴的发疏。

《湖上闲思录》

充满闲思与玄想的哲学小品,分别就人类精神和文化领域诸多或具体或抽象的相对命题,如情与欲、理与气、善与恶等作了灵动、细腻而深刻的分析与阐发,从二元对立的视角思索了人类存在的基本问题。

《文化与教育》

本书乃汇集作者关于中国文化与教育诸问题的专论和演讲词而成,作者以其对中国文化精深弘大之体悟,揭示中西传统与路线之差异,指明中国文化现代转向之途径,并以教育实施之弊端及其改革为特别关心所在,寻求民族健康发育之正途。

《人生十论》

本书汇集了作者讨论人生问题的三次讲演,一为"人生十论",一为"人生三步骤",一为"中国人生哲学"。作者从中国传统文化入手,征诸当今潮流风气,探讨"心"、"我"、"自由"、"命"、"道"等终极问题,而不离人生日常态度,启发读者追溯本民族文化传统的根源,思考中国人在现代社会安身立命的根本。

《中国文学论丛》

作者为文史大家,其谈文学,多从文化思想入手,注重高屋建瓴、融会贯通。本书上起诗三百,下及近代新文学,有考订,有批评。会通读之,则见出中国一部文学演进史;而中国文学之特性,及各时代各体各家之高下得失之描述,亦见出作者之会心及评判标准。

《新亚遗铎》

1949年钱穆南下香港创立新亚书院。本书汇集其主政新亚书院之十五年中对学生之讲演及文稿,鼓励青年立志,提倡为学、做人并重,讲述传统文化之精要,阐述大学教育之宗旨,体现其矢志不渝且终身实践的教育思想。

《晚学盲言》

本书是作者晚年"目盲不能视人"的情况下,由口诵耳听一字一句修改订定。终迄时已九十二岁高龄。全书分上、中、下三部,一为宇宙天地自然之部,次为政治社会人文之部,三为德性行为修养之部。虽篇各一义,而相贯相承,主旨为讨论中西方文化传统之异同。

《八十忆双亲 师友杂忆》

作者八十高龄后对双亲及师友等的回忆文字,情致款款,令人慨叹。读者不仅由此得见钱穆一生的求学、著述与为人,亦能略窥现代学术概貌之一斑。有心的读者更能从此书感受到二十世纪"国家社会家庭风气人物思想学术一切之变"。